新時代の保育双書

# 今に生きる保育者論
第4版

みらい

## 執筆者一覧（五十音順）　◎＝編集代表　○＝編集

◎秋田喜代美（あきたきよみ）（学習院大学）──────序　章

有馬知江美（ありまちえみ）（白鷗大学）──────第4章

小川　史（おがわちかし）（横浜創英大学）──────第9章

久保田　力（くぼたちから）（相模女子大学）──────第8章

佐藤有香（さとうゆか）（和洋女子大学）──────第1章

田中卓也（たなかたくや）（育英大学）──────第12章

中野明子（なかのあきこ）（福島学院大学短期大学部）──────第3章コラム

○西山　薫（にしやまかおる）（清泉女学院短期大学）──────第7章

野口隆子（のぐちたかこ）（東京家政大学）──────第5章

○菱田隆昭（ひしだたかあき）（和洋女子大学）──────第3章

箕輪潤子（みのわじゅんこ）（武蔵野大学）──────第6章・第10章

宮田まり子（みやたまりこ）（白梅学園大学）──────第2章

淀川裕美（よどがわゆみ）（千葉大学）──────第11章

イラスト………杉山範子（すぎやまのりこ）（劇団 パネル劇場 ぱねるっぱ（シアター））

# はじめに

　少子化によって子どもの発達の姿は変化し、待機児童の増加により保育ニーズは高まり、保育の長時間化によって親と園との関係も変わり、そして幼保連携型認定こども園など、子ども・子育て支援新制度によって日本の乳幼児期の保育・教育制度は大きく変わっています。それらに伴って、保育者の仕事も多様化してきています。この意味で、「今」は保育・教育の大きなターニングポイントの時期であるといえます。

　本著は『今に生きる保育者論』と題しています。このタイトルには、編者からの2つの編集の願いがこめられています。

　1つ目は、この変革期の「今、そしてこれから」の新しい保育を担っていく人たちが、保育者になるのにふさわしいテキストをつくるというねらいです。情報化社会によって、家庭での子どもの経験が変わり、国際化・多文化共生社会によって、さまざまな生活経験をもつ子どもたちとともに保育者が園で過ごすことも多くなりました。このような状況に応じた保育を含め、保育者になるために必ず学んでもらいたいエッセンスを中核に、簡潔でわかりやすい記述となる本づくりを心がけました。

　2つ目は、「"今、ここ"に生きる保育者」という保育者の姿にこそ、保育の本質があり、その姿を本書で伝えたいという気持ちが、このタイトルとなりました。子どもたちは、遊びのなかで、暮らしのなかで、「今」の世界をいきいきと生きています。子どもの「今」の地平をともに生きることのできる保育者、みずみずしい感性をもち続け、子どもとともに、親とともに、同僚や地域の人とともに、専門家としての力量を生かして今を大事に生きていける保育者であってほしいという願いです。もちろん、過去の歴史を踏まえ、未来への見通しをもつこと、子どもの育ちへの願いをもつことは大切です。けれども過去や未来だけを気にするのではなく、子どもたちとともに今という時間を一瞬一瞬生きている保育者であってほしい、それが保育者の保育者たる専門性であり、子どもたちの「遊び」を育むことのできる力量だと考えるからです。保育所保育指針第1章において保育者の専門性は倫理観に裏付けられた専門的知識、技術及び判断にあることが明記されています。この判断こそ、一瞬一瞬を生きる姿です。

　今を生きる保育者は、一人ひとり個性的であり、その人らしさをもっています。保育の世界を外側から知るだけではなく、保育実践の実際という内側から、保育者らしい実感を得てもらいたいと考え、保育者の姿や声を、本文

とコラムのなかで紹介する構成としました。また、「保育者になる人へのメッセージ」としての章も設けました。そして、保育者は時代のなか、文化のなかで社会からの影響を受け、自分の保育者としてのライフコースを生きています。その姿が伝わるよう、国内外の資料から保育者の仕事を読み解く章も、「資料にみる保育者の姿」「諸外国の保育者」として設けました。ミクロに個々の保育者の世界に寄り添って考えたり、マクロに保育者という仕事を社会のなかで考える手がかりにしていただければ幸いです。

各章の言葉が保育者を志すみなさんの心に届き、保育の今に希望をもち、保育者になっていける里程標に本書がなれば幸いです。

2009年2月

編集代表　秋田喜代美
編　集　西山　薫
　　　　菱田　隆昭

## 第四版への改訂にあたって

本書は初版、そして第二版は9刷まで版を重ね、多くの方にテキストとして使っていただいてきました。2015年4月からの子ども・子育て支援新制度による大きな制度改革等に伴って、テキストの内容全体を大幅に見直し、第三版としました。そしてこのたびの保育所保育指針や幼稚園教育要領、幼保連携型認定こども園教育・保育要領の改訂、新保育士養成課程・教育課程に対応したテキストとして新たな章も加え、またこれまでの章も加除を加えた第四版を完全なリニューアル版として作成しました。ぜひこれからも多くのみなさんに使っていただけることを執筆者一同願っております。

2018年10月

編集代表　秋田喜代美
編　集　西山　薫
　　　　菱田　隆昭

● 目　次 ●

## 序　章　「保育者」への扉をあけよう

### 第1節●保育者から見る保育の世界……………………………………… 13
1 ──「保育者になる」ということ　／14
（1）見ることから見えてくることへ　／14
（2）実践することのむずかしさ　／14
（3）子どもたちの育ちの道筋を学ぶ　／15
2 ── 学びの専門家として育つ　／16
（1）同僚とともに学びあう　／16
（2）私らしい保育を求めて　／17
（3）子どもとの出会いと発見　／18

### 第2節●子どもの目から見る保育者………………………………………… 19
1 ── 子どもとのかかわり　／19
2 ── 保育者として居ること　／21

## 第1章　保育者の仕事と役割

### 第1節●保育者の仕事とは………………………………………………… 23
1 ── 保育者のかかわり　／23
（1）養護的なかかわり　／23
（2）教育的なかかわり　／24
2 ── 保護者、家庭および地域との連携　／25

### 第2節●幼稚園教諭の仕事と役割………………………………………… 25
1 ── 幼稚園教諭の1日と役割　／25
2 ── 幼稚園教諭の1年と役割　／27
（1）指導計画の立案　／27
（2）行事にみる幼稚園教諭の仕事　／28

### 第3節●保育所における保育士の仕事と役割…………………………… 29
1 ── 保育士の1日と役割　／29
2 ── 保育士の1年と役割　／29
（1）指導計画の立案　／29
（2）行事にみる保育士の仕事　／31

## 第4節●保育教諭の仕事と役割……………………………………………… 33
 1 ── 認定こども園の位置づけ ／33
 2 ── 保育教諭の1日と役割 ／34
 3 ── 保育教諭の1年と役割 ／34
 4 ── 幼稚園教諭・保育士・保育教諭に共通するその他の仕事 ／36

## 第5節●児童福祉施設における保育士の仕事と役割……………………… 36
 1 ── 児童福祉施設とは ／36
 2 ── 児童養護施設における保育士の仕事と役割 ／37
 3 ── 児童館・地域子育て支援施設における保育士の仕事と役割 ／38
  （1）児童館における仕事と役割 ／38
  （2）地域子育て支援センターにおける仕事と役割 ／39

コラム：保育者の仕事 ／41

# 第2章　保育者の制度的位置づけ

## 第1節●「保育士」「幼稚園教諭」「保育教諭」とは…………………… 42
 1 ──「保育士」とは ／42
 2 ──「幼稚園教諭」とは ／43
 3 ──「保育教諭」とは ／44

## 第2節●保育者の倫理 ―全国保育士会倫理綱領―………………………… 45
 1 ── 全国保育士会倫理綱領 ／46
 2 ── 倫理的ジレンマ ／46

# 第3章　保育者になるための学び

## 第1節●教育・保育を実践する者への転換…………………………………… 50
 1 ── 保育者になりたい ／50
 2 ── 教育・保育に対するイメージ ／51
 3 ── 教育・保育に対する見方と態度の転換 ／52

## 第2節●幼稚園教諭免許状・保育士資格と教育実習・保育実習……… 53
 1 ── 幼稚園教諭免許状を取得する ／53
 2 ── 保育士資格を取得する ／54
 3 ── 幼保連携型認定こども園における保育教諭 ／55
 4 ── 保育の現場で学ぶ ／56
  （1）保育の現場から学ぶとは ／56
  （2）教育実習 ／57
  （3）保育実習 ／58

（4）養成教育と現職教育をつなぐ実習　／59
第3節●保育者になるために……………………………………………………… 61
　　1 ── 今、保育者に求められているもの　／61
　　　（1）人的環境としての保育者　／61
　　　（2）子育て支援の専門家　／62
　　　（3）自己を振り返り、自ら学ぶこと　／62
　　2 ── 生活体験を積む、直接体験を積む　／64
　　　（1）直接体験の少ない子どもたち　／64
　　　（2）迷ったときはやってみよう　／65
　　3 ── 教養教育を学ぶ　／65
　　　（1）保育者にとってのよりどころ　／65
　　　（2）教養とは　／66
　　4 ── 学び方を学ぶ ―「ああでもない」「こうでもない」―　／67
コラム：あなたの笑顔が最大の援助　／70

# 第4章　保育者に求められる資質とは

第1節●保育者に求められる幅広い資質……………………………………… 71
　　1 ── 保育者と他の仕事との違いは何か　／71
　　2 ── 保育者の資質と子どもへの思い　／72
　　　（1）子どもに安らぎを与えることができる　／73
　　　（2）子どもに思いをはせることができる　／74
　　　（3）子どもを常に待つことができる　／75
第2節●現代の保育者に期待される役割………………………………………… 77
　　1 ── 子どもとのかかわりにおいて求められる保育者の役割　／77
　　2 ── 保護者（親）とのかかわりにおいて求められる役割　／78
第3節●学生時代に学ぶことは何か……………………………………………… 79
　　1 ── 対話力を身につける　／79
　　2 ── 自分の世界をもつ ―保育者としての個性をみがくことと協働性―　／82
　　3 ── 児童文化財を楽しむ ―保育の構想力を育む―　／83
コラム：私の人生を豊かにしてくれた保育の仕事　／86
　　　　―ごっこ遊び「占いコーナー」から―

# 第5章　職場で学びあう専門家として

第1節●保育における職員間の連携・協働……………………………………… 87
　　1 ── 保育者になること　／87
　　　（1）初任 ―子どもへの対応・保護者との関係・先輩保育者からのサポート―　／88

（2）保育実践の再構築 ―チーム保育からの学びあい― ／89
　　2 ── 保育の創造に向けて ―後輩保育者の育成とカリキュラムの検討― ／91
　　3 ── 自ら学ぶ保育者、育ち育てられる保育者 ／92
第2節●専門職間および専門機関との連携・協働……………………………… 94
　　1 ── 保育者としての生涯発達 ／94
　　2 ── 園内外の多様な専門家との連携・協働 ／96
　　　（1）地域ネットワークの構築に向けて ／96
　　　（2）地域における園の役割 ／97
第3節●地域における自治体や関係機関等との連携・協働……………… 99
　　1 ── 地域資源をいかす ／99
　　2 ── 災害への備えにおいて ／101
コラム：保育者の気づきと保育カンファレンス ／104

## 第6章　保育者の資質向上とキャリア

第1節●資質向上のための組織的な取り組みとしての研修 ………… 105
　　1 ── 園外研修 ／105
　　　（1）園外研修の種類と内容 ／106
　　　（2）教員免許状更新時講習 ／106
　　2 ── 園内研修 ／107
　　　（1）園内研修の意義 ／107
　　　（2）学びあう園内研修のために ／107
　　3 ── 自主研修 ／108
第2節●保育者の専門性の発達とキャリア形成 ……………………………… 109
　　1 ── 省察と保育者の専門性の発達 ／109
　　2 ── 保育者の専門性の発達 ／110
　　3 ── キャリアアップのための研修制度 ／111
第3節●チームとしての保育とリーダーシップ …………………………… 111
　　1 ── チームとしての保育と園長の資質 ／111
　　2 ── 保育におけるリーダーシップ ／112
　　3 ── 園長と主任のリーダーシップ ／112
コラム：保育者をめざすみなさんへ ／115

## 第7章　子どもの育ちの危機と子育て支援

第1節●子どもの育ちが危ない ………………………………………………………… 116
　　1 ── 子育て環境と育ちの変化 ／116

（1）生活習慣・生活リズムの乱れ　／116
　　　（2）過剰なメディア接触　／117
　　　（3）自然体験・生活体験の枯渇　／118
　　　（4）体力・運動能力の低下　／118
　　　（5）習いごと・学習活動の低年齢化　／119
第2節●「気になる子ども」と特別支援教育 …………………………… 119
　　1 ──「気になる子ども」への対応　／119
　　2 ── 特別支援と保育　／121
　　　（1）「インクルージョン」という考え方　／121
　　　（2）「特別支援教育」から「特別ニーズ教育」への広がり　／122
第3節●「子育て支援」と保育者の役割 …………………………………… 123
　　1 ──「子育て支援」政策のスタート　／123
　　　（1）エンゼルプラン・新エンゼルプラン　／123
　　　（2）次世代育成支援対策推進法　／123
　　2 ──「子ども・子育て支援新制度」の施行と近年の動向　／124
　　　（1）少子化の要因　／124
　　　（2）子ども・子育て応援プラン　／124
　　　（3）子ども・子育てビジョン　／124
　　　（4）子ども・子育て支援新制度　／125
　　　（5）近年の政策動向と保育の無償化への動き　／125
　　3 ── 保育施設における子育て支援　／126
　　　（1）保育所における子育て支援　／126
　　　（2）幼稚園における子育て支援　／127
　　　（3）幼保連携型認定こども園における子育て支援　／128
　　　（4）地域における子育て支援　／129
第4節●「子育て支援」を考える視点 ……………………………………… 129
　　1 ── 子育てを通じた「親育ち」　／129
　　　（1）子育て体験や育児スキルの不足　／131
　　　（2）子育ての孤立化と不安の増大　／131
　　2 ── 期待される「親の子育て」支援　／132
　　　（1）「親の子育て」支援の視点　／132
　　　（2）「みんなで子育て」という体制　／133
　　　（3）子育て支援ネットワークの構築　／133
　　　（4）「次世代育成」のために　／134
コラム：子育て支援は「共育ち」　／136

## 第8章　現代社会の変化と保育者の仕事や課題

### 第1節●増加し多様化する保育者の課題 ……………………………… 137
### 第2節●国家政策「子育て支援」と地域・家庭の教育力 …………… 138
  1 ── 少子化問題の意味するもの　／138
  2 ── 少子化問題対策としての「子育て支援」　／138
  3 ── 父母や家庭における教育的機能の低下　／139
  4 ── 地域社会の教育的機能への期待　／140
### 第3節●就学前サービスの再構成 ……………………………………… 140
  1 ──「就学前サービス」の意味　／140
  2 ──「就学前サービスの再構成」が保育者に与える影響　／141
### 第4節●「多文化共生教育（保育）」の必要性 ……………………… 142
  1 ── 在住外国人の増加　／142
  2 ── 次なる教育政策としての「多文化共生教育」　／142
### 第5節●「男女共同参画」理念と「ジェンダーフリー」論 ………… 143
  1 ──「男女共同参画」と「ジェンダーフリー」　／143
  2 ──「お手本」としての父母や家庭との連携・協働　／144
### 第6節●これからの保育者に期待されるもの ………………………… 145
  1 ── 幅広い知識・教養・技術・技能の形成　／145
  2 ── コミュニケーション能力の伸長　／146
  3 ── 相手を理解しようとする努力　／146
  4 ── 実践研究力の向上　／147
  5 ── 組織的活動能力の向上　／147
コラム：保育士出身の保護者として　／150

## 第9章　日本の保育者のあゆみ

### 第1節●日本近代保育の幕開けと保育者 ……………………………… 151
  1 ── 日本初の幼稚園　／151
  2 ── 日本で最初の保母　／152
  3 ── 庶民の生活と保育　／153
### 第2節●保育の展開とさまざまな試み ………………………………… 154
  1 ── 貧困のなかで　／154
  2 ── 相互扶助と託児所　／155
### 第3節●保育の発展と保育者 ─自然・自由・自己活動─ …………… 156
  1 ──「恩物」中心の保育とその問題　／156
  2 ── 子どもの興味と自己活動の重視　／157

3 ── 幼児教育の新しい展開 ―自由保育と自然保育― ／158

第4節●厳しい時代のなかでの保育 …………………………………… 159
　　　1 ── 働く母親と託児所　／159
　　　2 ── 幼稚園・託児所・家庭の関係　／160
　　　3 ── 戦時下の保育　／160

第5節●戦後の保育者 ………………………………………………… 162
　　　1 ── 焼け跡のなかで　／162
　　　2 ── これからの保育を担うもの　／163
コラム：伝わっていく遊び　／166

## 第10章　資料にみる保育者の姿

第1節●戦後の保育のあゆみと保育者の役割 ………………………… 167
　　　1 ── 戦後の要領・指針と保育者の役割　／167
　　　2 ── 1989（平成元）年以後の要領・指針と保育者の役割　／170

第2節●社会の変化と保育者の役割 …………………………………… 172
　　　1 ── 施設・園数と児童数の推移　／172
　　　2 ── 保育施設や保育者に求められる役割の変化　／175

第3節●働く保育者の実態 ……………………………………………… 177
　　　1 ── 男女共同参画と保育者　／177
　　　（1）　男性保育者数の推移　／177
　　　（2）　女性管理職数の推移　／178
　　　2 ── 保育者の実態　／178
　　　（1）　幼稚園・保育所で働く保育者の実態　／178
　　　（2）　保育者の学歴　／181
　　　（3）　勤務年数　／182
　　　（4）　給　与　／185

第4節●保育者の専門性とライフコース ……………………………… 187

## 第11章　諸外国の保育者

第1節●諸外国の保育に関する議論の動向 …………………………… 189
　　　1 ── 子どもを取り巻く環境の変化と保育者に求められること　／190
　　　（1）　多様性のなかで生きる　／190
　　　（2）　市民としての子ども、地球人としての子ども　／190
　　　2 ── 保育の質への関心の高まり　／191
　　　3 ── プロセスの質とモニタリングの重視　／192

（1）保育の質の諸側面　／192
　　　（2）形成的評価としてのモニタリング　／193
## 第2節●諸外国の保育制度　……………………………………………　194
　　1 —— 保育の一元化　／194
　　2 —— 保育者の傾向　／195
　　　（1）保育者の性別　／195
　　　（2）保育者の年齢　／196
## 第3節●諸外国の保育者の専門性開発　………………………………　197
　　1 —— 養成教育と現職研修　／197
　　　（1）養成教育・現職研修と専門性開発　／197
　　　（2）継続的な専門性開発のために　／198
　　2 —— リーダーシップと組織開発　／199

# 第12章　保育者になる人へのメッセージ

## 第1節●生活経験は職業教育につながっている　……………………　203
　　1 ——「好奇心」を大切に　／203
　　2 ——「生きる力」を培う体験　—現場の先生の眼から思うこと—　／204
## 第2節●「人とのかかわり」は、失敗から学ぶもの　………………　205
　　1 ——「何でも言い合える」関係づくり　／205
　　2 —— 失敗を恐れて成功をみず　206
## 第3節●学生生活は保育者になるための「宝さがし」………………　208
　　1 —— まずは身近なところから　／208
　　2 —— いいものを「見る」、いいものを「感じる」　／209
## 第4節●もっともっと輝きたい　—まわりには役立つ情報がいっぱい—　…　210
　　1 —— 情報収集能力を身につける　／210
　　2 —— 先輩からのメッセージを自分の力に　／210
コラム：保育者になる人へのメッセージ①　／213
コラム：保育者になる人へのメッセージ②　／214

索引　／215

# 序章 「保育者」への扉をあけよう

◆キーポイント◆

保育者はどのような特徴をもった人だろうか。保育士や幼稚園教諭、保育教諭は倫理観に支えられた専門的な知識や技術および判断をもつ者として社会的に認められている専門職である。プロの保育者になっていくためにはどのような経験と資質が必要なのだろうか。「子どもが好き」「子どもと遊ぶのならおもしろそう」「自分が生かせそう」「園の先生が好きだったから、あの先生みたいになりたい」など、さまざまな気持ちで保育者を志す人がいるだろう。保育者への扉をあけるのに、まず本章では、一人の先輩保育者の経験を通して保育者になっていく道の地図を描いてみよう。

## 第1節 ● 保育者から見る保育の世界

みなさんは保育者という言葉を聞いて、どのような姿を思い浮かべられるだろうか。子どものときに通った園や住んでいる家の近くにある園の保育者の姿だろうか。人それぞれがもっている保育者のイメージは多様であり、1つの姿に還元できるものではない。けれども、保育者に共通するのは、保育士の資格や幼稚園教諭という免許状を

子どものかたわらでともに遊ぶ保育者

もった専門職であり、子どもたちを健やかに育むプロの技と智恵、そして社会的責任をもって子どもを育てている人たちという点である。つまり、保育者らしく子どもたちを見て、保育者らしく考え、そして保育者らしくかかわりふるまうことで子どものもっているものを引き出し、その育ちを保障していくともいえる。では、その「保育者らしさ」とはどのようなものといえるだろうか。

本書のはじまりとして、保育という仕事を考える1つの窓として、ある一人の保育者の経験を通して、保育者の生きる世界を考えていこう。

## 1 ──「保育者になる」ということ

### (1) 見ることから見えてくることへ

保育者歴18年のときに、ある園で4歳児を担任していた大澤洋美先生(以下、ヒロミ先生)に自分の保育経験を振り返り語っていただいた。保育者について外から解説するのではなく、まずは保育者の経験という内側からの声に耳を傾け、保育の仕事を考えてみよう。

「小さい子と遊ぶのが昔から好きで、中学生くらいから幼稚園の先生になるのをなんとなく夢見ていました」と動機を語るヒロミ先生。しかし、幼稚園に採用になって1年目、それまでイメージしていた保育者の仕事とは180度違っていることに気づいたという。

> 実際には保育の準備、教材の準備の仕方も親への対応のスキルもないので、1年間は大変でした。保育歴10年以上の3人の先生と学年を組んでいたので、まわりを見ながらやりなさいと言われました。けれども、見ながらといっても何を見たらよいかわからない状態で、思い描いていたものとは全く違っていました。

見ることを通して学ぶこと、見様見真似でやっていくことからはじまる保育。保育をつくり出す立場になると、傍らから見ていたときとは違うことがわかるだろう。しかも見たくても見えてこない。保育場面を対象として単に「見る」のではなく、「子どもの行動をどのようなものとして私は引き受けるのか」と考えて「観る」ことによって、「保育は見えてくる」のである[1]。この「観ることで、子どもや保育が見えてくる」ことが、保育者の専門性であり、保育のはじまりともいえるだろう。

### (2) 実践することのむずかしさ

> 6月に最初の父親参観日がありました。子どもって自分の思い通りに動くと自分としてはすごく簡単にのんきに思っていて、「ゲームをやります」と言っていたのが、全然予想通りにいかなくて落ちこみました。まわりの先生からも「大学で何もやってきていないんじゃない」って責められました。それでも、「思い通りにいかないことを経験しながらできるようになっていくんだよ」と言ってくれる先生もいらして、突き落とされ、すくいあげられ、もまれながら、ともかく手探りでやっていった1年でした。保育は簡単じゃないということがわかりました。歌を教えるとか、製作を進める手順とか、その細かいこと一つひとつもよくわかりませんでした。

こう語るヒロミ先生だが、それでも次第にできるようになったそうである。

保育のなかの活動は、1つずつの手順が保育者のきめ細かな援助により成り立っている。それを頭で理解しても、具体的な行為としてどのようにそれを行っていくのかがわからなければ保育をすることにはならない。子どもたちとある遊びをつくり出していくこと、ある子どもの状況や発達の課題をわかり援助することとそれを意図して具体的に行動に移す「実践化（enactment）」の過程にこそ、保育者の専門性がある。つまり、子どもたちと一緒に遊んでいるように外部にはあらわれる行動の裏側に、保育者の専門家としての思索と体験がある。

「保育は簡単ではなくて、とても複雑なものである」ことを、ヒロミ先生はまず学んだという。「子どものときに自分が園で経験したことだし、乳幼児と暮らし、世話して遊ぶならどの親でもやっているのだから簡単な仕事、意欲や元気さえあればできる、明るいパーソナリティがあればできる」と、知らない人からは、その専門性は意欲と人柄に還元して考えられがちである。もちろん、保育への意欲やその人の持ち味は大切である。しかし子どもたちを育む場をつくり、かかわることの複雑さに気づき、そこから子どもとともに保育をつくり出していくことが、保育のおもしろさであり奥深い豊かさである。為すことを学び、とまどい考え学びながら為していくことによって、保育者の専門性は身についていく。

### （3） 子どもたちの育ちの道筋を学ぶ

ヒロミ先生の場合、養成課程で学んだことのなかで実際の保育に生かしたいと最も強く思ったのが「子どもの自主性」だったという。

> 子どもの自主性に任せることが大切だと大学の授業で学びました。でもそれが保育でどういうことを実際に意味するのかがわかっていませんでした。たとえば昼食を食べるときの机をどのように並べようかと子どもたちに毎日相談させれば、子どもたちが自分で生活を進めることになるのだと勘違いしていました。2年保育の5歳4月に保育者がそのようなことを突然言い出しても、子どもはそんな相談はできないから、毎日昼食前になると私のクラスだけが騒がしくなります。1週間くらい様子をみていた先輩の先生がある日保育室にやってきて机をピシッと並べ、「何をやっているの。年少のときはこうやっていたでしょう」と子どもたちにおっしゃいました。そうしたら、子どもたちが突然静かになり、食事がはじまりました。印象的な出来事でした。先輩保育者と保育観の違いからの葛藤もありましたが、はじめはその場で何を大事にしたらよいのかもわかりませんでした。

自主性を育てていくにも、その姿が育ちあらわれるまでに、子どもたちをどのように育てていくのか、あの子の場合はどのように育つだろうかと長い

目で見通しをもつことや、保育の個々の活動が子どもの育ちにとってどのような意味をもつのかが次第にわかっていく。

> 誕生会の出し物を決めるのに「誕生会どうする？」くらいしか子どもに投げかけていませんでした。だから子どもたちがいろいろ言って結局まとまらず、誕生会に間に合いません。どうにもならず結局フリーの先生に助けてもらって誕生会をやったりしました。大学で学んだ"自主性"について、子どもたちに自由に考えさせれば決めることができると思い込んでいたので、考えていたことが思い通りにいかず最初はことごとく打ちのめされていきました。自分たちでやろうとする気持ちを育てるために、どの程度環境の準備やアドバイスをするかが子どもの育ちにより違っていることも、今ならわかるのですが、はじめはわかりませんでしたね。

保育者は子どもの発達の道筋についての地図をもち、寄り添って旅をする同行者である。発達過程の地図はもっていても目的地に向ってまっすぐ進むことだけを追い立てるのではない。時にその道をはずれたり後戻りしたりしながらも、子どもたちが自分の足で歩む道を一緒に楽しみつつ旅をすることで、子どもが観えてくる職業といえる。

## 2 ── 学びの専門家として育つ

### (1) 同僚とともに学びあう

21年間の保育経験を振り返った時点で、ヒロミ先生は大きく3期に分けられると話された。第1期が、前項で紹介してきた先輩に囲まれ模倣しながら仕事を覚えていった時期、第2期が、同僚とともに学び、保育がおもしろくなってきた時期、そして第3期が、保育において一人ひとりの育ちを見つめながら自分らしさを考えていく時期である。

> わからないと思って見様見真似でいたのが、次第に経験を積んできて、「こういうふうに話していくと子どもはわかってくれるし、楽しくなる」とわかってきました。次の運動会では「もっとこうやってみたい」とか「こんなふうにしてみよう」と考え、同年代の仲間の先生と遅くまで話し合ったり準備したりするのがおもしろくなってきましたね。私は、勉強は嫌いだし、本を読んだりするのも人より遅いし、書く力もないと思いながらも、子どもの気持ちは感じられるようになって、子どもと一緒に過ごす時間が楽しくなり、保育を園長先生や仲間の先生から学びましたね。

受けもつ子どもも毎年異なり、同じ活動でも日々違いがでてくる。保育者の思いと子どもの行動にはズレが生まれ、また保育者間で保育観もやり方も異なる。その差異を見つめ、次の保育への思いや問いをもって学び続けることで保育者は変わり育っていく。この意味では尽きない魅力をもっている職

業である。その学びを支えてくれるのが、園で一緒に保育をしていく同僚の先生や園長、施設長であり、子どもや保護者など自分を理解してくれる人たちである。「保育者の場合、その仕事に誰が向いている、向いていないではないと思います。保育者として自分に向いている部分を引き出してくれる人たちにめぐり合い、その人たちと学びあっていけるかどうかですね」と、ヒロミ先生は同僚とお互いによさを引き出していくことで保育者らしくなっていくのだと語る。保育者は「育て教えること」の専門家であると同時に、「学びの専門家」でもある。子どもや同僚から、自分の保育のよさや課題を引き出してもらいながら、それに向き合い学んでいく職業、すなわち同僚性※1が鍵になる仕事である。互恵的※2に学びあい、保育者はともに成長していく。そして、学びのためには、人の話が聴けること、自分の保育を省察※3できることが必要であり、心からの誠実さとしての慎み深さと他者へと開かれた心と態度、子どもや保護者の育ちの求めに応じる専門家としての責任感が求められる2)。

※1 同僚性 (collegiality)
同じ園や職場で働いている同僚というだけではなく、保育についてビジョンや展望を共有し専門性を高め合う関係性を指して使う言葉。リトル（Judith.W. Little）が提唱した考え方である。

※2 互恵的 (reciprocity)
お互いに相手にとって有用であるようにと考えて行動し、相互に利益がある関係性をいう。

※3 省察(reflection)
行為中あるいは行為後に、自らの行動についてふり返ることでそのあり方や意味などを問いなおす行為をさす。

### （2）私らしい保育を求めて

ヒロミ先生は二人のお子さんの産休・育休を含め、30年以上も保育者として働き続けてきている。

> 10年目がすぎてから自分らしさを意識して考えられるようになってきました。一人ひとりの子どものよさが大事と思うことを基本にしながら、自分らしいやり方を考えるようになってきました。
> 
> たとえば筆で大きな絵を描くときに、若い頃は前の先生がこういう手順でやっていたからと自分もやっていたけれど、今はできあがるまでの手順は大体見えているので、その手順のなかで細かいところで自分を表現しています。動物園に行ったときのことをのびのび大きく描いてもらいたいという場合、前の先生はうまく描けている見本をみせて「こういうふうに大きくのびのび描こうね」と投げかけていました。私だったらまず筆を一人ひとりにもたせて空中に筆を動かしながら「キリン見たらどうだった？先生が見たらこんなに大きかったよ」と言ってキリンの大きさを筆であらわしていくことで投げかけてみます。ただし、顔の位置を決めてから書いたほうが紙に描きやすいというスキルはあるので、それは織り込みながら子どもたちと表現を一緒に楽しみますね。
> 
> 実はそのことを思いついたのは、息子が公園で遊ぶのを見ていて、紙の上では大胆には絵を描かないのに、砂の上だと大きく描いてみるんです。子どもって線を空間に表現していくことが楽しいんだと感じて、園でもやってみたわけです。子どもとかかわりながら、こうしたらもっとおもしろくなるかもしれないっていつも考えていますね。子どもにも個性があるけれど先生にも個性があるなって、自分のなかで子どもと保育を楽しむ方法を考えていきたいですね。

※4　不確実性
教師の仕事の3つの特徴として「不確実性、再帰性、無境界性」の3点があると教育社会学者のローティ（Dan. C. Lortie）が提唱した考え方。保育においても、何が起こるかは常に予想が不可能という意味で不確実性をはらんでいる。

　保育は最もよいあり方が決まっているわけではない。不確実性※4の世界である。目の前の子どものこれまでを見ながら未来への可能性を引き出すのに、保育の未知の可能性を追求し「私の保育」をつくり出す仕事だといえる。そしてヒロミ先生がわが子の子育てからも学んでいるように、園という仕事場だけではなく、"生活者として""親として"など、人生のライフコースのなかでの経験がその人らしさを醸成させ、その人らしい保育として自然にあらわれていく仕事でもある。ヒロミ先生は、子どもを出産してからは幼稚園に入園前の小さいときの子どもの生活がわかるので、育っていく過程をより広い視野から見られるようになり、また、親の立場から園を見ることもできるようになったという。

　保育の仕事はここまでやったらよいという終わりはない。無境界の世界である。やりたいことだけではなく、やらねばならないことも多くある。子どもとの日々の保育だけではない。保護者との連携や園全体の仕事を分担し、対外的にすべき仕事もある。「仕事量も多く、やめたいと思うことと背中合わせ」と語るヒロミ先生は、それでも「子どもと接するだけではなく、子どもたちが園でより楽しい生活をするために園全体のことを考えることにもおもしろさを感じてきています」と語る。子どもを中心に、園のなかで各々が役割を担い、園の同僚たちと保護者とともに子どもたちを育てていく。チーム園として育ちあう絆を大人の間にもつくり出すことが、これからの保育者には求められている。

　楽しい、おもしろいと同時に、悩み、つらいとも思う。保育者の仕事は知的労働であると同時に、感情に支えられる感情労働でもある。人とふれあう職業だからこそ得られる手ごたえと、明日を担う子どもの育ちへの希望がある。

## （3）子どもとの出会いと発見

　ヒロミ先生は、「日々の保育で起こるさまざまな出来事のなかで、目の前にいる子どもの"今、ここ"の瞬間に対していて、その瞬間の連続が子どもの育ちに大きく影響を与える」と感じている。そして、保育のなかの「今、ここ」を生き、気になったことや考えたことを心に留めて記録してみることで、その子の育ちや自分の援助を考え直す機会にしたいと考えられている。

　長年保育をしてきても、今まで出会ったことのない、自分の思いを素直にあらわし思うままに行動する子に出会う。「おや、まあ、また、どうして、でも」のためいきの毎日である。遊びや生活を一緒につくり出してほしいという思いから「ここはだめ」「○○しないと」とつい言ってしまう自分を見つめ

る。そしてその子の育っていく姿とその子は何をその場で遊び楽しんでいたのかという、子どもの目から見た遊びや行為の意味を、記録をとって考えている。その記録によって、そのときだけで流され終わってしまいがちな日々の生活のなかで、保育の場面をつないで一人ひとりの子どもの遊びや発達を見ていこうとして

保育のなかの「今、ここ」を生きる

いる。子どもが遊び込んでいる「今、ここ」の気持ちに共感し、共振して遊びを楽しむことができる。そこから自分の保育を見直し、子どもが根源的にもっている可能性と自分の保育の可能性を見出すという、ヒロミ先生の学び続ける保育者としての挑戦は続いている。ヒロミ先生はその後園長になり、後進を育てるなかでも共に学ぶ保育者となっていかれた。そして今は、園全体の助言をする仕事もされるようになってキャリアを積み重ねている。

　「出会う」とは自分の思いの枠から出て、子どもの遊びや暮らしの「今、ここ」に会うことである[3]。一人ひとりの子どもに惹きつけられ、出会い、その子の遊びや育ちを味わい、自分の保育の新たな世界を見出し拓いていく。保育者は園で働き出した日から先生と呼ばれる。しかし、専門家として保育者は、出会いと探究、そして発見の道を生涯にわたって歩む仕事であるともいえるだろう。さらに、自分一人ではなく仲間と共に、同僚や園をこえて多様な人々と共に、保育の未来をつくっていくのである。共に学びあう専門家集団として、保育者の仕事は拓き開かれている。

## 第2節 ● 子どもの目から見る保育者

### 1 ── 子どもとのかかわり

　第1節では保育者の目から保育者の仕事を見てきた。では子どもの目からは、保育者はどのような存在として映るだろうか。次の詩を読んでみよう。

> **「先生のまなざし」**
>
> 先生は　最初　知らない人なのに　突然　親しげにやってくる
>
> 毎日　毎日のくらしの中で
> そのうち
> 先生とお母さんが　いっしょになってくる
>
> でも　やっぱり先生は
> お母さんとは違う
> 「私を泊めて」と　言っても
> ただ　笑っているだけだから
>
> 先生はときどき
> お友達以上に　安心できる人になる
> そして
> ときどき
> お母さんよりももっと怖い人になる
>
> 先生といっしょにいる限り
> 私は
> 先生の愛がとても気になる
>
> 出典：江波諄子『キーウェイディンの回想—子どもからの60のメッセージ—』p.128

　これは保育を学ぶ短大生が、幼児期の園での自分の気持ちや出来事を回想し綴った詩である。子どもの目から見た先生への思いと声である。子どもは1日のなかでもっとも活動的な時間を園で暮らしている。園にいる時間が長時間化する現在、暮らしの場として園が求められ、保育者が養護としてのケアの役割を担う。そして保育者が子どもを観るのと同じように、子どももまた保育者を観ている。お母さんやお父さんとは違う不思議な存在としての先生である。保育者から見ればクラスの子の一人でも、子ども一人ひとりにとっては「私の先生」であり、保育者へといつもまなざしが注がれていることがわかるだろう。

　子どもは親を選べないのと同様に、保育者も選べない。新任であってもベテランであっても、その子にとっては安心できる先生が必要なのである。子どもの傍らにどのように居るのかという「居方」が問われている。子どもたちのなかには、保育者から見て、なぜそのようなふるまいをするのかがわからない子や気になる子

モデルとしての保育者の役割を担う

もいるだろう。そのようなときに自分の思いの枠を出て、その子と出会い、受け入れ、安定した関係を築き、園のなかにその子の居場所をつくっていくことが求められている。ただそれは、子どもの言う通りにすることではない。子どもの育ち行く先を見通し、大人として善いことと悪いことを示す役割も求められている。きちんと注意し、ときには叱り、子どもと向き合えることである。その専門性こそ、保育の上手下手ではなく子どもが求めていることだといえるだろう。

## 2 ── 保育者として居ること

次のやりとりは、ある園の園長先生が書かれた5歳児11月の出来事である。

> 「園長先生はどうして幼稚園にいるの？」。
> 私はどう答えたらよいのか困惑し、「むずかしい質問だねえ。どうしてだろう」と答えました。するとMちゃんが「私たちが悪いことをしたときに、ダメだよって言ってくれるんだよね」と私が安堵できる答えを言ってくれました。
> （そう、そう、えらい、えらい。）
> すると「朝おはようございますをしてくれる」「写真をとってくれる」「おはなしをしてくれる」「守ってくれる」など、次々とありがたい評価のことばが返ってきたのです。
> 「自分は、幼稚園に何のためにいるのか。はたして、実際にその働きができているのか」自分に問いかけてみるのでした。
>
> 出典：「園長のまど」林間のぞみ幼稚園ホームページ
> http://www.rinkan-nozomi.ed.jp/nozomi_04.html

保育の仕事は、人と人の関係性のなかに常にある。子どもと世界をつなぎ、子どもと子どもをつなぐ。「間」をつくる人である[4]。保育者がただのお姉さんやお兄さんでなく「先生」でいられるのは、社会の求めに応じ、子どもを育てる専門家として働いているからである。子どもがいて保育者として働ける。保育者になって最初に感じるこの気持ちをいつまでも保ち続けることが、保育へのみずみずしい感性につながっていく。

では、保育所や幼稚園、認定こども園等での保育者の1日は実際にどのような仕事からなり、保育者になるためには具体的に何が必要なのか、そしてこれからの時代には何が求められていくのだろうか。次の第1章から第11章では、その具体的な内容を一つずつ考えていくことにしよう。そして学生として養成課程で学ぶ「今、ここ」の間に、何をしておかなければならないのかを第12章で考えてみよう。乳幼児を育む保育の営みは、歴史を越え、国を

越え、時代や社会文化の影響を受けながら脈々と行われている。第12章では、第11章までを振り返りながら、その姿を読み解いてもらいたい。

---

● 「序章」学びの確認

保育者は、専門家としてどのような見識が必要だろうか。本章に書かれていることから考えたことを、自分の言葉でまとめて隣の人と交流してみよう。同じ文章を読んでもそのとらえ方にどんな違いがあるのかに気づいてみよう。

● 発展的な学びへ

あなたが子どものとき、保育所や幼稚園で先生がしてくれた「うれしかったこと」「嫌だったこと」「悲しかったこと」など、覚えている出来事をできるだけ多く書き出し、グループで紹介しあってみよう。そして、子どものときのその気持ちから、保育者にどのようなことが望まれるかを考えてみよう。

---

■推薦図書■

- 吉村真理子『保育者の「出番」を考える —今、求められる保育者の役割—』フレーベル館

  保育の仕事を舞台と楽屋にたとえ、本番の保育を支える前後の働きの大切さやおもしろさを具体的な実践事例を通して紹介している保育者論の本である。

- 内田伸子『堀合文子のことばと実践に学ぶ』小学館

  日本の保育の基礎を築いたといわれる倉橋惣三から直接教えを受けて、50年以上保育をしてきた保育者が、後輩に語った言葉が集められ、その意味が著者と堀合氏の対談を通して説かれている。

- 日本保育学会編『保育学講座④ 保育者を生きる —専門性と養成—』東京大学出版会

  保育者の専門性とは何かを多様な観点から知ることができる。また、保育者養成の歴史や国際状況までを知ることができる。

---

**引用文献**

1) 津守眞・本田和子・松井とし『人間現象としての保育研究』光生館 1974年
2) Shön, D. 1988 Coaching reflective teaching. In Grimmet, P. P. & Erickson, G.L. (Eds.) *Reflection in teacher education*. New York : Teachers College Press.
3) 吉田章宏『子どもと出会う』岩波書店 1996年
4) 秋田喜代美「保育者とアイデンティティ」森上史朗・岸井慶子編『保育者論の探究』ミネルヴァ書房 2001年

注）章内の写真は保育者、園の許諾を得て掲載しています

第1章　保育者の仕事と役割

◆キーポイント◆

保育者はどのような仕事をしているのだろうか。保育者の仕事といっても子どもとのかかわりだけでなく、内容や種類は多岐にわたる。幼稚園、保育所、認定こども園、児童福祉施設など、働く場所によって内容に多少違いがみられるものの、保育者としての使命やめざすところは、就労場所にかかわらず大きな差はない。子どもの生命を保持し、心身の健全な成長・発達を援助していくことが大きな目的であろう。

本章では、実際の保育における具体的な仕事内容を理解することにより、保育者の役割について学んでいこう。

## 第1節 ● 保育者の仕事とは

### 1 ── 保育者のかかわり

保育者とは、広い意味では主に幼稚園や保育所などの児童福祉施設、認定こども園（以下、園ともいう）で子どもにかかわる教諭、保育士、看護師、栄養士、事務職員など、すべての者を含めた呼び名である[※1]。ここでは、直接的に子どもの保育をつかさどる専門知識および技能・技術を有する幼稚園教諭や保育士、保育教諭のことをさす。

保育者は、生涯にわたる人格形成において重要な時期である乳幼児期の子どもに対し、望ましい心身の成長・発達を援助していくことが大きな役割である。幼稚園・保育所・認定こども園により保育者の職名に違いはあるが、子どもの発達的特性を踏まえ、養護と教育を一体的に子どもの育ちを支えていくという点において違いはない。では、実際の保育における保育者の仕事はどのようなことなのだろうか。以下に、保育者の仕事内容について、具体的にみていこう。

#### （1）養護的なかかわり

1点目は養護的なかかわりがあげられる。養護とは、子どもの生命を保持し、その情緒の安定を図るため、保育士等によって行われる細やかな配慮の

※1　現在、待機児童解消の解消に向けて開設されている「小規模保育所（0〜3歳未満児を対象とした、定員6人以上19人以下の少人数で行う保育所）」や「企業主導型保育所（企業が従業員の働き方に応じた柔軟な保育サービスを提供するために設置する保育施設や、地域の企業が共同で設置・利用する保育施設）」等で、就労する保育者もいる。

下での援助やかかわりをさす[1]。乳幼児期の子どもは、心身が未成熟で依存度が高いという特性から、食事や睡眠などの生理的欲求を満たすことは生命保持の観点から非常に重要な保育者の役割である。また、保育者は登園から保護者が迎えに来る降園時までの間、子どもを病気やけが、災害から守り無事に引き渡すことも責務である。たとえば、園内で伝染性の病気が発生した際には蔓延を阻止するための対処をし、災害時には子どもを安全な場所に避難させるなど、さまざまな援助を行っている。保育者は常に子どもの命を預かる責任を自覚し、子どもが安心・安全に過ごせるよう環境を整え、予防を含めた指導を行っていくことが求められる。

　さらに、情緒の安定を図ることも重要なかかわりの一つである。子どもにとって園は、家庭を離れた初めての環境であり不安や緊張が高くなる。その中で、子どもが健全な心身を育むために保育者の担う役割は大きい。子どもは、保育者への安心感と信頼関係を基盤に、周囲の環境に対して興味・関心を高め世界を広げていく。そのために、保育者には、温かい愛情のもと子どものあるがままを受け止め、共感的・応答的にかかわることが求められる。

### (2) 教育的なかかわり

　次にあげられるのは、教育的なかかわりである。子どもは上記の通り、園生活の中で生理的欲求の充足や情緒の安定が図られると、それを基盤に、保育者や仲間との生活や遊びの拡大により、多くの事柄を学んでいく。その際、保育者は子どもと直接かかわることで教育的援助を行うことも大切であるが、それと共に子どもが主体的に活動を進められるよう教育的環境を整えていくことも重要な役割である。保育は環境を通して行われるものとされ、保育者には、子どもが園生活の中で意欲的にさまざまな環境にかかわりたくなるような魅力的な環境を提供していくことが求められる。小学校以降の教育現場では、教師が児童生徒に対して教科として教育的指導を行っていくが、園では教科としての指導ではなく、主体的に環境にかかわりながら活動を行い、試行錯誤を通して学びを深めていく。そのため、保育者は子どもの発育・発達、興味、関心等に配慮した環境（設備や遊具等）を構成していき、子どもの発達にふさわしい経験や人間関係の構築のために援助を行っていくのである。また、保育者はその場限りの援助ではなく、子どもの1年後、3年後、就学後へと長期的な視点から、その子どもの将来の発達の道筋を見据えた教育的かかわりを念頭におく必要がある。

保育は総合的な学びである。食事の援助を一つとっても、そのなかには養護的な要素と教育的な要素が含まれている。

## 2 ── 保護者、家庭および地域との連携

　保育者には、子どもとのかかわりに加えて、保護者や子育てを行っている家庭に対する支援も求められる。現在の日本では、少子化、核家族化などにより家庭のあり方や意義が変化している。こうしたなか、幼稚園や保育所をはじめとする保育施設に対する子育ての支援の社会的責任が拡大している。家庭の養育機能の低下や少子化による子育て経験の乏しさなどから、子育ての仕方の伝承や悩みを相談できる場もなく子育てを行っている保護者も少なくない。

　そこで保育者には、子どもが健全に育っていくために、24時間を保育の対象とし、保護者との信頼関係を基本に連携をとりながら子育てを支援していくことが求められる。常に保護者の傍らで、子育てを共に行う伴走者として寄り添う存在でありたい。園では、連絡帳や園だより、登降園時の保護者に対する子どもの健康状態や活動の伝達を通して、子どもへの愛情や成長を共に喜び合い、保護者が子育てに対する楽しさや意欲が増すよう援助していく。

　さらに上記のような保護者や家庭に対する支援は、園に在園している子どもに限らず、広く地域の子育て家庭も対象としている。幼稚園や認定こども園であれば未就園児クラスや園行事への参加、保育所では園庭開放、一時預かり保育、育児相談等を通して、地域の子どもの健やかな成長を支えていく支援を行っている。このように保育者が子育て支援を行っていくうえでは、保護者のみではなく、地域の関係機関（保健センター、児童発達センター、医療機関、小学校、特別支援学校等）との連携や協働を図り、社会資源を活用していく力量も求められている。

## 第2節 ● 幼稚園教諭の仕事と役割

## 1 ── 幼稚園教諭の1日と役割

　幼稚園は学校教育法により定められた学校である。では、幼稚園教諭の仕事とは、具体的にはどのようなものがあげられるだろうか。日々子どもと共に遊ぶことだけだろうか。

　はじめに、一般的な幼稚園の1日を追って幼稚園教諭の仕事をみていこう（表2－1）。1日の流れや保育の内容は各園によって、年齢や地域、時期に

よっても変わってくる。近年では、通常の保育時間後に希望者を対象に預かり保育を実施している園も多くみられる。

　幼稚園教諭の1日は、大きく「子どもが登園する前の準備時間」と「子どもとともに過ごす時間」と「子どもが降園した後に保育の準備や環境整備を行う時間」の3つに分けることができる。幼稚園教諭の役割は、「幼稚園教育

**表2－1　幼稚園の1日の流れ（例）**

| 時間 | 子どもの活動内容 | 幼稚園教諭の動き |
|---|---|---|
| 8:00 | | ・出勤（押印、更衣）<br>・朝の打ち合わせ（園全体の予定、各学年の保育内容、共有スペースの使用状況の確認、欠席・遅刻者・来園者の確認等）<br>・朝の環境整備（保育室・園庭の環境設定、動植物の世話等） |
| 9:00 | ・登園（身支度、出席カードのシールを貼る、手洗い、うがい）<br>・自由遊び（園庭、室内にて各自好きな遊びを行う）<br>・片づけ<br>・朝の集まり（出席、歌を歌う等）<br>・主活動（運動遊び、製作活動等） | ・受け入れ（視診を行いながら体調の変化をみる、保護者から連絡事項を聞く、出欠状況の把握）<br>・子どもが遊びにスムーズに入れるよう援助したり、様子を見守る。<br>・子どもとともに片づけを行う。<br>・出席をとり、季節の歌等を歌う。<br>・保育計画に沿った活動を展開していく。子どもの様子や興味・関心に合わせて主体的に取り組めるよう援助していく。 |
| 11:30 | ・片づけ<br>・昼食（お弁当または、給食） | ・片づけを行いながら昼食準備を行う。<br>・一人ひとりが意欲的（楽しい雰囲気のなか）に食べられるよう配慮する。 |
| 12:30 | ・自由遊び（絵本、お絵描き、パズル等） | ・食休みを兼ね、静かに過ごせる遊びの環境設定を行い、落ち着いた後に外遊びを行うよう配慮する。 |
| 13:30 | ・降園準備（紙芝居、絵本、歌、手遊び等） | ・子どもの楽しかった1日の思いを受け止め、明日への期待がもてるよう話をしながら降園のあいさつをする。 |
| 14:00 | ・降園（バス、保護者の迎えにより）<br>※預かり保育へ | ・保護者や通園バスの担当者、預かり保育担当の保育者に、子どもの1日の様子、連絡事項を伝達する。 |
| 14:30 | | ・保育室の掃除・環境設備<br>　保育室・園庭・園舎の清掃、遊具・園具の点検等を行う。今日の保育を振り返り、翌日の保育のための環境設定（教材・遊具等）、準備を行う。<br>・休憩<br>・保育の反省・評価・記録、事務処理<br>　1日の保育を振り返り記録をつけ、翌日の保育の計画を見直す。園だよりや出欠集計等を行う。<br>・職員会議・研修・打ち合わせ |
| 17:00 | | ・退勤 |

出典：筆者作成

要領」※2 を踏まえ長期的な見通しをもち、子どもが園の生活や遊びのなかで自ら環境にかかわることを通して成長できるよう援助をしていくことである。子どもと直接かかわる時間はもちろん重要であるが、その時間を充実させるためには、子どもの登降園前後の掃除や環境整備、打ち合わせの時間も大切な仕事の一部である。

## 2 ── 幼稚園教諭の1年と役割

### (1) 指導計画の立案

幼稚園では子どもが入園してから卒園するまでの間、どのような生活、過程を経ていくかを示す全体的な計画である教育課程※3 を作成しなければならない。計画には教育課程を筆頭に、子どもの発達を長期的に見通した長期の

※2 幼稚園教育要領
文部科学省が1956（昭和31）年に告示して以来、4度改訂されている。現行の幼稚園教育要領は2017（平成29）年に改訂にされたものである。教育基本法に「幼児期の教育は、生涯にわたる人格形成の基礎を培う重要なものである」（第11条）と規定されたことや、「生きる力」という理念の共有などを踏まえている。

※3 教育課程
幼稚園における教育期間の全体にわたって幼稚園教育の目的、目標に向かってどのような道筋をたどって教育を進めていくかを明らかにし、幼児の充実した生活を展開できるような全体の計画をいう。

表2-2 幼稚園の年間の主な園行事（例）

| 日程 | | 行事 | 日程 | | 行事 |
|---|---|---|---|---|---|
| 4月 | 10日 | 入園式 | 10月 | 18日 | 運動会予行 |
| | 11日 | 年中・年長児始業 | | 21日 | 運動会 |
| | 15日 | 創立記念日 | | 26日 | ハロウィン |
| | 17日 | お弁当・給食開始 | | 30日 | 入園考査 |
| 5月 | 5日 | こどもの日 | 11月 | 10日 | お店屋さんごっこ |
| | 18日 | 春の遠足 | | 20日 | 芋ほり |
| 6月 | 4日 | 内科検診 | | 23日 | 個人面談 |
| | 6日 | 歯科検診 | 12月 | 7日 | クリスマス会 |
| | 10日 | 時の記念日 | | 15日 | おもちつき |
| | 13日 | 引き取り訓練 | | 18日 | 2学期終業式 |
| 7月 | 7日 | 七夕 | | 19日 | 冬休み開始 |
| | 17日 | 1学期終業式／納涼大会 | 1月 | 9日 | 3学期始業式 |
| | 18日 | 夏休み開始 | | 10日 | どんど焼き |
| 8月 | 5日 | お泊まり保育（年長組） | | 下旬 | 年長組卒業記念撮影 |
| | 20日 | 夏期保育 | 2月 | 1日 | 豆まき |
| 9月 | 4日 | 2学期始業式 | | 28日 | お遊戯会予行 |
| | 14日 | 秋の遠足 | 3月 | 2日 | お遊戯会 |
| | 21日 | 1日動物村 | | 6日 | 卒園児送別会 |
| | 25日 | 保育参観 | | 17日 | 卒業式／3学期終業式 |
| | | | | 18日 | 春休み開始 |

※毎月1回誕生会、身体測定、避難訓練を行う。誕生会では誕生月の子どもの保護者を招いてともに祝う。
出典：筆者作成

※4 指導計画
指導計画は、教育課程・全体的な計画に基づいて立てられる具体的な保育の計画である。保育のねらいや内容、環境構成、予想される子どもの活動、保育者の援助・配慮などによって構成される。

指導計画※4（年間指導計画、期間指導計画、月間指導計画等）と日常生活に即したより具体的な短期の指導計画（週案、日案、細案等）がある。

　長期の指導計画に関しては、園全体で検討することが多いが、日常の保育に密接した短期の指導計画については、クラス・学年担当の幼稚園教諭が自ら立案する。指導計画の立案の際には、教育課程を念頭に日々の子どもの興味・関心や生活、人間関係等の実態を把握したうえで、日々の保育の連続性に配慮し立てることが重要である。

### （2）行事にみる幼稚園教諭の仕事

　幼稚園では年間を通して多くの行事が行われている（表2－2）。保育における行事は日常生活の延長線上ととらえ、1年を通して子どもの成長にとって、どの時期に何を行うことが重要なのか、内容と時期を十分に検討して実施する。行事の実施が目的になるのではなく、あくまでも子どもの日常の遊びや生活のなかの出来事を踏まえ、子どもが行事を楽しみに待ち、成長の節目を確認できるようにしたい。また、行事は保護者や祖父母、近隣の方も参加して楽しめる機会である。通常は、行事ごとに担当者を決め、計画・運営を進めていく。担当者は行事のねらいを明確にし、行事を通してどのような経験や思いを味わってほしいかを考え、準備を進めていく。

　なお、園では衛生面や安全面についての行事（健康診断、歯科検診、避難

**表2－3　行事の計画から実施までの流れ（芋ほりの例）**

| | |
|---|---|
| ①計画書の作成 | 行事の実施にあたっては、年間行事日程が確定したら、行事ごとに担当者を決める。担当者は、昨年度の反省や確認等を踏まえ計画を立てる（行事のねらい、時間の流れ、予算等も盛り込む）。 |
| ②園全体で検討 | 計画立案後、計画書を作成し、会議で検討する。計画書は園長に提出し、許可を得る。 |
| ③現地と打ち合わせ | 芋畑への連絡・打ち合わせを行う。 |
| ④保護者へ告知 | 園だよりで保護者に行事の詳細を知らせる（日程、持ち物、雨天時の対応、留意事項等）。 |
| ⑤指導計画の立案 | 月案・週案等の指導計画に、芋ほりに関する内容を入れる。<br>例：「お弁当の時に芋の話をする」「芋の絵本を読む」「芋はどのように実っているのか、どんな種類があるのかを図鑑で調べる」等、期待をふくらませ、芋ほりの楽しさが増すような内容を活動に織り込む。芋ほり後には、絵を描いたり、お話をつくる等、芋ほりの体験を発展できるようにする。 |
| ⑥下見 | 芋畑の下見を行う。バス降車から畑までの動線、危険な場所、天候不順の場合の対応を考えつつ、順路や時間を確認する。バスを利用する場合、駐車場の場所の確認は重要である。 |
| ⑦実施 | いよいよ芋ほり当日。天気にも恵まれ、子どもたちの生き生きした顔が保育者へのご褒美である。子どもの安全には十分配慮し、保育者もともに楽しむ。 |
| ⑧振り返り | 芋ほり実施後、反省会を行い、次年度への芋ほりに備える。 |

出典：筆者作成

訓練など）も年間を通して行っている。芋ほりを例にして、園行事が行われるまでの計画から実施までの流れをみてみよう（表2－3）。

## 第3節 ● 保育所における保育士の仕事と役割

### 1 ── 保育士の1日と役割

　保育所は児童福祉施設であり、0歳から就学前の乳幼児を対象に「保育を必要とする乳児・幼児を日々保護者の下から通わせて保育を行うことを目的とする施設」（児童福祉法第39条）である。保育時間や内容は各園によりさまざまであり、それぞれの保護者のニーズにより保育時間は前後するが、子どもはおおむね8時間〜12時間を保育所で過ごす。保育所は、子どもが長時間滞在することと、0歳児からを受け入れ対象としていることが幼稚園とは大きく異なる。乳幼児が無理のない安定した生活を過ごせるよう、心身の状態や変化をきめ細かく配慮し、保育を展開していくことが求められる。

　0歳と6歳では生活の流れや内容は多少異なるが、保育所での1日を一般的な幼児クラスの流れからみていこう（表2－4）。保育士の勤務は多くの場合、早番、普通番、遅番等のローテーションでシフト制の勤務をしているところが多い。仕事内容としては、幼稚園教諭とさほど変わりはないが、午睡中に日誌・連絡帳の記入、会議、室内の環境整備、教材準備、行事の打ち合わせなど、さまざまな仕事も行う。また、職員会議は保育中に全員で行うことが難しいため、子どもの降所後に時間を設けて開かれる。保育士の勤務は、幼稚園教諭のように同一の時間帯での勤務ということはないので、日常の保育のなかで保育士同士のコミュニケーションを図ることがより重要であり、さまざまな配慮が必要になる（表2－5）。

### 2 ── 保育士の1年と役割

#### （1）指導計画の立案

　保育所も幼稚園と同様、保育所ごとに「保育所保育指針」[※5]に沿って全体的な計画[※6]を作成する。全体的な計画には、園の方針や地域、保護者の願いが反映され、全期間を通しての子どもの育ちの道筋が示される。この全体的な計画に基づいて、保育目標や方針を具体化したものが指導計画である。保

※5　保育所保育指針
現在の保育所保育指針は、2017（平成29）年3月に厚生労働省により告示された。保育所保育指針は法的な拘束力があり、すべての保育所が拠るべき保育の基本的事項を定めている。また、保育所にとどまらず、小規模保育や家庭的保育等の地域型保育事業および認可外保育施設においても、保育所保育指針に準じて保育を行うことが定められている。内容は大綱化され、詳しいことは保育所保育指針解説により示されることとなった。

※6　全体的な計画
幼保連携型認定こども園における教育および保育の内容に関する全体の計画をさす。作成にあたっては、幼保連携型認定こども園教育・保育要領にならい、各園で園長の責任の下に職員が協力して作成にあたる。

**表 2－4　保育所の 1 日の流れ（幼児クラス）**

| 時間 | 子どもの活動内容 | 保育士の動き |
|---|---|---|
| 7：00 | | ・出勤（押印、更衣）→早番勤務の保育士 |
| | ・早朝保育の子どもは順次登所 | ・早朝保育室の環境整備、受け入れの準備を行う。 |
| 7：30 | ・自由遊び（早朝保育の保育室内で各自好きな遊びを行う） | ・早朝保育の子どもの受け入れ（視診、保護者からの伝達を聞く、連絡帳に目を通す） |
| 8：30 | ・早朝保育の子どもは各自のクラスへ | ・出勤（押印、更衣）→普通勤務の保育士 |
| | ・順次登所（身支度、連絡帳の提出、手洗い、うがい） | ・早朝保育の子どもを迎えに行き、早番担当者より連絡事項を聞き、担当クラスへ移動。 |
| | | ・登所してきた子どもの受け入れ（視診、保護者からの伝達を聞く、連絡帳に目を通す） |
| | ・自由遊び（室内にて各自好きな遊びを行う） | ・子どもの健康状態や体調に配慮し、遊びにスムーズに入れるよう援助したり、様子を見守る。 |
| 10：00 | ・主活動（散歩／室内での活動） | ・散歩の行き先、人数、出発時間等の確認を行い、散歩へ出発する（安全に十分配慮し、子どもが地域や自然に興味をもち、散歩を楽しめるよう援助する）。 |
| 11：00 | ・給食の準備（手洗い、うがい） | ・出勤（押印、更衣）→遅番勤務の保育士 |
| | | ・遅番の保育士が、給食の準備を行い、その間に普通番の保育士は手遊び、絵本を読んで待つ。 |
| 11：30 | ・昼食 | ・みんなで食べる楽しみや、意欲的に食事がとれるよう、援助・配慮を行う。 |
| | ・午睡準備（食休み後、午睡の準備） | ・午睡の準備（布団を敷く）を行う。 |
| 13：00 | ・午睡 | ・午睡前に絵本や紙芝居を読み、落ち着いて午睡に入れるよう配慮する。 |
| | | ・午睡中は休憩をとる。休憩後は連絡帳・日誌の記入、子どもの様子、週案・行事等の打ち合わせを行う。 |
| 14：30 | ・起床（着替え、排泄） | ・一人ひとりがスムーズに起床できるよう援助する。 |
| 15：00 | ・おやつ | ・おやつの準備 |
| | ・降所準備（連絡帳、所持品の用意、排泄等） | ・降所準備のため、連絡帳や着替え等を各自用意できるよう援助する。 |
| 16：00 | ・自由遊び（室内にて各自好きな遊びを行う） | ・保護者の迎えまでゆったりと過ごせるよう配慮する。→早番勤務の保育士退勤 |
| | | ・普通番保育士が遅番勤務の保育士に引き継ぎ（1 日の様子、連絡事項の伝達）、降所時に保護者に伝える。 |
| 17：00 | ・順次降所（家庭への連絡） | ・普通番勤務の保育士退勤 |
| | ・延長保育へ（延長保育の保育室へ移動） | ・保護者の迎えまで落ち着いて過ごせるよう配慮する。分担して保育室の清掃、明日の環境設定を行う。 |
| 20：00 | | ・園内の戸締まり確認　→遅番勤務の保育士退勤 |

出典：筆者作成

**表2－5　保育所の仕事における主な配慮事項**

| | |
|---|---|
| シフト勤務 | 現在では朝7時～夜20時まで開所している保育所も少なくない。保育士の勤務は、早番、普通番、遅番などの基本ローテーションが組まれ、それに付随して数種類のシフトが存在するところが多い。多くの保育士がかかわるため、保育士同士の連絡を密にとることが重要である。 |
| 引き継ぎ | 保育士の勤務は、日によって時間帯が変わったり、休日が平日になるなど流動的である。そのため、保育士同士の引き継ぎは非常に重要となる。朝の受け入れから帰りの引き渡しまで、同一の保育士が担当することは少ないことから、その日の子どもの様子や健康状態、機嫌など細かい部分についても正確に引き継ぐことが大切である。 |
| 連絡帳 | 連絡帳は家庭と園とをつなぐ大切なコミュニケーションツールである。保護者は家庭での子どもの様子や子育ての悩みを保育士に伝え、保育士からは保育所での子どもの姿や連絡事項を保護者に伝え、情報を共有していく。保護者は、保育所にいる間の子どもの様子に非常に関心をもっているため、保育士ならではの目線で、成長が見受けられる姿や微笑ましくなる姿について記述することが求められる。 |
| 土曜保育 | 平日とは異なり人数が少ない場合もあるので、異年齢の合同保育を行っている園も多い。担任保育士が土曜保育の担当にならない場合もあるため、日頃から自分の担当以外の子どもの情報を共有することが大切である。家庭的な雰囲気のなかでさまざまな年齢の子どもたちが触れ合える環境を設定していく。 |

出典：筆者作成

育所での指導計画は、幼稚園と同様、長期（年間、期間、月案）と短期（週案、日案、細案）の計画に分けられる。

　保育所の指導計画の立案にあたっては、いくつか配慮すべき事項がある。まず、乳児においては成育歴や環境等の個人差が大きいことから、個別に計画の立案が必要となる点である。子どもは1日の生活の大半を保育所で過ごすため、計画を立てることにより、その子どもに必要な体験を十分に保障していくのである。もう一点は、保育所に入所している0歳～就学前の子どもの育ちに、一つの道筋として一貫性をもたせるということである。子どもの育ちは個人差が大きいため、計画を踏まえつつも、それぞれの子どもの実態に沿って柔軟に実践を行うことが望ましい。

　早朝保育、延長保育、土曜保育では、子どもの心身に無理のないように、内容と環境設定を配慮する必要がある。

## （2）行事にみる保育士の仕事

　幼稚園と同様に、行事は日々の生活のつながりのなかで計画されることが多く、0歳～就学前の子ども一人ひとりにとってどのような意味合いがあるかを検討し、構成していく。行事の指導計画立案の際も、日頃の遊びや生活のなかで（日常の）子どもの姿をしっかり把握し、興味・関心や発達の状態から立案していく。たとえば、2歳児が散歩中に落ち葉や木の実を夢中になって拾う姿から、運動会の種目に落ち葉や木の実を拾う競技を取り入れる、と

いった具合である。

　保育所に通う子どもの保護者の多くが就労しているため、日頃は頻繁に子どもの成長する姿を目にする機会が少ない。そこで、保護者や祖父母も参加できる行事を企画し、行事を通して子どもの成長をともに喜び、園での子ど

**表2－6　保育所の年間行事（例）**

| 日程 | | 保育行事 | 保護者の参加行事 |
|---|---|---|---|
| 4月 | 1日<br>2日<br>5日<br>6日 | 入園式<br>通常保育開始<br>入園児健康診断<br>春季健康診断 | 親子参加 |
| 5月 | 5日<br>10日 | こどもの日の集い<br>親子遠足 | <br>親子参加 |
| 6月 | 5日<br>12日 | 歯科検診<br>懇談会 | <br>保護者対象 |
| 7月 | 7日<br>20日 | 七夕<br>夕涼み会 | <br>親子参加 |
| 8月 | 20日 | 夏祭り | 親子参加 |
| 9月 | 1日<br>15日<br>21日<br>25日 | 防災訓練（引き取り訓練）<br>敬老の日の集い<br>眼科検診<br>保護者会 | 保護者参加<br>祖父母、家族で参加<br><br>保護者対象 |
| 10月 | 14日<br>21日<br>31日 | 運動会（雨天決行・お弁当持参）<br>落ち葉拾い遠足<br>ハロウィンパレード | 家族で参加<br><br>近隣の商店街へ |
| 11月 | 7日<br><br>16日 | 園外保育（4・5歳児）<br>　（雨天決行・お弁当持参）<br>秋季健康診断 | |
| 12月 | 20日 | 年末子ども会（会食） | |
| 1月 | 11日<br>17日<br>20日 | おもちつき会<br>新年お遊び会（会食）<br>個人面談 | 家族で参加<br><br>保護者対象 |
| 2月 | 2日<br>17日<br>25日 | 節分の集い（豆まき）<br>生活発表会<br>保育参観 | <br>家族で参加<br>保護者対象 |
| 3月 | 2日<br>8日<br>9日<br>12日<br><br>15日 | ひな祭りの日の集い（お茶会）<br>耳鼻科検診<br>お別れ会（親子会食）<br>お別れ遠足（幼児クラス）<br>　（雨天決行・お弁当持参）<br>卒園・進級式 | <br><br>年長児の保護者のみ参加<br><br><br>家族で参加 |

※上記の日程のほかに月1回誕生会、避難訓練、身体測定を実施。
出典：筆者作成

も姿を知る機会となるように企画していきたい（表2－6）。

## 第4節 ● 保育教諭の仕事と役割

### 1 ── 認定こども園の位置づけ

　認定こども園の設立の背景には、女性の社会進出、共働き家庭の増加、就労形態の多様化などに伴い待機児童[※7]が増加したことを受け、すべての子どもを対象に就学前の教育・保育のニーズに対応するという点があげられる。

　認定こども園は、2006（平成18）年の「就学前の子どもに関する教育、保育等の総合的な提供の推進に関する法律」（認定こども園法）の公布を受け、同年より幼稚園・保育所の機能を総合的に提供することを目的とする新しい保育制度として発足した。そして2012（同24）年には、子育てや子どもを取り巻く課題の解消に向けて「子ども・子育て関連3法」[※8]が成立し、2015（同27）年より「子ども・子育て支援新制度」が本格始動した。

　新制度では、①質の高い教育・保育を総合的に提供、②地域型保育事業による教育・保育の質・量の拡充、③地域の子育て支援の充実などを中心に取り組みが進められている。そのなかで、認定こども園は親の就労の有無にかかわらず、すべての0歳～就学前の子どもを対象に「教育及び保育を一体的に提供する」ために、さらに地域の子育て支援機能の充実という目的をもって発足した。認定こども園は、地域の実情や保護者のニーズに応じて次に示すように4つのタイプがある（図2－1）。

　新制度以前の認定こども園では、文部科学省と厚生労働省の二重行政による手続きの負担などの課題がみられた。そこで新制度では、改善のために認可・監督・財政措置が一本化され、「幼保連携型認定こども園」は新たに「学

※7　待機児童
保育所への入所・利用資格があり入所申請をしているにもかかわらず、保育所や学童保育施設が不足していたり、定員が一杯であるために入所できずに入所を待っている児童のこと。

※8　子ども子育て関連3法と子ども・子育て支援新制度について、詳しくは、第7章(p.125)を参照。

図2－1　認定こども園のタイプ

| ①幼保連携型 | ②幼稚園型 | ③保育所型 | ④地方裁量型 |
|---|---|---|---|
| （幼稚園機能と保育所機能をあわせもつ単一の施設） | （幼稚園が保育所的な機能を備える施設） | （保育所が幼稚園的な機能を備える施設） | （地域の教育・保育施設が必要な機能を備えた施設） |

出典：内閣府 子ども・子育て本部「認定こども園」ホームページ
http://www.youho.go.jp/

校及び児童福祉施設」として法的に位置づけられた。また、2017（同29）年には教育・保育内容の基準として「幼保連携型認定こども園教育・保育要領」が内閣府・文部科学省・厚生労働省から告示された。これをもとに各園が全体的な計画を作成していく。

地域における子育て支援としては、子育て相談、一時預かり、子どもの養育に関する情報提供・助言等の支援を行う。地域の子育ての社会的資源の活用に向けてコーディネーター的な役割も期待されている。

## 2 ── 保育教諭の1日と役割

認定こども園では、保護者の就労の有無や保育時間、入園時期に違いがあり、1日の生活の流れも幼稚園や保育所とは異なる部分がある。表2-7は、一般的な認定こども園の1日の流れである。3歳未満児については従来の保育所と同様のデイリープログラムで進められているが、3歳以上児については認定こども園独自の生活の流れとなる。

1日の流れは、8時30分から14時くらいまでの時間帯は、短時間利用の子どもと長時間利用の子どもの共通の教育時間として設定されている。認定こども園には、3歳未満から園に在園している子どもと、3歳以降から入園してくる子どもがいる。保育時間に関しても幼稚園のように4時間を基本とする子どもと、保育所のように長時間滞在する子どもが1つの園に混在している状態である。

幼保連携型認定こども園教育・保育要領では、認定こども園の特性を踏まえて、「特に配慮すべき事項」として生活の連続性やリズムの多様性に留意するよう記されている。子どもの在園時間や入園時期の違いにかかわらず、園児一人ひとりにとって自然な生活の流れが保障され、主体的に環境にかかわっていけるよう援助していく。

幼保連携型認定こども園に勤める保育者の職名は、2012（平成24）年の認定こども園法の改正に伴い「保育教諭」とされた。幼稚園教諭免許状と保育士資格の両方の免許・資格を有していることを原則としている[※9]。

※9　保育教諭について、詳しくは、第2章（p.44）を参照。

## 3 ── 保育教諭の1年と役割

認定こども園における1年の行事や流れは、幼稚園や保育所の年間の流れと大きな違いはみられないものの、次の点に気をつけておきたい。

夏休みや冬休みなどの長期の休み期間中は、短時間利用の子どもは休みに

表2−7　認定こども園の1日の流れ（例）

| 時間 | 3歳未満児（0〜2歳） | 幼児（3〜5歳） | | | |
|---|---|---|---|---|---|
| | | 短時間利用（幼稚園） | 長時間利用（保育所） | | |
| | | 3〜5歳児 | 3歳児 | 4歳児 | 5歳児 |
| 7：00 | 順次登園（視診、検温）自由遊び | 預かり保育 | 順次登園 | | |
| 8：30 | | 登園後、朝の支度（視診、連絡帳、身支度、手洗い、排泄）異年齢保育（3〜5歳児合同の自由遊び） | | | |
| 9：00 | おやつ 排泄（オムツ交換）主活動（発達に応じて）昼食準備 | 共通の主活動時間（年齢別クラス単位、行事などの状況により合同） | | | |
| 11：30 | 昼食 | 昼食準備 昼食（幼・保合同で）昼食片づけ 食休み 紙芝居・絵本の読み聞かせ | | | |
| 12：00 | 排泄（オムツ交換）着替え | | | | |
| 12：30 | 紙芝居・絵本をみる 午睡準備 午睡 | | | | |
| 13：30 | 順次起床（排泄・着替え）おやつ準備 おやつ | 帰りの支度 | 午睡準備（排泄、着替え、絵本）午睡・休息 | | |
| 14：00 | | 降園 預かり保育へ | 順次起床（排泄・着替え）おやつ準備 | | |
| 15：00 | 自由遊び 降園の支度（視診、身支度）| | おやつ 異年齢保育（3〜5歳児合同の自由遊び）降園の支度（視診、連絡帳、身支度、手洗い、排泄） | | |
| 16：30 | 順次降園（連絡事項伝達）| | 順次降園（保護者へ連絡事項伝達）| | |
| 18：00 | 延長保育 | 保育終了 | 延長保育 | | |
| 19：00 | 延長保育終了 | | 延長保育終了 | | |

出典：筆者作成

なるが、長時間利用の子どもは登園しているため、夏ならではの活動や行事を計画していくなどの配慮が求められる[※10]。3歳未満児に対しては生育状況や基本的生活習慣の獲得、疾病に対する予防などを個別に配慮する。3歳以上児の保育では、保育時間や入園時期にかかわらず、すべての子どもが発達に必要な体験を保障できるよう年間計画の立案時に心がける。保育が長時間にわたる子どもも、そうでない子どもに対しても1日の生活リズムを考慮し、活動と休息のバランスをとり、家庭と連携を図りながら進めていくことが望

※10　こうした場合、短時間利用の子どもと長時間利用の子どもの間で、保育内容にズレが生じるため、どの子どもにどのような保育を行ったかを把握できるようにしておくことが重要である。

まれる。

## 4 ── 幼稚園教諭・保育士・保育教諭に共通するその他の仕事

　ここまで、幼稚園・保育所・認定こども園の1日の流れや年間の行事から保育者の仕事をみてきた。これらの仕事は子どもと直接的なかかわりのあるものだが、ほかにも子どもの育ちを支えるために必要な仕事がいくつかある。
① 園だより、クラスだより、ホームページなどの作成
② 保護者会、懇談会への参加
③ 職員会議、カリキュラム会議、クラス打合せ、行事会議などへの参加
④ 他園、小学校、地域、専門機関との連携
⑤ 園内・園外研修、自己研修などへの参加

　たとえば、園だよりでは、保護者がわが子の成長を喜び、子育てのよさを実感できるように、園での子どもの様子や成長の姿を発信していく。特に長時間園に子どもを預けている保護者は、日々の子どもの小さな変化や興味・関心を目にする機会が少ないので、園だよりを通して子どもの成長やどんな遊びや活動を行っているかを伝えることはきわめて大切である。また、感染症やその予防、食育についても、園だよりは保護者にとって重要な情報源となる。保護者がうれしくなったり、ほっとできるような園だよりを作成したい。

# 第5節 ● 児童福祉施設における保育士の仕事と役割

## 1 ── 児童福祉施設とは

　児童福祉施設とは、児童と妊産婦の福祉に関する事業を行う施設であり、児童福祉法第7条で定められている。これらの施設においても、保育士は活躍している。

> 助産施設、乳児院、母子生活支援施設、保育所、幼保連携型認定こども園、児童厚生施設（児童館、児童遊園）、児童養護施設、障害児入所施設、児童発達支援センター、児童心理治療施設、児童自立支援施設、児童家庭支援センター
> 　　　　　　　　　　　　　　　　　　　　　　　　※（　）は筆者による

児童福祉施設は、利用する子どもの年齢も幅広く、利用の福祉ニーズも多様である。そのため、児童福祉施設で働く保育士は、各施設の目的や役割、種別特有の専門知識を十分に理解しておく必要がある。

　施設の種類としては、大きくは2つある。児童館や児童遊園等の子どもや保護者が自由に利用できる施設と、障害児入所施設や児童養護施設など行政による入所措置や決定を必要とする施設である。後者の入所措置が必要な施設には、入所型や通所型があり、さらに病院としての機能を備える医療型施設やその必要のない福祉型施設がある。

　施設を生活の場としている子どもに対する支援を行う保育士は「施設保育士」と呼ばれる。子どもの育ちを支えていく点については保育所保育士と施設保育士も共通しているが、施設保育士は子どもの生活により密接にかかわる部分が多く、生活支援や介助、学習支援など業務内容は幅広い。

## 2 ── 児童養護施設における保育士の仕事と役割

　施設保育士の仕事は、種別や施設ごとに多少の違いはあるものの、生活全般に対する支援を行うことが大きな役割である。ほとんどの施設では、子どもが家庭に代わり施設で生活をしており、保育士は食事、入浴、洗濯、掃除、保育所への送迎等を支援する。子どもの入所の理由や生活面での自立の程度は、人それぞれである。保育士は一人ひとりの背景や特性を理解したうえで、基本的生活習慣の確立や健全な発達に向け、幅広く支援していくことが求められる。

　児童養護施設の1日の流れをみていこう（表2-8）。児童養護施設で生活している子どもは、虐待、放任、養育拒否、経済問題などの問題から、家庭での養育が困難になり入所している場合が多い。一人ひとりさまざまな背景をもっているため、施設には多くの専門職（臨床心理士、理学療法士、医師、看護師、栄養士、児童相談所の職員、学校の教員等）がかかわっている。これらの専門職の職員がそれぞれの立場から情報交換を行い、支援計画を立てチームで支援を進めていくことが一般的である。

　保育士は、子どもが精神的にも身体的にも安心・安全に過ごせるように寄り添い、生活基盤をともに安定させていくことが重要である。時には学校生活や友人関係での悩みを聞くなど、心理的なサポートも担う。さらに、子どもが自分で将来の道を切り開けるよう、進路についての指導や職業的自立、学習面等の支援も行う。

**表2－8　児童養護施設の1日の流れ**

| 時間 | 子どもの活動の流れ |
|---|---|
| 6：30 | 起床・洗面 |
| 7：00 | 朝食 |
| 7：30～8：00 | 登校（小学生・中学生・高校生の児童） |
| 9：00 | 幼稚園等に登園 |
| 10：00～11：30 | 未就園児の保育（施設内での活動や戸外での活動） |
| 12：00 | 昼食 |
| 13：00 | 午睡（未就園児） |
| | 帰園（幼稚園児、学童児） |
| 15：00 | 起床（未就園児） |
| | おやつ |
| 15：30 | 宿題（学童児） |
| | 自由時間（好きな遊びを行う） |
| 16：00 | 入浴（未就園児・幼稚園児・学童児） |
| | 中高生帰園 |
| 18：00 | 夕食 |
| | 学習時間（中高生） |
| 19：00 | 就寝準備（未就園児・幼稚園児） |
| | 入浴（中高生） |
| 20：00 | 就寝（未就園児・幼稚園児） |
| | 就寝準備（学童児） |
| | 就寝（学童児） |
| 21：00 | 自由時間（中高生） |
| 22：00 | 就寝（中高生） |

出典：筆者作成

## 3 ── 児童館・地域子育て支援施設における保育士の仕事と役割

### （1）児童館における仕事と役割

　近年では子どもが安心して遊べる環境が少なくなり、遊びを知らない、仲間と遊べない、遊ぶ時間がないといった課題がみられる。このような背景から設立されているのが児童館である。子どもに健全な遊び場を提供し、心身の健康の増進を図り、情操を豊かにすることを目的としている。規模や機能により、小型児童館、児童センター、大型児童館などに分けられ、「児童の遊びを指導する者」[※11]を置くことが決められている。

　乳幼児の子どもに対しては、年齢別のクラブの開催、子育て相談、母親講座などを実施している（表2－9）。小学生以上の児童に対しては、さまざまな遊びやスポーツを提供し、児童同士の遊びの世界が広がるよう援助を行う。また、悩みや不安や困っていることに対して相談にのり、心理的な援助を行うことも仕事の一つである。さらに、地域の子育て支援の拠点としての役割も担っているため、子育てを行う家庭を対象に育児相談や栄養指導なども行

※11「児童の遊びを指導する者」
以前は「児童厚生員」と呼ばれていた。児童館や児童センター等の児童厚生施設に勤務し、遊戯室や工作室の環境設定やさまざまな活動や催しを企画・運営する。保育士、社会福祉士、教員免許取得者などから任命される。

表2-9　児童館における乳幼児向けプログラム（年齢別）

| 年齢 | 日時 | | 内容 |
|---|---|---|---|
| 0歳児（低月齢）<br>0歳児（高月齢） | 毎週<br>月曜日 | 10:00～10:30<br>10:45～11:15 | ・親子で楽しく遊べるふれあいあそび<br>・子育て悩み相談 |
| 1歳児（低月齢）<br>1歳児（高月齢） | 毎週<br>火曜日 | 10:00～10:30<br>10:45～11:15 | ・運動あそび（体を動かしてあそぶ）<br>・親子でふれあいあそび、手あそび<br>・絵本・紙芝居などの読み聞かせ |
| 2歳児（低月齢）<br>2歳児（高月齢） | 毎週<br>水曜日 | 10:00～10:30<br>10:45～11:15 | ・子ども同士のあそび（お友だちと一緒に）<br>・運動あそび（体を動かして）<br>・リズムあそび（音楽、音に合わせて）<br>・造形あそび（お絵描き、指先を使って） |
| 3歳児 | 毎週<br>木曜日 | 10:00～11:00 | ・集団あそび（お友だちと一緒に）<br>・造形あそび（工作、お絵描き等）<br>・リズムあそび（音楽、音に合わせて）<br>・運動あそび（体を動かして）<br>・クッキング（親子で） |

出典：筆者作成

う。地域のすべての乳幼児を対象に、気軽に遊びに来てもらい、保護者同士で交流したり、子育ての悩みを相談できる場として機能している。

### （2）　地域子育て支援センターにおける仕事と役割

　子育ての孤立や子育てに対する不安感、負担感を軽減することを目的に行われている事業である。「保育所地域子育てモデル事業」としてスタートし、1995（平成7）年に「地域子育て支援センター事業」と名称が変わり、さらに2007（同19）年からは「地域子育て支援拠点事業」となった。主に保育所等で保育士が配置される形で、相談指導や子育てサークルの育成・支援の役割を担っていたが、後に保育所のみではなく児童館や地域の子育てセンター、NPO法人、民間事業者なども運営にあたるようになった。

　実施形態としては一般型、連携型の2つがある。主には、①子育て親子の交流の場の提供・交流促進、②子育てに関する相談・援助、③地域の子育て関連情報の提供、④子育て・子育て支援に関する講習等を実施している。保育者は、利用者が気軽に相談できるよう努め、利用者同士、近隣者との交流を促し、地域全体として子育て家庭を支援できる環境づくりをめざしていく。

● 「第2章」学びの確認
① 「保育者の仕事とは何か」。この問いに対して保育者という立場から考えて書き出してみよう。子どもにとって保育者としてなすべき役割とはどのようなことだろうか。
② 幼稚園・保育所・認定こども園・児童福祉施設・児童館等、保育者の就労している各施設の目的・特徴を理解しておこう。そのうえで保育者として求められる仕事や役割をあげてみよう。

● 発展的な学びへ
① 卒業までにできるだけ多く、ボランティアやインターンシップなどで保育施設に足を運び、実際の保育者や子どもの姿を学ぼう。
② 日頃からさまざまな子どもの姿に「なぜ泣いているの?」「何をおもしろがっているの?」と興味・関心をもってみてみよう。子どもの内面に寄り添える保育者をめざしていこう。

■推薦図書■
● 荒井洌『倉橋惣三 保育へのロマン』フレーベル館
　日本の保育・幼児教育に大きな影響を与えた倉橋惣三の書物をひもとき、保育の真理について迫った本である。保育のなかで"心づくし"を大切にできる保育者をめざし、みなさんにぜひ読んでいただきたい。
● 中山昌樹『認定こども園がわかる本』風鳴舎
　認定こども園とはどのような施設だろう? 本格実施されるようになった幼保連携型認定こども園について、ある園をモデルに子どもの1日の様子や活動内容を写真によってわかりやすく紹介している。

**引用・参考文献**

1) 厚生労働省『保育所保育指針解説』フレーベル館　2018年
2) 厚生労働省『保育所保育指針』フレーベル館　2017年
3) 文部科学省『幼稚園教育要領』フレーベル館　2017年
4) 内閣府・文部科学省・厚生労働省『幼保連携型認定こども園教育・保育要領』フレーベル館　2017年
5) 厚生労働省「地域子育て支援拠点事業の実施について」2015年

# 第1章 保育者の仕事と役割

●○● コラム ●○●

## 保育者の仕事

鴨宮幼稚園　園長　羽柴安早子

　ここでは、幼稚園教諭に大切にしてほしいことについてお話します。

　最も大切にしてほしいことは、幼稚園の仕事に対する思いです。真面目で一生懸命であることが大切です。もちろんピアノや作文等もできたほうがよいのですが、私が大切にしたいのは出来ばえより取り組み方です。なぜならば、ピアノや作文はそれだけの能力ですが、真面目で一生懸命取り組めるという能力は保育や仕事全体に生きてくる能力だからです。

　第2に大切だと思うのは、職員集団の雰囲気づくりです。人に認めてもらえないことをだめなことと考えないことです。一生懸命やっていることは、必ずわかってもらえます。めげずに真面目に取り組んでください。また、「できる・できない」を判断基準にすると、子どもに悪い影響がでます。大人も子どももよいところがあると認めあえる雰囲気づくりをしましょう。健全で前向きな姿勢をもつことも保育者には求められます。これは、よい保育、よい職場づくり、自分らしく生きることにつながります。

　第3に大切なことは、人間教育の根幹を学ぶことです。子どもに対していつも穏やかにはいかないものです。子どもにとって必要なときには心を鬼にしてやらなければいけないこともあります。その判断基準について、学校でしっかりと勉強しておくことがよい保育につながります。

　その他、期限を守れること、健康管理ができること、物を大切にできること等も身につけておきたいことです。また、障害について学んでおくこと、教材を大切にする保育を心がけることも必要です。

# 第2章 保育者の制度的位置づけ

◆キーポイント◆

　本章では、職業としての保育者について、その法的根拠を知り、そこに示されている保育者の役割や職務内容、義務などを理解する。また保育者に求められる倫理について、保育の職業団体が作成した倫理綱領などに学びながら、保育の専門家として必要な倫理観とその判断について考えてみたい。保育者はさまざまな人々の思いにかかわる職業である。保育者として多様な価値を受け入れつつ、子どもたちが現在を最もよく生き、望ましい未来をつくる力の基礎を培うための支援の根拠と在り方について学んでみよう。

## 第1節 ● 「保育士」「幼稚園教諭」「保育教諭」とは

　わが国において保育の職に就く人々は、具体的には「保育士」「幼稚園教諭」「保育教諭」と呼ばれている。それぞれの名称や仕事（役割）は法的根拠に基づいている。そこで本節では、それぞれの職種がどの法律にどのように定められているのかについて、職務内容や義務、欠格の条項などを知り、理解していく。

### 1 ──「保育士」とは

　保育士は「児童福祉法」において定められている。児童福祉法には第1章第7節に保育士に関する内容があり、保育士を定義する内容は以下にあげる第18条の4にある。

> 児童福祉法　第18条の4
> 　この法律で、保育士とは、第18条の18第1項の登録を受け、保育士の名称を用いて、専門的知識及び技術をもつて、児童の保育及び児童の保護者に対する保育に関する指導を行うことを業とする者をいう。

　この「第18条の4」から、特には「保育士」とは、保育士という名称を用いるには、①登録を必要とすること[※1]、必要な能力として、②専門的知識及び判断を要すること、職務の内容として、③児童の保育及び児童の保護者に

※1　児童福祉法第18条の18に「保育士となる資格を有する者が保育士となるには、保育士登録簿に、氏名、生年月日その他厚生労働省令で定める事項の登録を受けなければならない」とある。

対する保育に関する指導を行うことが求められていることが理解できる。その他の職務内容の詳細については、「保育所保育指針」などに示されている。

また、児童福祉法には保育士の以下3つの義務が書かれてある。

> 児童福祉法
> 第18条の21　保育士は、保育士の信用を傷つけるような行為をしてはならない。
> 第18条の22　保育士は、正当な理由がなく、その業務に関して知り得た人の秘密を漏らしてはならない。保育士でなくなつた後においても、同様とする。
> 第48条の4第2項　保育所に勤務する保育士は、乳児、幼児等の保育に関する相談に応じ、及び助言を行うために必要な知識及び技能の修得、維持及び向上に努めなければならない。

1つめと2つめの信用失墜行為の禁止と守秘義務に関しては罰則があり、守られなかった場合は登録取り消し等の処分が下される。3つめは努力義務であり、実行と評価に各自の工夫が求められている。

保育士の欠格条項は児童福祉法第18条の5に記されている。下記のいずれかに該当する者は保育士になることができない。

> 児童福祉法　第18条の5
> 一　成年被後見人又は被保佐人
> 二　禁錮以上の刑に処せられ、その執行を終わり、又は執行を受けることがなくなつた日から起算して2年を経過しない者
> 三　この法律の規定その他児童の福祉に関する法律の規定であつて政令で定めるものにより、罰金の刑に処せられ、その執行を終わり、又は執行を受けることがなくなつた日から起算して2年を経過しない者（後略）

## 2 ──「幼稚園教諭」とは

幼稚園教諭は、「学校教育法」の第27条において「幼稚園には、園長、教頭及び教諭を置かなければならない」との定めがあり、幼稚園の教育の実践において欠かせない。同法27条9項には「教諭は、幼児の保育をつかさどる」とあり、幼稚園教諭の職務の内容が定められている。なお、その他の役職についても職務の内容が定められており、その詳細を表1-1にまとめる。幼稚園教諭のその他の職務の細やかな内容は同法第3章「幼稚園」や「幼稚園教育要領」において知ることができる。「幼稚園教諭」の定義は、「教育職員」として[※2]、その他の学校の教育職員と同様に「教育職員免許法」[※3]にみることができる。なお、同法第3条には「教育職員は、この法律により授与する[※4]各相当の免許状[※5]を有する者でなければならない」とある。大学や短大など各種学校での学位と、大学で定められた教科や教職に関する科目等の単位を取得することによって、免許状が授与される。

※2　教職員免許法第2条の「定義」を参照。

※3　教育職員免許法については、第3章第2節（p.53）を参照。教育職員免許状第1条には「この法律の目的」として、「この法律は、教育職員の免許に関する基準を定め、教育職員の資質の保持と向上を図ることを目的とする」とある。

※4　授与については教育職員免許法第5条にその記載がある。

※5　教育職員免許状第4条に「免許状は、普通免許状、特別免許状及び臨時免許状とする。2　普通免許状は、学校（義務教育学校、中等教育学校及び幼保連携型認定こども園を除く。）の種類ごとの教諭の免許状、養護教諭の免許状及び栄養教諭の免許状とし、それぞれ専修免許状、一種免許状及び二種免許状（高等学校教諭の免許状にあつては、専修免許状及び一種免許状）に区分する」とある。各区分の詳細は、同法別第表一に示されており、基礎資格や単位取得数によって定まっている。

表1-1　幼稚園における職名と職務

| 職名 | 職務 |
|---|---|
| 園長 | 園務をつかさどり、所属職員を監督する。 |
| 副園長 | 園長を助け、命を受けて園務をつかさどる。 |
| 教頭 | 園長（副園長を置く幼稚園にあっては、園長及び副園長）を助け、園務を整理し、及び必要に応じ幼児の保育をつかさどる。 |
| 主幹教諭 | 園長（副園長を置く幼稚園にあっては、園長及び副園長）及び教頭を助け、命を受けて園務の一部を整理し、並びに幼児の保育をつかさどる。 |
| 指導教諭 | 幼児の保育をつかさどり、並びに教諭その他の職員に対して、保育の改善及び充実のために必要な指導及び助言を行う。 |
| 教諭 | 幼児の保育をつかさどる。 |

出典：学校教育法第27条をもとに筆者作成

　幼稚園教諭の欠格条項は「教育職員免許法第5条第1項」に記されている。下記のいずれかに該当する者には、幼稚園教諭免許は授与されない。

---

教育職員免許法　第5条第1項
一　18歳未満の者
二　高等学校を卒業しない者（通常の課程以外の課程におけるこれに相当するものを修了しない者を含む。）。ただし、文部科学大臣において高等学校を卒業した者と同等以上の資格を有すると認めた者を除く。
三　成年被後見人又は被保佐人
四　禁錮以上の刑に処せられた者
五　第10条第1項第2号又は第3号に該当することにより免許状がその効力を失い、当該失効の日から3年を経過しない者
六　第11条第1項から第3項までの規定により免許状取上げの処分を受け、当該処分の日から3年を経過しない者
七　日本国憲法施行の日以後において、日本国憲法又はその下に成立した政府を暴力で破壊することを主張する政党その他の団体を結成し、又はこれに加入した者

---

## 3 ──「保育教諭」とは

　「保育教諭」は、「就学前の子どもに関する教育、保育等の総合的な提供の推進に関する法律」（認定こども園法）の第14条において「幼保連携型認定こども園には、園長及び保育教諭を置かなければならない」との定めがあり、幼保連携型認定こども園の教育・保育の実践において欠かせない。同法14条10項には「保育教諭は、園児の教育及び保育をつかさどる」とあり、職務の内容が定められている。その他の職務の細やかな内容は「幼保連携型認定こども園教育・保育要領」等において知ることができる。「保育教諭」の定義は、以下にあげる同法第15条にみることができる。

> 就学前の子どもに関する教育、保育等の総合的な提供の推進に関する法律
> 第15条　主幹保育教諭、指導保育教諭、保育教諭及び講師（保育教諭に準ずる職務に従事するものに限る。）は、幼稚園の教諭の普通免許状（教育職員免許法（昭和24年法律第147号）第4条第2項に規定する普通免許状をいう。以下この条において同じ。）を有し、かつ、児童福祉法第18条の18第1項の登録（第4項及び第39条において単に「登録」という。）を受けた者でなければならない。

　以上のように、わが国において専門家として職を得て保育を行うには、まずは定められた要件を満たす必要があり、また資格や免許状を得た後も日々遵守し遂行に努力していくことが求められている。次節では、法で定められたこれらの社会的地位と責任の遂行における具体的な問題について考え、そのために作成された指標を知り、さらに理解を深めたい。

## 第2節　● 保育者の倫理 －全国保育士会倫理綱領－

　教育・保育の実践は、常に対象とする人（園児や保護者など）の生命と権利にかかわる行為といえる。つまり教育・保育実践では、子どもなどの対象との「何が正しく、何が正しくない」といったことや、対象において「何が望ましいか」「何か幸福であるか」「どのように生きるべきか」といったことに常にかかわっているのである。倫理にかかわる行為は、意識の中で生じ、判断に迫られるような状況として感じられる場合もあれば、無意識のうちにかかわっており、後に振り返ってその状況にいたことに気づくという場合もあるだろう。

　しかし保育所においては、「倫理」に関して、保育所保育指針第1章で以下のように述べられている。

> 保育所保育指針　第1章総則　1　保育所保育に関する基本原則
> (1)　保育所の役割
> エ　保育所における保育士は、児童福祉法第18条の4の規定を踏まえ、保育所の役割及び機能が適切に発揮されるように、倫理観に裏付けられた専門的知識、技術及び判断をもって、子どもを保育するとともに、子どもの保護者に対する保育に関する指導を行うものであり、その職責を遂行するための専門性の向上に絶えず努めなければならない。

　保育士は「絶えず」保育実践にかかわるさまざまな判断の意味を考察し、またその考察に基づく行動に「努めなければ」ならない。

　保育実践では、こうした判断すべき問題がたびたび生じる。たとえば、以下のようなことが起こる。この場合、あなたはどのように考え、判断し、行動するであろうか。

**事例　お昼寝の時間**

　A保育所の2歳児はいつも昼食後にお昼寝（午睡）をします。ところが、その部屋のB児は午睡しようとせず、しばしば起きています。そこでB児の担任が、B児の保護者に様子を伝え、午睡に向けての相談をしました。するとB児の保護者からは「そもそも昼寝をすると夜寝なくなるから、うちの子は寝かせないで」とのお願いが出されました。

　この事例のような場合、あなたはどのように行動するであろうか。保護者の願いを受け、B児の午睡をなくすように行動するだろうか。あるいは、午睡が行われるように行動するだろうか。またそれぞれの行動の選択においてもとにした考えは何だろうか。

　このような時に、考え方の道標となるものの一つに倫理綱領がある。現在倫理綱領は、対人に関するさまざまな団体※6において作成されている。保育に関する倫理綱領としては、「全国保育士会倫理綱領」がある。

## 1 ── 全国保育士会倫理綱領

　「全国保育士会倫理綱領」は、2003（平成15）年に全国保育士会※7によって採択された倫理綱領である。この倫理綱領には、保育所及び認定こども園における保育士と保育教諭のための援助等行動の規範、そして社会に示す保育士としての決意が表明されている。なお、全国保育士会では、倫理綱領のほか、ガイドブック※8や倫理綱領の理解を深めるためのツールとして「全国保育士会倫理綱領学習シート」が作成されている※9。倫理綱領に書かれた内容を理解し、また学習シートを通して深め、具体的な援助場面での判断と行動のもとにしていきたい。

## 2 ── 倫理的ジレンマ

　ここで上記の事例を再考してみたい。まず、保育者が保護者に相談をしていることから、保育者は、保育中の午睡を拒むB児に対し午睡をさせたいと思っていることがわかる。その理由は事例からは読み取れないが、2歳児の発達と午睡との関係でさまざまにいわれていることから、保育者がB児は午睡をとることが必要であり重要であると考えたとしたら、それは適当なことである。一方、午睡の必要はないといった保護者とB児の日々の生活の様子についても事例からはわからないが、保護者が「夜寝て欲しい」との願いを

※6　「NAEYC倫理綱領（Code of Ethical Conduct and Statement of Commitment）」「社会福祉士の倫理綱領」「日本介護福祉士会倫理綱領」「乳児院倫理綱領」「全国母子生活支援施設協議会倫理綱領」「日本保育学会倫理綱領」などがある。

※7　全国保育士会は、全国の保育士で構成された任意の団体である。1956（昭和31）年7月の「保母会」発足より、保育にかかわるさまざまな活動を行っている。

※8　『改訂2版　全国保育士会倫理綱領ガイドブック』柏女霊峰監修　全国保育士会編　2018年

※9　学習シートは全国保育士会ホームページにある。

> **全国保育士会倫理綱領**
>
> すべての子どもは、豊かな愛情のなかで心身ともに健やかに育てられ、自ら伸びていく無限の可能性を持っています。
> 私たちは、子どもが現在（いま）を幸せに生活し、未来（あす）を生きる力を育てる保育の仕事に誇りと責任をもって、自らの人間性と専門性の向上に努め、一人ひとりの子どもを心から尊重し、次のことを行います。
> 私たちは、子どもの育ちを支えます。
> 私たちは、保護者の子育てを支えます。
> 私たちは、子どもと子育てにやさしい社会をつくります。
>
> （子どもの最善の利益の尊重）
> 1．私たちは、一人ひとりの子どもの最善の利益を第一に考え、保育を通してその福祉を積極的に増進するよう努めます。
>
> （子どもの発達保障）
> 2．私たちは、養護と教育が一体となった保育を通して、一人ひとりの子どもが心身ともに健康、安全で情緒の安定した生活ができる環境を用意し、生きる喜びと力を育むことを基本として、その健やかな育ちを支えます。
>
> （保護者との協力）
> 3．私たちは、子どもと保護者のおかれた状況や意向を受けとめ、保護者とより良い協力関係を築きながら、子どもの育ちや子育てを支えます。
>
> （プライバシーの保護）
> 4．私たちは、一人ひとりのプライバシーを保護するため、保育を通して知り得た個人の情報や秘密を守ります。
>
> （チームワークと自己評価）
> 5．私たちは、職場におけるチームワークや、関係する他の専門機関との連携を大切にします。また、自らの行う保育について、常に子どもの視点に立って自己評価を行い、保育の質の向上を図ります。
>
> （利用者の代弁）
> 6．私たちは、日々の保育や子育て支援の活動を通して子どものニーズを受けとめ、子どもの立場に立ってそれを代弁します。
> また、子育てをしているすべての保護者のニーズを受けとめ、それを代弁していくことも重要な役割と考え、行動します。
>
> （地域の子育て支援）
> 7．私たちは、地域の人々や関係機関とともに子育てを支援し、そのネットワークにより、地域で子どもを育てる環境づくりに努めます。
>
> （専門職としての責務）
> 8．私たちは、研修や自己研鑽を通して、常に自らの人間性と専門性の向上に努め、専門職としての責務を果たします。
>
> 社会福祉法人 全国社会福祉協議会<br>全国保育協議会<br>全国保育士会

持つ状況であることはわかる。この保護者がもしB児が夜寝ないことを悩んでいるとすれば、そしてそれが保護者の生活にかかわり、やがてB児自身の生活にもかかわるとすれば、それらの確認もなく、2歳児のB児の発達にとって午睡は必要であるとして、保育時間中の午睡を簡単に勧めるわけにはいかないだろう。園でのB児の生活を優先させるのか、保護者との生活を優先さ

せるのか、明日の午睡について考えるとき、保育者には葛藤が生じる。このような状況を「倫理的ジレンマ」という。この場合、答えは簡単には導き出せない。どちらかの利益を優先させた場合、どちらかに不利益が生ずるからである。

　このような状況の時、先にあげた「全国保育士会倫理綱領」等[※10]を参照したい。倫理綱領には、まず条文1として「子どもの最善の利益の尊重」についての言及がある。B児にとって最もよいことを考える必要がある。次に、条文2として「子どもの発達保障」がある。B児の健やかな育ちに必要な援助について考えなければならない。条文3は「保護者との協力」である。事例の保育者はB児へのかかわりに徹するのではなく、保護者への相談も行っている。今後は、保護者と共に判断することが大切である。条文5には「チームワークと自己評価」として「職場におけるチームワーク」「他の専門機関との連携」「常に子どもの視点に立って自己評価」を行うことが示されている。B児が午睡をしない理由をB児の視点から考え、複数の保育者で検討することは、B児の人権を保障するために重要である。B児の視点に立つとは、具体的にはB児の言葉や表情、振る舞いからB児のことをおもんばかることである。そして、条文6にある「利用者の代弁」、つまりB児の思いを代弁し、保護者との検討に加えていく。このように保育者には専門家として、B児の思いを基点に、保護者と共にB児にとっての最善の利益を検討していくことが求められる。

　保育者には、子どもの育ちと子どもを含むさまざまな人の思いや願いを支援していくことのほか、保育者として求められる仕事（役割）がある。実践において、その時々におとずれる事柄の背景には常に複雑な要因がからんでいる。そのとき、一つの方法や考えをあてがうことは難しい。多くの判断は簡単にはできない。よりよい判断と実践のためには、さまざまな人々との対話（保育者との対話のほか、次章に続く思想や理論、実践記録からの学びなど）と、絶えず思考し続けることが重要である。今、この子どもたちにとって何が大切であり、これからの社会に生きる子どもたちにとって何が必要かを考えてみよう。

※10　ここでは全国保育士会作成の倫理綱領を参照するが、その他の倫理綱領も参考になるだろう。例えば鶴は、NAEYC倫理綱領の解説書において倫理的ジレンマにおける解決のための方法・手順として、互いに意見し、解決策を出し合う（ブレーンストーミングする）などを提示している[1]。

## 第2章 保育者の制度的位置づけ

● 「第1章」学びの確認
・保育士、幼稚園教諭、保育教諭の定義等の法的根拠について、それぞれの法律の原文にあたり確認し、理解したことを整理してみよう。そのうえで、保育者として各施設において求められる保育者の役割をあげてみよう。

●発展的な学びへ
・映像事例や実習体験などの中で、あなたが判断に迷ったことをできるだけ多く書き出し、グループで紹介し合い、各事例の判断について検討してみよう（その際、「全国保育士会倫理綱領」を参考にしてみよう）。また、結論だけでなく、どうしてそのように考えるのかといった根拠も話し合い、望ましい援助の在り方について議論してみよう。

■推薦図書■

●日本保育学会編『保育学講座② 保育を支えるしくみ―制度と行政―』東京大学出版会
　保育制度の成り立ちと変遷、課題と展望がみえる本。全体を概観し、その後に興味をもった章を中心に学びを深めていくのもよい。

●吉野源三郎『きみたちはどう生きるか』岩波文庫
　価値について考える本。保育のことは書かれていないが、人の関係性や社会の在り方について考えさせられる。学生時代に読み、その時の印象を覚えておくのもよい。保育者になって再度読み返したときに、当時の自分との感じ方の違いに出会うこともできる。

**参考文献**

1）鶴宏史「倫理と保育者［第2版］第3章」『武庫川女子大学大学院教育学研究論集』第11号　2016年
2）柏女霊峰監修　全国保育士会編『改訂2版　全国保育士会倫理綱領ガイドブック』全国社会福祉協議会　2018年
3）柏女霊峰「保育士資格の法定化と保育士の課題」『淑徳大学総合福祉学部研究紀要』41　2007年
4）全国保育士会「全国保育士倫理綱領」「全国保育士会倫理綱領学習シート」
　http://www.z-hoikushikai.com/about/kouryou/index.html

# 第3章 保育者になるための学び

◆キーポイント◆

　本章は、幼稚園教諭や保育士をめざすみなさんが、保育者になるために、今、何をどう学んだらよいかを考え、はじめの一歩を踏み出すことをねらいとしている。
　教育を受ける者から実践する者になるため、教育に対する見方や態度を転換すること。保育者としての素質を育てる生活体験、直接体験、教養教育等を重視すること。幼稚園教諭免許状・保育士資格取得課程の構造と保育の現場で学ぶ意味を知ること。これらを通して、自分にとっての学びを見つけていただきたい。

## 第1節 ● 教育・保育を実践する者への転換

### 1 ── 保育者になりたい

　幼児教育・保育を学ぶ多くの学生は、将来「保育者になりたい」という夢を抱いて勉学に励んでいよう。では、「保育者になる」とはどういうことであろうか。幼稚園教諭の免許状や保育士の資格を取得し、幼稚園や保育所等の保育現場に身を置いて、保育者として勤務することであろうか。たしかに免許資格を取得することは容易なことではなく、幼稚園や保育所等に勤めはじめなければ、保育者としてスタートすることはできない。
　しかし、免許資格は最良の有資格者を保障する手段ではなく、保育者として容認され得る最低限の資質・能力の保障にしかすぎない。みなさんも今まで教育を受けてきたなかで、「今の私は、あの先生との出会いがあったから」「あの先生の一言のおかげで私の今がある」といったあこがれの先生がいる一方で、「どうしてあの人が先生をしているのだろう」といった疑問を感じるような先生に出会ったことはないだろうか。どちらも資格免許を所有しているが、勤務した後に、自分の理想のために地道な努力をしたか否かが大きな差となっているのではないだろうか。
　保育者には、免許資格を取得するための養成教育と有資格の保育者になってからの現職教育の"つながり"が重要である。保育の専門職としての資質

能力を磨くための学びを継続して
こそ、名実ともに「保育者になる」
のである。みなさんは、この「保
育者になる」という意味をふまえ、
「将来どのような保育者になりた
いのか」を明確にしたうえで、そ
のために今、何を身につけるべき
かを考え、はじめの一歩を踏み出

年少組と担任保育者（U幼稚園）

してほしい。その「考え」「行動に起こす」過程で教育を学んでこそ、幼児教育・保育は、あなたのなかで、単なる知識から、真の意味をもって専門的な資質能力となり得るだろう。そうすることで、免許資格にふさわしい力量を備え、あなたが「理想とする保育者になる」ことができるのである。

## 2 ── 教育・保育に対するイメージ

　みなさんは、「教育」と聞いてどんなことをイメージするであろうか。楽しかった小学校の教室、授業の風景、いたずらをして先生に怒られている様子、あるいは家庭や地域社会の場にかかわるもの等、それぞれの思い出とともに十人十色、百人百様の答えが返ってくるであろう。しかし、共通するのは自分が受けた教育の経験からのイメージではないだろうか。みなさんは、これまでの人生において何かしらの教育を受けてきている。その自分の経験からのみ、教育はこうあるべきと思い込んでいる人も実に多いのである。

　小学校は、全国に約2万校が存在している。ビルに囲まれた高層校舎の学校もあれば、田園風景が広がる木造校舎の学校もある。学校選択をして通学する公立小学校や、学区内にあっても子どもの足で1時間以上かかる山間部の小学校もある。出席簿にしても、アイウエオ順や誕生日順、学校からの距離順、ＡＢＣのアルファベット順等がある。教育内容にいたっては、まさに千差万別である。

　幼稚園は1万474園、幼保連携型認定こども園は4,466園が存在する。そこでは、毎日それぞれの保育活動が展開され、各々約120万7,900人、約60万1,600人の園児が生活を送っているのである[※1]。また、保育所にいたっては全国に2万7,029の施設があり、約245万人を超える乳幼児が入所している[※2]。さらに、小規模保育事業には約5万7,000人、家庭的保育事業には約4,200人の子どもたちが利用しているのである。

　実は、私たちが教育や保育について当たり前と思い込んでいることは、意

※1　文部科学省が毎年、学校における基本事項を調査する「学校基本調査」によると、2018（平成30）年度（速報）の小学校数は1万9,892校、幼稚園は1万474校、幼保連携型認定こども園は4,466校である。

※2　厚生労働省の「保育所関連状況取りまとめ」によると、2017（平成29）年4月1日現在の保育所数は2万7,029施設であり、利用児童数は245万8,864人、小規模保育事業5万7,293人、家庭的保育事業4,256人である。

外と当たり前ではないことが多い。教育問題が起こって、テレビでコメンテーターが議論していても、終始イメージしている学校像や先生像にしばられたり、自己の学校生活や子育て経験からのみ教育を論じるだけで、まったく意見がかみ合わず、平行線をたどっている様子をみたことがあるだろう。専門的に教育を学ばなくても、誰もが自らの体験から教育を論ずることができてしまう。そこに教育を考える難しさと教育そのものの難しさがある。

## 3 ── 教育・保育に対する見方と態度の転換

　みなさんは、幼児教育にかかわる専門職としての保育者になるため、さまざまな教育の違いとともに共通することを発見し、全体のなかで自分の経験を客観的に位置づけなくてはならない。教育や保育をみる際、一度頭をまっさらにして、素直な目で、目の前のものをみてほしい。一方で、当たり前と思っていたことを本当にそうなのかと疑ってほしい。この２つのことは、一見矛盾しているようであるが、はじめから先入観をもって教育・保育にあたるのではないことを意味している。つまり、自分の経験にしばられず、広い視野と柔軟性をもった教育や保育に対する見方が必要なのである。

　また、自分の教育経験とは、みなさんが教育を受けている立場での経験のことではないだろうか。「教育に対するイメージ」から学校の教室を思い浮かべた人は、どこの位置から教室をみているのだろう。テレビドラマや小説を思い出した人は、生徒である等身大の登場人物から、教師や学校をみているのではないだろうか。これからみなさんは「先生」と呼ばれる職業に就こうとしているのである。教育を受け手の立場あるいは一方からの視点で考えるのではなく、さまざまな角度からの視点で考えることが求められる。今までとは180度異なる立場から、時には保護者や地域社会の人々の立場から教育をみて、考えることができなくては、教育を実践する者になれないのである。

　そのために、普段の生活から、保育者の目で教室や授業、教育、子どもを見てほしい。そして、行動に移してほしい。温度の高い教室で、顔を真っ赤にしてただ座っているのではなく、適切な環境設定の実践として換気をしよう。買い物をしている店で、だだをこねる子どもに困惑する親をみかけたら、「保育者だったら保護者にこのようなアドバイスをしよう」と考えてみよう。保育者養成において教育や保育を学ぶとは、単に知識を得るのではなく、教育や保育に対する見方と態度を実践者としてのものに転換させていくことである。

# 第2節 ● 幼稚園教諭免許状・保育士資格と教育実習・保育実習

## 1 ── 幼稚園教諭免許状を取得する

　幼稚園は、学校教育法に定められた文部科学省所管の学校であるため、幼稚園の教員になるには教育職員免許法[※3]に基づく幼稚園教諭免許状が必要となる。この免許状には、普通免許状、特別免許状[※4]、臨時免許状[※5]の種類があるが、大学等の教職課程を履修して修得するのは、普通免許状である。普通免許状には、専修免許状、一種免許状、二種免許状の種類があり、各都道府県の教育委員会から授与される全国で有効な資格である（表3-1）。

**表3-1　幼稚園教諭免許状の種類**

| 専修免許状 | 大学院修士課程や大学専攻科等で取得する。 |
|---|---|
| 一種免許状 | 幼稚園教諭養成課程がある大学を卒業し、所定の単位を修得する。短期大学の専攻科でも取得できる場合がある。 |
| 二種免許状 | 幼稚園教諭養成課程をもつ短期大学や文部科学大臣の指定する教員養成所あるいは専門学校などの養成機関で取得できる。 |

※すでに一種あるいは二種普通免許状、臨時免許状の所有者が在職年数と必要な単位修得による教育職員検定に合格することで、ワンランク上の免許状を授与される制度もある。

　近年、大学等の教員養成課程の質的水準の向上が叫ばれ、2012（平成24）年の中央教育審議会「教職生活の全体を通じた教員の資質能力の総合的な向上方策について」では、教職課程の体系化の確立に向け、教職コアカリキュラムの作成推進が明記された。2015（平成27）年の中央教育審議会「これからの学校教育を担う教員の資質能力の向上について」では、教育委員会と大学が連携して教員養成を行うこととされた。また、教職課程において、より実践的指導力のある教員を養成するために学校インターンシップの導入や、教科の専門的内容と指導法を一体的に学ぶことを可能とするために教職課程にかかる科目区分の大綱化が示された。これらにより教育免許法施行規則が改正され、各大学では2019年度から新しい教職課程カリキュラムが始動する。

※3　**教育職員免許法**
戦後の教育改革のなかで、1949（昭和24）年に公布された教員養成に関わる法律。教員養成は、①大学教育で行うものとされ、②教員養成系の大学・学部以外でも、教員養成課程が認められた場合には、教員免許状取得に必要な単位を授与することができる（開放性）ことを原則としている。同法は社会変化とともに何度となく改正が図られ、1998（平成10）年の改正で、外国語コミュニケーション、情報機器の操作、介護等体験が、2010（平成22）年から教職実践演習が加えられた。

※4　**特別免許状**
教職の社会人登用を目的としたもので、専門的な知識・技術等を有する者のうち都道府県レベルで実施される教育職員検定に合格したものに授与されるが、有効期限や免許を授与した都道府県においてのみ効力を有する等の制約がある。

※5　**臨時免許状**
中等教育学校を除く学校の種類ごとに助教諭と養護助教諭の免許状がある。

**表3－2　教職に関する科目・最低修得単位数**

| | 各科目に含めることが必要な事項 | 専修免許状 | 一種免許状 | 二種免許状 | 履修及び履修予定の科目名（あなたの学校の科目名）を記入してみよう |
|---|---|---|---|---|---|
| 領域及び保育内容の指導法に関する科目 | イ　領域に関する専門的事項<br>ロ　保育内容の指導法（情報機器及び教材の活用を含む） | 16 | 16 | 12 | |
| 教育の基礎的理解に関する科目 | イ　教育の理念並びに教育に関する歴史及び思想<br>ロ　教職の意義及び教員の役割・職務内容（チーム学校への対応を含む）<br>ハ　教育に関する社会的、制度的又は経営的事項（学校と地域との連携及び学校安全への対応を含む。）<br>ニ　幼児、児童及び生徒の心身の発達及び学習の過程<br>ホ　特別の支援を必要とする幼児、児童及び生徒に対する理解<br>ヘ　教育課程の意義及び編成の方法（カリキュラム・マネジメントを含む。） | 10 | 10 | 6 | |
| 道徳、総合的な学習の時間等の指導法及び生徒指導、教育相談等に関する科目 | イ　教育の方法及び技術（情報機器及び教材の活用を含む。）<br>ロ　幼児理解の理論及び方法<br>ハ　教育相談（カウンセリングに関する基礎的な知識を含む。）の理論及び方法 | 4 | 4 | 4 | |
| 教育実践に関する科目 | イ　教育実習（学校インターンシップ（学校体験活動）を2単位まで含むことができる。）<br>ロ　教職実践演習 | 7 | 7 | 7 | |
| 大学が独自に設定する科目 | | 38 | 14 | 2 | |
| | | 75 | 51 | 31 | |

## 2 ── 保育士資格を取得する

　保育士の資格を取得するには、大きく分けて2種類の方法がある。1つは、厚生労働省の指定する保育士養成施設を卒業し、所定の単位を修得することで得られる方法である。指定保育士養成施設には、大学、短期大学、専門学校等があり、それぞれの学校の保育士資格が得られる学部、学科、課程にて、2年以上の修業が必要になる。

　もう1つは、国家試験である保育士試験を受験し、合格することで得られる方法である。この試験は、年2回[※6]、一般社団法人全国保育士養成協議会[※7]が全都道府県から指定を受けて実施しているものである。

　指定保育士養成施設における修業科目については、児童福祉法施行規則第6条の2に保育士を養成する学校その他施設の修業教科目及び単位数、履修方法が定められている。具体的な教育課程の基準内容は厚生労働省告示とし

※6　保育士の数を確保するために、試験を年2回に増やしたり、「地域限定保育士」（資格取得後3年間は当該自治体内のみで保育士として働くことができ、4年目以降は全国で働くことができる）を創設するなどの対策がとられている。

※7　全国保育士養成協議会
全国保育士養成協議会は、保育士を養成する学校の集まりであり、1957（昭和32）年に全国保母養成施設連絡協議会として発足した。

表3-3 保育士養成施設の教育課程指定基準

| 系列 | | 教科目 | 単位数 設置 | 単位数 履修 | 履修及び履修予定の科目名（あなたの学校の科目名）を記入してみよう |
|---|---|---|---|---|---|
| 教養科目 | | | 10以上 | 8以上 | |
| 必修科目 | ①保育及び子ども家庭支援の基盤となる科目 | 保育原理（講義）<br>教育原理（講義）<br>子ども家庭福祉（講義）<br>社会福祉（講義）<br>保育者論（講義）<br>保育の心理学Ⅰ（講義）<br>保育の心理学Ⅱ（講義） | 2<br>2<br>2<br>2<br>2<br>2<br>2 | 2<br>2<br>2<br>2<br>2<br>2<br>2 | |
| | | 小　　計 | 14 | 14 | |
| | ②保育の基礎に関する科目 | 子どもの保健（講義）<br>子どもの健康と安全（演習）<br>子どもの食と栄養（演習）<br>子どもの理解と援助（演習）<br>保育内容の理解と方法（演習）<br>保育の計画と評価（講義） | 2<br>1<br>2<br>1<br>4<br>2 | 2<br>1<br>2<br>1<br>4<br>2 | |
| | | 小　　計 | 12 | 12 | |
| | ③保育及び子ども家庭支援の実践に関する科目 | 保育内容総論（演習）<br>保育内容演習（演習）<br>乳児保育Ⅰ（講義）<br>乳児保育Ⅱ（演習）<br>障害児保育（演習）<br>社会的養護（講義）<br>社会的養護内容（演習）<br>子ども家庭支援論（講義）<br>子育て支援（演習） | 1<br>5<br>2<br>1<br>2<br>2<br>1<br>2<br>1 | 1<br>5<br>2<br>1<br>2<br>2<br>1<br>2<br>1 | |
| | | 小　　計 | 17 | 17 | |
| | ④保育実習 | 保育実習Ⅰ（実習）<br>保育実習指導Ⅰ（演習） | 4<br>2 | 4<br>2 | |
| | ⑤総合演習 | 保育実践演習（演習） | 2 | 2 | |
| | | 必修科目　計 | 51 | 51 | |
| 選択必修科目 | | 保育に関する科目（上記①～④の系列より科目設定）<br>保育実習Ⅱ又はⅢ（実習）<br>保育実習指導Ⅱ又はⅢ(演習) | 15以上<br>2<br>1 | 6以上<br>2<br>1 | |
| | | 選択必修科目　計 | 18以上 | 9以上 | |
| | | 合　　計 | 79以上 | 68以上 | |

て示され、各学校ではその基準に基づいて、2018（平成30）年4月より新カリキュラムで養成教育にあたっている。その基準は、表3-3の通りである。

## 3── 幼保連携型認定こども園における保育教諭

2015（平成27）年4月施行の子ども・子育て支援新制度の一環として「認定こども園法」が改正され、学校及び児童福祉施設の両方の法的位置づけを

会員校の教職員参加による調査・研究の実施や研究年報の発行、研修会等を実施している。2002（平成14）年度より児童福祉施設の第三者評価事業の実施、2003（同15）年度には保育士試験を担当する保育士試験事務センターの活動をしている。

もつ単一の認可施設としての「幼保連携型認定こども園」がつくられた。

幼保連携型認定こども園で働く保育者を「保育教諭」（任用資格）という名称とし、幼稚園教諭免許状と保育士資格の併有を必要とした。移行措置として、2015（平成27）年度から5年間は、幼稚園教諭免許状または保育士資格のどちらか一方の取得でも勤務できるとした。また、特例措置として、一定の実務経験を有する該当者はもう一方の免許や資格を8単位修得することで、両方の資格を取得可能となるようにした。保護者の就労形態や保育時間にかかわりなく、同じ資格要件を有する専門職による保育が目指され、両方の資格を併有することが推奨されてきているのである。

## 4 ── 保育の現場で学ぶ

### （1） 保育の現場から学ぶとは

「教育実習」と「保育実習」は、幼稚園教諭免許状や保育士資格を取得するための科目として、養成校の教育課程のなかに必修科目として位置づけられている。保育者をめざす学生にとって、保育の現場から学ぶ「実習」は、誰もが必ず通る道なのである。

それは、法規や基準に定められているからだけではない。保育が学校のなかだけで学ぶものではなく、保育の現場で子どもたちと生活をともにしてこそ、理論や技術の真の意味がわかることをあらわしている。授業で学んだ知識を、「〇〇幼稚園年長さくら組の子どもたちの姿と重ね合わせる」、あるいはその知識を生かして「目の前の〇〇ちゃんと一緒に折り紙遊びをする」。そのことによって保育が理論と技術を総合して進められるものであることを、実感できるのである。

また実習は、社会的責任の大きい保育者を目の当たりにし、ともに保育に携わることで、社会人に必要な素養や態度を身につける人間教育の場でもある。まずは、子どもとの関係、園職員との関係、保護者との関係等、人と人とのかかわり方を学ぼう。そのうえで、子どもに対する教師としての言動、園職員たちとの連携・仕事の分担、保護者への対応等、社会人・専門職に携わる職業人としての自覚と責任を学んでほしい。保育者になるとは、一人の大人になることであり、一人の社会人に

玄関で指示を出す実習生

なることである。実習は、そのための絶好の機会となろう。

**(2) 教育実習**

　先に述べたように、幼稚園教諭免許状には専修・一種・二種の3種類があるが、いずれの免許にも「教育実習」5単位が必修となる。学内（養成校）で行う「教育実習に係わる事前及び事後の指導」で1単位、あとの4単位を学外（幼稚園）での実習で修得することになる。

　事前・事後指導では、事前指導として実習を行うための心構えから実習日誌の書き方や手続きにいたるまで、教育実習に関することを幅広く学ぶ。みなさんには、この学習を通し、各自「実習に行ったらぜひやってみたい」テーマを設定してほしい。このテーマ設定は、これまでの学習や実習を振り返り、これからの自分をつくっていく道筋を明らかにしていく過程となるからである。そして各自のテーマに沿って、実習までに何ができるかを考え、できる限りの準備をしたかどうかで、本実習の成果が大きく異なってこよう。

　事後指導では、実習報告会や振り返りのグループワーク、評価についての面談等が行われ、養成校によって内容や方法は異なる。従来は事前指導に重点が置かれていたが、保育において謙虚に自己を反省し、修正する力が資質として求められてきていることもあり、次の実習や就職にもつながる学習として、事後指導の役割が大きくなっている。「楽しかった。いい実習だった」と言う学生に、園から散々な評価が下されることもある。その溝を埋めるのが事後指導となる。みなさんには、各自のテーマにそって、冷静かつ客観的な自己評価をお願いしたい。そして、謙虚な姿勢で次の学習につなげていってほしいのである。

　学外（幼稚園）における4単位のために、4週間の実習が必要となるが、その時期を在学中のどの時期に実施するかは、養成校の教育方針やさまざまな事情によって異なる。たとえば4週間を一度に集中的に行うのか、1週間と3週間、あるいは2週間と2週間に分散して行うのか、毎週決まった曜日を実習日にあて、通年で行うのか等の形態がある。どの形態もメリット・デメリットがあるが、特に分散型の場合には、実習と実習を有機的につなぐ事前・事後指導の役割が重要となろう。

部分実習を担当する実習生

### (3) 保育実習

保育実習は、「その習得した教科全体の知識、技能を基礎とし、これらを総合的に実践する応用力を養うため、児童に対する理解を通じて保育の理論と実践の関係について習熟させることを目的」としている。そして、3つの科目があり、それぞれ内容・履修方法が異なるのである（表3－4）。

1つ目は、必修科目の「保育実習指導Ⅰ」（2単位）と「保育実習Ⅰ」（4単位）であり、「保育実習Ⅰ」は、保育所での実習（2単位）と保育所以外の児童福祉施設や社会福祉施設等での実習（2単位）から構成されている。実習期間は20日間である。2つ目は、選択必修科目の「保育実習指導Ⅱ」（1単位）と「保育実習Ⅱ」（2単位）で構成され、10日間の保育所実習を行う。3つ目は、選択必修科目の「保育実習指導Ⅲ」（1単位）と「保育実習Ⅲ」（2単位）で構成され、保育所以外の児童福祉施設・社会福祉施設等において10日間の実習を行う。つまり、「保育実習Ⅰ」を必修とし、「保育実習Ⅱ」または「保育実習Ⅲ」のいずれか1つを選択して履修・修得することになっている。

養成校においては、「保育実習Ⅰ」の「保育所実習」や「施設実習」、「保育実習Ⅲ」の「児童館実習」や「施設実習」等、細分化してそれぞれの実習に独自の名称がつけられている。また、年々過密になるスケジュールのなか、同時進行で異なる実習の準備を進めなくてはならないこともある。さらに、実習ごとに担当教員が分担してガイダンスを行う場合も多く、ただ「実習」とだけいって、「〇日までに〜を提出しなさい」と指示することがある。すると、何の実習のことを言われているのか、勘違いや混乱が生じてしまう。今

**表3－4　保育実習実施基準**

| | 実習種別 | 単位数 | 実習日数 | 実習施設 |
|---|---|---|---|---|
| 必修科目 | 保育実習Ⅰ | 4単位 | 20日間 | （A）保育所、幼保連携型認定こども園または小規模保育A・B型及び事業所内保育事業及び乳児院、母子生活支援施設、障害児入所施設、児童発達支援センター、障害者支援施設、指定障害福祉サービス事業所（生活介護、自立訓練、就労移行支援又は就労継続支援を行うものに限る）、児童養護施設、児童心理治療施設、児童自立支援施設、児童相談所一時保護施設又は独立行政法人国立重度知的障害者総合施設のぞみの園 |
| | 保育実習指導Ⅰ（演習） | 2単位 | | |
| 選択必修科目 | 保育実習Ⅱ | 2単位 | 10日間 | （B）保育所または幼保連携型認定こども園あるいは小規模保育A・B型及び事業所内保育事業 |
| | 保育実習指導Ⅱ（演習） | 1単位 | | |
| | 保育実習Ⅲ | 2単位 | 10日間 | （C）児童厚生施設または児童発達支援センターその他社会福祉関係諸法令の規定に基づき設置されている施設であって保育実習を行う施設として適当と認められるもの（保育所及び幼保連携型認定こども園並びに小規模保育A・B型及び事業所内保育事業は除く。） |
| | 保育実習指導Ⅲ（演習） | 1単位 | | |

第3章●保育者になるための学び

言われた実習とは、保育実習のなかのどの実習なのかを必ず確認するとともに、保育実習全体における位置を確認することが大切となる。養成校では、独自の実習ハンドブックや手引きを作成している場合が多いので、それらを熟読し、間違いのないようにしたい。

各養成校のハンドブックや手引きを活用しよう

### （4） 養成教育と現職教育をつなぐ実習

2015（平成27）年の中央教育審議会「これからの学校教育を担う教員の資質向上について」では、現職教育について、大学での養成教育を基礎として「教育は学校で育つ」という考え方のもと、①道徳、ICT（情報通信技術）、特別支援教育などの新たな課題やアクティブラーニングの視点での授業改善、②初任者研修や管理職研修といったキャリアステージごとの研修改革の推進を提言している。つまり、これからの教員は、学び続けることがその責務であり、あらゆる機会を通じて、教員としての資質を向上させていく主体的な姿勢をもち続けることが求められている。そして、それらを支える現職教育の中心をなすのが研修なのである。

実習を研修の観点からみてみよう。保育者養成校に学ぶ学生にとって、現場の子どもたちや保育者、園を支える職員、保護者、地域社会等から多くのことを学ぶ絶好の機会であり、みなさんには「実習をさせていただく」といった謙虚な姿勢が大切なのである。実習を引き受ける園や担当保育者の負担は、仕事量の増大はもちろん精神的にもかなり大きいものである。それでも実習を受け入れるのは、保育者にとって、誰でも通る道であり、自身も現場から多くを学び、現場で育ててもらった思いがあるからにほかならない。その思いを次代の保育者に伝えたいという気持ちに、みなさんが応えられるのは、言われたことを上手にこなすことではなく、保育者になりたいという熱い思いとそのためにこの実習でこれをしたい、学びたいという強い意欲である。

みなさんには、若さと情熱がある。若さとは、単に年齢が若いだけではなく、伸びようとする意欲である。情熱とは、がむしゃらになって、成し遂げようと燃え上がる感情である。年数を重ねるうちに、新鮮な気持ちを失いマンネリに陥ってしまう保育者もいる。子どもに柔軟に対応できず、一方的に保育者の価値観を押しつけたり、知らず知らずのうちに遊びを先取りしたりすることもある。みなさんの若さと情熱をもった実習は、現場の保育者の忘

表3-5 実習日誌の例（実習指導者からの添削入り）

[資料]

短期大学
実習生氏名　A

11月　1日　火曜日　天候　晴れ　まつ1組　5歳児

今日試みたいこと
・子どもたちの遊びを一歩ひいたところから観察する。
・関わりの少なかった子と積極的に遊ぶ。

| 時間 | 幼児の活動 | 保育者の動き | 実習生の動き | 気づいたこと |
|---|---|---|---|---|
| 7:50 | | ・2組の先生と打合わせをしながら、歌の録音の部屋の準備をする。<br>・部屋の中の確認をしながら、紙や箱の補充をする。 | ・先生方に挨拶してから部屋、テラスの清掃をする。<br>・先生と一緒に環境を整える。 | ・昨日の子どもの様子から部屋の中の配置や紙や箱の量を考え環境を整えて |
| 8:00 | 順次登園<br>・荷物の整理をしてから出席ノートにシールを貼る。<br>・AさんとBさんが縄とびをする。<br>・CさんとDさんが追いかけっこを始め、そこに段々友だちが加わり鬼ごっこになる。<br>・カルタ遊びや、ブロックなど、各々自分のやりたい遊びをする。<br>・Eさんが家で作ってきた矢を、友だちに見せている。<br>・Gさん、Hさん、Iさん、Jさん、Kさんがかくれんぼをする。<br>仲間がふえていく。 | ・1人1人の顔を見ながら声をかける。※1<br>（子どもたちに、バスに添乗することを伝えてから出掛ける。）<br>・「ただいま」と大きな声で言いながら、バスからもどり、朝会えなかった子ども<br>たち1人1人を、だきしめていく。<br>・裏山に遊びに行く。 | ※①<br>・1人1人に声をかけて荷物の整理を促す。<br>・縄飛び遊びに加わり、縄をまわしながら数える。<br>・保育室にもどって、ブロックやままごと遊びに加わる。<br>・時々、廊下へ行き、外の遊びの様子を見る。<br>・Gさんに誘われて一緒にかくれんぼをする。 | ・担任の先生の居場所をしっかり伝えることで、子どもたちは安心して遊べる。<br>・こちらが一定のリズムで縄をまわしても飛ぶことができている。<br>・私の使う分のブロックが少ないことに気づいたEさんが、いっぱいないと、かわいそうだから、あげると分けてくれて、心使いに驚いた。※②<br>・だきしめられた子の顔がパッと輝いていた。声を掛ける、スキンシップをすることの大切さを感じた。<br>・全員同じ場所にみつかっちゃう、と意見を言いあいながら、遊びをより楽しいものにしようとしていた。 |
| 10:30 | 片付け。<br>トイレ、手あらいをして椅子に座る。 | 片付けを促し、手あらい、うがいを忘れないように声をかける。 | ・子どもたちと一緒に片付けをする。※③<br>（手をだしすぎないようにする。） | |

線の囲みは実習指導者のチェックした箇所。別欄にコメントしてくれている

誤字のチェック → 違

重要なことへの共感コメント → ※大切な援助ですね

出典：「上田女子短期大学幼児教育学科　保育者養成年報」第3号　2005年　p.27

れかけていたものや保育者としての原点をよみがえらせてくれよう。保育者は、みなさんに保育を公開し、実習日誌を添削したり、疑問・質問に答えながら、自らの保育を省察したりする研修の場としているのである（表３－５）。みなさんの実習態度は、現職教育の人的環境であり、

担任教諭から実習生へアドバイスしている場面

生きた教材なのである。実習生を待っているのは、子どもたちばかりでなく、保育者も大きな期待を寄せている。みなさんの実習は、まさに養成教育と現職教育の架け橋なのである。

## 第３節 ● 保育者になるために

### 1 ── 今、保育者に求められているもの

#### （１） 人的環境としての保育者

　幼児期の教育は、生涯にわたる人間形成の基盤を培うものであり、保育者の担う役割は重要である。また、その役割は子ども一人ひとりの活動の場面に応じ、変化するのである。「幼稚園教育要領」には、具体的に５つの役割が示されている[※8]。

① 幼児の活動の理解者としての役割
② 幼児の共同作業者としての役割
③ あこがれを形成するモデルとしての役割
④ 遊びの援助者としての役割
⑤ 幼児のよりどころとしての役割

　これらの役割を考える際、保育者は子どもにとって「人的環境」であることを忘れてはならない。子どもたちは、保育者の日々の言葉や行動する姿をモデルとして多くのことを学んでいく。生きていくうえで必要な価値、善悪の判断、相手を思いやる気持ち、道徳性等を培うためにも、保育者は大きな役割を果たしていることを自覚してほしい。保育現場での実習期間が終わる頃には、子どもたちがあなたの口真似をしていることにびっくりするだろう。また、無意識に出てしまった自分の癖を、子どもたちに指摘され、ドキッと

※8 「幼稚園教育要領」の第１章総則、および「幼稚園教育要領解説」第１章第４節３　指導計画の作成上の基本的事項（７）教師の役割。

すると同時に保育者の影響力の大きさに怖くなることもある。反対に、床の紙くずをさりげなく拾うあなたの姿をみて、子どもがその真似をしてくれたら、このうえない喜びとこの職業への誇りを感じることができるであろう。

### (2) 子育て支援の専門家

近年の少子化、核家族化、都市化、情報化の進行といった社会状況の変化は、家庭のあり方や子育てに対する意識を大きく変えた。都市化による地域社会のコミュニティ意識の減退や家族形態の変化のなかで、親は近隣の人や子育て経験者たちと情報交換をする機会を失い、子どもは同年代の仲間たちと戸外で遊ぶ機会を失いつつある。このような状況のもと、次のような家庭の教育力の低下がみられる。

>①子育ての大切さや喜びを実感できず、子育てを他者に依存しようとする傾向が出てきていること。
>②家庭教育の重要性を認識しながらも、子どもにどうやって対処してよいかわからず、マスメディアの情報に振り回され、自分のなかに閉じこもる、いわゆる「育児ノイローゼ」におちいる親が増加していること。
>③家庭教育には熱心だが、必ずしもその方向性が適切とはいえず、いわゆる「早期教育」に子どもを駆り立ててしまうこと。

そこで、現在幼稚園や幼保連携型認定こども園にあっては、子育て支援のために保護者や地域の人々に施設や機能を開放して、幼児教育に関する相談や地域の子育てネットワークづくりをする場などの役割を果たし、「地域における幼児期の教育のセンター」として機能することが求められている[※9]。また、保育所にあっては、地域における最も身近な児童福祉施設として、子育ての知識・経験・技術を蓄積し、地域における子育て支援の役割を総合的かつ積極的に担うことが重要な役割とされている。特に、保育士は、「専門的知識及び技術をもつて、児童の保育及び児童の保護者に対する保育に関する指導を行うことを業とする」と児童福祉法第18条の4により定められている。まさに保育士は、子どもの自ら伸びゆく力や保護者の自ら行う子育てを「支える」専門職なのである[※10]。

### (3) 自己を振り返り、自ら学ぶこと

保育者として求められる仕事は多岐にわたり、決して長くはない学生時代（養成教育段階）に求められることも年々増えるばかりである。2005（平成17）年の中央教育審議会「子どもを取り巻く環境の変化を踏まえた今後の幼児教育の在り方について」では、「幼児の家庭や地域社会における生活の連続

※9 「幼稚園教育要領解説」の第3章2子育ての支援。

※10 「保育所保育指針解説」の第4章子育て支援。

性及び発達や学びの連続性を保ちつつ教育を展開する力、特別な教育的配慮を要する幼児に対応する力、小学校等との連携を推進する力などの総合的な力量……保護者の多様で複雑な悩みを受け止め適切なアドバイスができる力」が必要と記されている。

観察実習中の実習生

　みなさんのなかには、「あれもしなければ、これもしなければ」と義務感に押しつぶされそうになる人がいる。「こんなときには、こうすればいい」といわゆる"How to"式に多くのことを取り込もうとする人がいる。「どうすればいいか、わからない」と、言われたことだけをこなそうとする人がいる。求められることを一つひとつあげていき、すべてを身につけようとしたら消化不良あるいはパンクしてしまいそうである。では、在学中に何を学んだらよいのであろうか。

　実際の保育現場において、多くの保育者たちは「あのときの子どもへの言葉かけは、あれでよかったのだろうか」「もっと違う接し方があったかもしれない」「もう少し様子をみようか」など、反省とも評価ともつかない毎日を送っている。保育者が、真剣に子どもを思えば思うほど、自己の保育を顧みることが自然と多くなるのだ。つまり、保育者には、謙虚に自分を振り返り、反省と修正を積み重ねることができる力が大切なのである。養成教育を受けるみなさんには、謙虚な姿勢で自己を分析し、自ら課題を設定するとともに、解決していく力を養っていただきたい。その力が、将来保育者として初めて出会う数々の場面で、自らの判断や対応を可能にしてくれるであろう。

　筆者たち教員も、実習の訪問指導で園にうかがうと「実習生の○○さんは、とても真面目で言ったことはやってくれるんですがね。自分から動くことがなくてね……」との指摘を受けることがある。保育者養成校の教員としてドキッとする瞬間である。そして、「保育者に求められている資質をどのように伝えただろうか」「学生が自分には何が必要かを考え、そのための学びを見つけ実行していく力をどうやって育成したらよいのか」「環境を通して行う教育の意味を実感できる教育環境を学生に保障していただろうか」等と自問しながら園を後にすることがある。

　教員は、これらの経験を調査・分析・考察といった研究につなげ、授業の工夫や学生との接し方の再考、カリキュラムの作成等に生かす努力をしている。保育者養成校の教員なら多かれ少なかれ経験していることで、このよう

な反省と修正の積み重ねにより、保育者養成を担う教員としての資質が磨かれると信じているのである。みなさんが、いま向き合っている学校の教員の姿に、保育者になるヒントを見出していただけたら幸いに思う。

## 2 ── 生活体験を積む、直接体験を積む

### (1) 直接体験の少ない子どもたち

　子どもたちにとって、毎日たゆまなく続く生活体験は、学びと発達の源といわれる。乳幼児期の直接的な体験は、その後の人生の考え方や価値観を左右することも多い。直接体験が豊かであれば、思春期になり大人と距離を置く年齢になっても、自らの判断で直接的な生活体験を大切にし、実践してくれるだろう。しかし、現代の生活環境においては、幼児期の発達を促す生活体験や直接体験が絶対的に不足しているのである。たとえば、既製品としてのおもちゃが大量に子どもたちの身のまわりにある。そのなかには遊びの展開に役立つものもあるが、「でき合い」のものであるということは、子どもたちが試行錯誤しながら忍耐力や創意工夫を練り、自発的な思考を発達させる、あるいは道具を使う機会を奪ってしまいかねないのである。

　また、子どもの身近な世界や環境から自然が加速度的に減少している。都市部では、アスファルトとコンクリートに囲まれ、田んぼや畑は姿を消し、唯一の緑は街路樹ということもめずらしくない。わずかな広さの公園からは砂場が消え、「木に登ってはいけません」「花を摘んではいけません」「ボール遊びはやめましょう」の注意書きがある。子どもたちは、きれいに整地された公園や遊園地等の人工的な環境のなかで、計算された楽しみをお客さんとして享受することとなる。もちろん、自然界の不思議や命の営み、人間も自然界の一部であることを実感することは少ない。

　さらに、テレビ・スマートフォン等のメディアが乳幼児期から子どもの生活に深く入り込んでいる。これらメディアの長時間視聴児のなかには、これまでにはなかった子どもたちの異変が深刻さを増して報告されている[11]。泥のコーヒーを本当に飲んでしまうといった「見立て遊び」「ごっこ遊び」ができない子ども、オウム返しで言葉を話し、他の子どもが近寄ると逃げてしまう子どもなどが増えてきている。現在、テレビには番組内容による文化的影響、電磁波等による健康への影響、強い刺激による脳への影響等さまざまなことがからみ合いながら問題となっている。長時間視聴により子どもの直接的な体験が制限されてしまうと、もっぱら擬似的な他者体験に終始するため、前述の長時間視聴児たちの様子もうなずけてしまう。他者とは何であるかを

※11　家庭教育研究所（主幹研究員　土谷みち子）により、外遊び時間よりビデオ視聴時間が長かった幼児の行動に関する調査・研究が報告されている（土谷みち子「乳幼児期初期のビデオ視聴が子どもの成長に与える影響─保育臨床的係わりの試み─」平成10年12月（「教育アンケート調査年鑑」編集委員会編『教育アンケート調査年鑑　1999年版（上）』創育社　1999年　pp.655-663））。

理解できるのは、すべての感覚を使い、お互いに身体を通して感じ合うかかわりによる以外にはないからである。

### （2） 迷ったときはやってみよう

　保育者は、子どもたちの不足する生活体験や直接的な体験を積極的につくりだしていくことが望まれる。しかし、今日その体験を構成し援助する保育者自身の不足も問題とされている。前述の2005（平成17）年の中央教育審議会答申では「近年は、幅広い生活体験や自然体験を十分に積むことなく教員等になっている場合もみられる。そのため、自らの多様な体験を取り入れながら具体的に保育を構想し、実践することがうまくできない者、あるいは教職員同士や保護者との良好な関係を構築することを苦手としている者も少なからずいる」と指摘している。

　遊びを中心とした子どもの生活は、自身の内側から生じる興味に突き動かされて、自ら積極的に環境へかかわり、生きることである。子どもの生活に寄り添う保育者には、この生活を真に理解するため、保育者としての専門的な学習の土台として、直接的な体験や生活体験がどうしても必要なのである。毎日の生活のなかで「やろうか、やるまいか」迷ったときは、やってみよう。やらずに後悔するより、やって失敗するほうが、得ることが大きいはずだから。また、できる限り五感を使おう。見る（視覚）、聞く（聴覚）、味わう（味覚）、嗅ぐ（臭覚）、触れる（触覚）といった感覚が実感できる事柄や方法を選んで実行するのだ。たとえば、電子レンジを使うより、フライパンを使って調理できるならそうしよう。食材の色が変わることで火の通りを見て、「ジュッ」という音から火加減を調節する。味見しながら味つけをし、食欲をそそるにおいを嗅ぎながら、熱々の料理をお皿に盛る。ボタンひとつで手軽にできる調理との差がおわかりいただけるだろうか。

## 3 ── 教養教育を学ぶ

### （1） 保育者にとってのよりどころ

　最近、ある幼稚園の先生から次のような話をうかがった。

> お父さんの仕事が平日に休みという園児がいるんですが、お父さんの休みにあわせて園児がこのところ毎週のように休むようになってしまったんです。日頃から家庭教育や父親の育児参加の大切さを保護者に伝えていたので、はじめは"お父さん、どんどん遊んであげて"と言っていたんですが、こう頻繁になると困りますね。

親が自分の生活スタイルにあわせて、子どもを平日休みにするケースが目立ってきたというのである。

少子高齢化、核家族化、都市化の進展、産業構造、就業構造の変化のなかで、人々の考え方や価値観はますます多様化し、既存の価値観は大きく揺らいでいる。体系的な知識よりも今すぐ必要な断片的な情報が重視される情報化社会の性格、何事にも効率を優先する社会の風潮がこのような考え方に拍車をかけているようである。そして、家族や地域社会、学校のあり方およびこれらと個人との関係も大きく変わりつつある。

今日、学校や教師は以前のような絶対的な存在でなくなってきている。教育や保育に携わる私たちは、自己の立っている位置を見極め、今後どのような目標に向かって進むべきかを考え、その実現のため主体的に行動するよりどころが必要となる。その基盤となるものが「教養」といわれるものであり、個人が社会とかかわり、経験を積み、体系的な知識や智恵を獲得する過程で身につけるものの見方、考え方、価値観の総体なのである。

### （2） 教養とは

学問を学ぶにあたり、かつては哲学をさまざまな学問の基礎とするような大きな知の体系があった。しかし近年、学問の専門化、細分化が進むなかで、教養についての共通理解というべきものが失われている。教育や保育は、理論とともに実践が非常に重要視され、総合的かつ今日的な学びとなっている。だからこそ、これまでにも幼稚園教諭免許状および保育士資格取得には、教養科目を大切にし、必ずその履修、習得を定めてきた[※12]。教養は単に博学であるという意味ではない。教養が高いとさまざまな保護者と話をするとき、話題に困らないといったレベルで学ぶものではなく、もっと根本的な価値観にかかわるものである。みなさんの学校で開設されている教養科目（一般科目、共通科目、基礎科目など）のねらいや内容をもう一度確認し、その学習を大切にしていただきたい。

教養は、自己の内面に自分なりの行動基準とそれを支える価値観を構築していくものである。また、勉強をしたからといって、独善的で偏ったものにならないように注意したい。そのためにも次の4つのことをおすすめしたい。

① 謙虚に歴史から学ぶ姿勢を大切にしよう

実習を体験し、現場で多くを学べばこそ、保育の歴史や先人の思想をひもとき、自己の実践を位置づけることが大切となる。

② 新聞を読もう

社会に対して敏感になるとともに、自分自身を客観的に知ることになる。

※12　教職課程の履修においては、日本国憲法、体育、外国語コミュニケーション、情報機器の操作に関する科目をそれぞれ2単位以上履修することが定められている。また、保育士資格養成課程では教養科目10単位以上（外国語[演習]2単位、体育[講義および実技]各1単位、これ以外の科目6単位）を設置し、8単位以上を履修することになっている。

③ できる限り、読書をしよう

読み、書き、考えることは、保護者との連絡帳を正しく書くといった言語技術の習得だけではなく、あらゆる知的活動の基盤となる国語力の育成の第一歩となる。

④ 社会とかかわり、働きかけよう

保育の現場は、子どもがたくさんいても、同僚が少数であったり、女性だけの職場があったりする。また保育者は、子育て支援事業で多くの人とかかわっても、多くの実習生やボランティアを受け入れていても、常に「先生」という立場で接しているため、肩書きをはずし地域社会の一員として、人とかかわる機会が多くはない。時として、狭い人間関係のなかで、固定化した関係のなかで、視野を広げられずにいることもある。学生時代は気の合う仲間とだけではなく、自分の生育環境とは縁遠いと思われる人とも、考えの異なる人とも、積極的にかかわりをもっていただきたい。

これらの積み重ねにより、「理屈ではわかっているんだけれど、自分の子どものことになると違うのよね」といった保護者とも、変動期にある保育そのものとも、ぶれることのないよりどころをもって対峙できるのである。

## 4 ── 学び方を学ぶ ──「ああでもない」「こうでもない」──

学び方を学ぶとは、高校までの勉強の仕方とは異なる学び方を修得することである。高校までは、問題が与えられて、その問題の唯一の正解にいたる解法を身につける勉強が中心であっただろう。しかし、今の学びは違う。課題を発見すること、自ら問いを立てること、そこからあるかないかわからない答えを求めて、調べ、考え、話し合い、また調べ、考え……といった過程を重ねることが、大学、短期大学、専門学校での学びの中心になる。もちろん問題発見や課題設定には、基礎の習得や社会教育における学習等も必要である。高等教育・養成教育段階における教育では、卒業後も主体的に学び続け、保育者としての資質や能力を高めていけるような学びの姿勢を身につけることが大切なのである。

さらに幼児教育・保育を専門的に学ぶ今、複数の授業で教育内容が重複することがある。異なる科目のテキストに、同様の項目が掲載されていることもある。「なんだ、前に習ったよ」と思うのではなく、むしろ複数の授業を聞くことによって、さまざまな考え方や異なる理論、データ・資料の異なる解釈の仕方があることを学んでほしい。このように「ああでもない」「こうでも

ない」と考えることから、自らの教育観や子ども観が少しずつ構築されていく。この積み重ねが、みなさんが現場に出て初めて目の当たりにするさまざまな事象を瞬時に判断する力となり、実践をより確かなものにしてくれるのである。

　幼児教育・保育は、実際の現場に出てからの実践のなかに、学ぶべき事柄が多くある分野である。現に、免許資格を所有してからの現職教育を怠っては、専門職としての保育者にはなれないであろう。養成教育における主体的な学びの姿勢の育成と教育観・子ども観の構築は、保育者になるには必要不可欠なことである。しかし、これは1つの授業によって達成されるものではなく、みなさんの学校における2年間、あるいは3年間、4年間の教育課程全体のなかで、あらゆる機会を通して実現されるべきものであろう。

---

●「第3章」学びの確認
①表3－2の空欄に、あなたの学校で開設されている授業科目をあてはめ、幼稚園教諭免許状を取得するまでの学びを確認しよう。
②表3－3の空欄に、あなたの学校で開設されている授業科目をあてはめ、保育士資格を取得するまでの学びを確認しよう。

●発展的な学びへ
①あなたの居住している市区町村で実施されている「子育て支援事業」を調べ、レポートにまとめてみよう。
②「幼稚園教育要領」「保育所保育指針」を読み比べ、幼稚園教諭と保育士の役割を比較してみよう。
③「幼保連携型認定こども園教育・保育要領」を読み、保育教諭の役割や仕事内容をまとめてみよう。

---

■推薦図書■

●菊池ふじの監修・土屋とく編『保育の原点を探る・倉橋惣三「保育法」講義録』フレーベル館
　本書は、倉橋惣三が昭和9年に東京女子高等師範学校保育実習科の学生を対象に行った「保育法」講義を、当時の学生がノートにとったものの再現である。倉橋の保育観とともに保育を志す学生の学びの姿を感じ取ってほしい。

●高濱裕子『保育者としての成長プロセス―幼児との関係を視点とした長期的・短期的発達―』風間書房
　本書は、著者がお茶の水女子大学へ提出した学位論文をもとにした保育者の成長プロセスを解明する研究書である。学生のみなさんには少々難しい箇所もあろうが、保育者となって、保育の専門性を磨くうえで、貴重な示唆を与えてくれよう。卒業までに一読をお薦めする。

**引用・参考文献**

1）田中まさ子編『幼稚園・保育所実習ハンドブック』みらい　2003年
2）中央教育審議会答申「子どもを取り巻く環境の変化を踏まえた今後の幼児教育の在り方について」2005年
3）秋田喜代美・佐藤学編『新しい時代の教職入門』有斐閣　2006年
4）菱田隆昭編『幼児教育の原理［第2版］』みらい　2007年
5）佐藤晴雄『現代教育概論［第3次改訂版］』学陽書房　2011年
6）澤津まり子・木暮朋佳・芝崎美和・田中卓也編著『保育者への扉』建帛社　2012年
7）松本峰雄『教育・保育・施設実習の手引』建帛社　2013年
8）増田まゆみ・矢藤誠慈郎『ワークで学ぶ保育・教育職の実践演習』建帛社　2014年
9）無藤隆・北野幸子・矢藤誠慈郎『増補改訂新版　認定こども園の時代』ひかりのくに　2015年
10）佐藤晴雄『教職概論［第4次改訂版］－教師をめざす人のために』学陽書房　2015年
11）教職課程コアカリキュラムの在り方に関する検討会「教職課程コアカリキュラム」2017年
12）厚生労働省「指定保育士養成施設の指定及び運営の基準について」2018年

●○● コラム ●○●

## あなたの笑顔が最大の援助

福島学院大学短期大学部　保育学科講師　中野明子（元認可保育園園長）

　虐待をはじめとする保護案件の背景には親自身の「孤立」と「余裕のなさ」があり、そこから抜け出せれば、虐待はやむケースも多いことなど、授業を通して保育の現場での対応の事例を紹介すると、学生は身を乗り出し全身を耳にして聞き入ります。

　「子どもの頃、母親から虐待を受けていました。そのことを誰にも言えずにいました。今日の授業を受けて、特別異常な人ではなく、むしろ真面目で不器用な人ほど陥りやすいことを知って救われました。お母さんもつらかったんだということが理解できて、心のなかで泣きました。誰にも言えない子どもの気持ちに気づいて、寄り添える保育者になりたいです」。そのような思いを、毎年何人かの学生が打ちあけてきます。

　また、「つらい状況の子どもや親に出会ったら、自分が適切に対応できるか不安になった」といった感想も多くの学生から寄せられます。正直な気持ちだと思います。

　深刻になってしまったケースに介入していくのは、どんなにベテランのケースワーカーでも大変で、深刻な事態になる前に、虐待は「予防的なかかわり」が大切といわれます。

　しかし、精神的に不安定な保護者に対して「何か心に届く言葉かけをしなくては」「信頼してもらえるようにがんばらなくては」などと力んで焦らなくてもよいのです。

　「○○先生、大好き」「○○先生はおもしろいんだよ」。わが子が楽しく園に通い、先生を慕っていることを子どもから感じとると、保護者は自然に信頼を寄せていきます。大好きな先生が笑顔で迎えてくれる安心感、先生の存在そのものが親と子の支えとなっていくのです。

　「明日も先生に会いにいこう」と親子で言い交わし、降園するうしろ姿を見送る時、保育者も幸せに包まれます。

　あなたの笑顔が最大の援助。

　明日への希望をつなぎ、子どもの未来を守れる、保育は素敵な仕事です。

# 第4章 保育者に求められる資質とは

◆キーポイント◆

自分がなぜ保育者になりたいか、一つだけ答えてみよう。最も多い答えは「子どもが好きだから」であろう。子どもが好きという理由だけなら、テーマパークやおもちゃ屋で働いてもいいはずである。けれども、自分は保育者として幼稚園、保育所、認定こども園、施設等で働きたいと思っている。

保育者と他の仕事との違いはいったいどのようなものなのだろうか。保育者には何が期待されているのだろうか。そして、保育者になるために、学生時代にどのような学びが必要なのだろうか。本章で考えてみよう。

## 第1節 ● 保育者に求められる幅広い資質

### 1 ── 保育者と他の仕事との違いは何か

保育者と他の仕事との違いは何か。いうまでもなく保育者は子どもを対象としている。特に就学前の幼い子どもたちを対象としており、さらに、その人間形成に深くかかわるということがこの仕事の特徴である。保育者がかかわる就学前の子どもたちは、自我の形成過程にあり、身体機能、言語、知覚、道徳性において発達の初期段階に位置し、とりわけさまざまな援助が必要となる。

こうした子どもたちのよりよい人間形成にあたり、保育者は子どもたちだけに注目していればよいのではなく、保護者とのかかわりも強く求められる。その際、保護者を通して子どもを理解するのみならず、時には保護者に育児のアドバイスをする必要もでてくる。また、同僚の保育者とのかかわりも大切なことである。同じ園の先生方と協力体制を築き、よりよい同僚性[※1]を追求しなければ子どもを広く理解することができないからである。さらに、園務分掌[※2]として職場で分担される事務的なものを含んださまざまな仕事も忘れてはならない。加えて、現代社会に生きる子どもを取り巻く社会的状況やその変化に目を向けることも必要となる。日々、新聞を読んだり、新刊書を手に取ったり、あるいはさまざまな講演を聴きに行ったりと、園外でも情報

※1 同僚性について、詳しくは、序章（p.17）を参照。

※2 園務分掌
園に関するすべての仕事（園務）を、その全責任をもつ園長が教職員にふり分けることをいう。

のアンテナを張りめぐらせていなければならない。

　上記のように保育者の務めとは、子どものよりよい人間形成のために、直接子どもとかかわることのほかに、さまざまな事象とのかかわりにおいて成し遂げられるという特性をもっている。そして、保育に対する期待が年々増している現代社会であるからこそ、保育者の多忙化も進んでいる。

　こうして、心身ともに大変な仕事とはいえ、その分、子どもの人間形成にかかわる仕事に特有のやりがいも大きいことが、次の保育者の言葉からうかがえる。

> 　三輪車をこぐとか、プールにもぐるとか、お弁当のブロッコリーが食べられるようになるとか、ささいなことですけれど、これまで子どもたちががんばってもできなかったことが、保育者である自分の目の前でできるようになった瞬間の喜びを一緒にあじわえるとき、とてもやりがいを感じます。「先生、みてみて！できたよ！」と、できる場面を何度もみせようと私の袖を引っ張るうれしそうな子どもの笑顔を、夜寝るときに改めて思い返すこともあります。子どもたちに対する思いは、かわいらしいというより、むしろいとおしいという表現がいちばんあっているように思います。

※3　可塑性
塑性変形しやすい性質（『広辞苑』岩波書店）。人間形成においては、人間の可塑性に働きかけて、よりよいあり方を追求することがめざされる。

　子どもの可塑性※3に働きかけ、その成長を援助する保育者ならではの充実感、幸福感は他の仕事では得られないものが多いのである。

　それでは保育者となるべく自分自身もまた発達していくために、どのような資質が保育者に求められているのか次に考えてみよう。

## 2 ── 保育者の資質と子どもへの思い

　2002（平成14）年に文部科学省から出された報告書「幼稚園教員の資質向上について―自ら学ぶ幼稚園教員のために―」では、幼稚園教員の資質を「幼児教育に対する情熱と使命感に立脚した、知識や技術、能力の総体」ととらえている。また、「保育所保育指針」が1999（同11）年に改訂された折、保育士の資質をめぐり、「常に研修などを通して、自ら、人間性と専門性の向上に努める必要がある。また、倫理観に裏付けられた知性と技術を備え、豊かな感性と愛情を持って、一人一人の子どもに関わらなければならない」と付加された。さらに、2008（同20）年改定の「保育所保育指針」では、「第7章職員の資質向上」が新たに設けられ、「保育所は、質の高い保育を展開するため、絶えず、一人一人の職員についての資質向上及び職員全体の専門性の向上を図るよう努めなければならない」とあり、保育所職員の専門性と人間性の向上が従来以上に要請されるようになった。なお、それは2017（同29）

年改定の「保育所保育指針」で「第5章職員の資質向上」として受け継がれた。自己研鑽や保育所内外での研修を受けること等を通して、専門職としてのキャリア形成をしていくことが求められている。こうして、保育者には幅広い資質が求められ、また、今後さらにその資質向上に大きな期待が寄せられるであろう。

ところで、次の一首は保育歴の長いベテラン保育士によるものであるが、ゆっくりと詠（よ）んでみてほしい。

　　おはようと　走り寄る子を　抱きとめる
　　　　　　　　　　柔らかきこと　あたたかきこと

ここには保育者に求められる資質が凝縮されている。これまで何千回という保育所の朝がこの保育士には訪れているものの、毎朝、保護者から子どもを機械的に預かるのではなく、子どもたちへのいとおしさを感じながら、「子どもと自分」「昨日と今日」をあらためて結ぶかけがえのない時間として1日のはじまりを迎えていることがわかる。そして、一瞬のかかわりのうちで、その日の子どもたちの状態を心身ともに把握しようとしているのである。

このように保育者に必要な幅広い資質について、次に、以下の3つの点を中心に考えてみよう。

## （1）子どもに安らぎを与えることができる

「幼稚園教育要領」の「第1章総則　第1　幼稚園教育の基本」には、幼稚園教育の基本として「教師は、幼児との信頼関係を十分に築き」「幼児と共によりよい教育環境を創造するように努めるものとする」と、保育者の仕事の本質について書かれている[※4]。

それでは、子どもとの信頼関係はどのように築かれるのであろうか。「幼稚園教育要領解説」では「信頼のきずなは、教師が幼児と共に生活する中で、幼児の行動や心の動きを温かく受け止め、理解しようとすることによって生まれる」[1]とされている。つまり、保育者によって個々の子どもの存在が全体的かつ継続的に受け入れられるとき、保育者に対する信頼が強まるということが考えられるのである。

ここから、保育者が子どもとの信頼関係を築くためには、自分自身が庇護（ひご）されているという安らぎを子どもにもたらすことが不可欠であるといえる。

※4　「保育所保育指針」（第1章）や「幼保連携型認定こども園教育・保育要領」（第1章）にも同様の記述がある。

これをいいかえれば、保育者は、子どもたちが園生活において安らいだ気分で過ごし、心のよりどころとしての自分の「居場所」が得られるよう努めなければならないのである。そうした居場所とは、子どもにとって友だちとのかかわりのなかや、自分らしさを発揮できる遊びのなかに見出すことができるであろう。しかしなによりもまず、人的な環境としての保育者とのかかわりのなかに、子どもたちはそれを見出すのである。「先生が自分のお話を聞いてくれるのがうれしい」「先生のところへ行けばきっとなぐさめてくれる」といった子どもの思いは、保育者が自分を常に受容してくれるという安心感のなかから生まれる。こうして、信頼関係の構築という保育の基本において不可欠である安らぎを提供できることが、保育者の第一の資質といってよいだろう。

　ところで、「先生」と呼ばれる立場は子どもをなんらかの形で評価するものであるため、自分はそうでありたくはないと思っていても、保育者には自ずと権威がつきまとうものである。そうした権威を知らず知らずのうちに強めてしまうと、子どもたちは保育者に対していつしかおそれを感じるようになり、安らいだ気分が弱まってしまう。それゆえに、保育者は自らもまた弱さをあわせもった一個の人間であることを自覚しながら、よりよい教育的雰囲気のなかで信頼しあえる教育的関係を成り立たせるよう努めなければならない。

### （2） 子どもに思いをはせることができる

> 　子どもが卒園しても、子どもたちのことをふと思い出すことがあります。○○ちゃん、ぜんそくの季節になってしまったけど大丈夫かしらとか、あの二人は今でも小学校でヒーローごっこをしているのかしらとか…。子どもたちのことを思い出すと、新たなエネルギーがわいてくるのが不思議ですね。目の前の子どもたちからもらうエネルギーと、もう目の前にはいないけれど、自分の脳裏にいる子どもたちからもらうエネルギーが私の保育者としての宝になっています。

　以上のように、保育者は、自分の目の前の子どもたちとのかかわりが生活の中心となりながらも、同時にこれまで保育にあたってきた子どもたちすべてにどこかで思いをはせている。子どもたちが自分のもとを去ってもなお、長きにわたり「思いをはせる」という気持ちをもつことができるという点が人間形成にかかわる者に不可欠な資質である。

　保育に限らず、人間形成にかかわる仕事は、「これで終わり」という完結された点を見出すことができないものである。よりよい方向へ向かっていこうとする子どもの可塑性に働きかけようとする仕事には、「このあたりでもういい」とか「これ以上かかわる必要はない」というような時間的な区切りを自

ら設定することはなかなかできないのである。

　このことは、日々の保育生活にもあてはまる。今日○○ちゃんは幼稚園では元気がなかったが家では元気になっただろうかと案じたり、クラスの子どもたちが虫に興味をもちはじめたので帰宅後に昆虫図鑑を調べて明日に備えたりする等、職場から帰った後にも子どもたちをめぐるさまざまな思いが自ずと生じることも多い。もちろん、園の外に出たらもう仕事は終了、という割り切り方もときには必要であろう。しかしながら、それも今後のよりよい保育のための自分の時間づくりという観点からの必要性である。

　このように、たえず保育者は子どもに心を寄せるのである。「これで終わり」ということがない無境界性[※5]のもとで長期的な時間世界に生きることが保育者には求められている。未来に向かっていく子どもたちにかかわっているからこそ、「今、目の前にいる子ども」との直接的なかかわりだけでなく、長いスパンで子どもたちをとらえたいという気持ちが自ずと生じることも保育者に必要な資質の一つである。

※5 ※6　無境界性と不確実性については、序章（p.18）を参照。

### （3）子どもを常に待つことができる

　さらに、保育者に必要な資質として、子どもを「待つ」ことができるという点をあげたい。人間形成にかかわる仕事においては、働きかけたことをめぐる成果がいつあらわれるかわからないという点も一つの特徴である。たとえば、卒園するまでに逆上がりができるようになればとか、自分が悪いことをしているとわかっているのだから相手に「ごめんね」の言葉が今日中にでるようになればなど、子どもたちに対して「～がいつまでにできれば」という時間の枠を設定した期待を保育者は胸のうちに抱くこともあろう。しかしながら、期待通り状況が運ばないことも多いのである。まさに、人間形成にかかわる仕事は不確実性[※6]のうえに成り立っている。今いちど保育者の声に耳を傾けてみよう。

> 　2歳児クラスの午睡前のひととき。子どもたちは仁王立ちになりながら真下を向き、下くちびるをちょっとつき出してパジャマのボタンをはめています。小さなボタンの半分が、やっと穴からでてきました。が、その先がうまくいきません。子どもの鼻の頭に汗がでてきました。あ、またはずれてしまった。でも今日はこのまま見守ってみよう…。そのとき、最後のボタンがはまったのです。ずっと下ばかり向いていた子どもが満面に笑みを浮かべながら顔をあげました。一緒に笑顔になりたくて私は子どもを待っていたのかもしれません。

　教育学者のボルノー（Bollnow, O.F.）は教育者がもつべき徳として「忍耐」をあげ、子どもたちを待つことの重要性を述べている。子どもがそれまでど

うしてもできなかったことが急にできるようになったり、あるいは誤った行為を繰り返しながらようやく正しいことに気づいたりする、まさに子どものうちに「正しい時点がやってくるまで待つ」技術をボルノーは「忍耐」という言葉であらわしたのである。さまざまな保育活動において子どもたちを急かしたくなったとしても、保育者には「自然な性急さを支配する能力」としての忍耐が求められているのである。

> 「子育ては農耕の仕事と同じ」と言った哲学者がいます。畑作業と同じように、じっくり待ちながら、必要なところで手を貸せればと思います。そのとき何が必要かがみえる「心の眼」をもっていられたらいいなと思います。

　この保育者の言葉にもあらわれているように、子どもたちをじっくり待つというのは思いのほか難しい。子どもたちの傍らでたたずんで眺めているのは単なる監視か放任にすぎないし、不必要な手出しも好ましいものではない。
　保育において「あともう一押し！」という援助の最適なタイミングを見逃すことのない「心の眼」。あるいは、これに関しては見守り続けたほうがよいだろうと判断する「心の眼」。このように立派な「心の眼」を最初からもつことのできる保育者はいない。保育者として発達する過程において試行錯誤しながら、よりよい豊かな「心の眼」をもって子どもを待つことができるように心がけていけばよいのである。

　以上のように、保育者に求められる資質は単に子どもの前で上手にピアノを弾くことができたり、多くの手遊びを知っていたりというような、直接実践に関係する事柄にとどまるものではないことがわかる。第1には子どもたちに真摯にかかわることができる人間性が求められているのである。いいかえれば、そうした保育者としての人間性があれば、保育に欠かせない知識や技術力は自ずと向上するのであり、反対に、保育者としてのよりよい人間性がみられない場合は、保育に関する知識や技術が豊富であっても子どもたちの心に何も響かず、知識や技術にもそれ以上の発展性がみられないであろう。
　ところで、保育者は「学びの専門家」として絶え間ない「計画、実践、省察、改善」を必要とする。計画において自分の保育を見通し、実践において子どもと現在をともに生き、省察において保育の記録や同僚との対話をも含みつつ過去を振り返り、今後のよりよい保育のために改善する、という時間軸を自由に行き来し、新たな計画、実践、省察、改善の構造を生き続けることができる力を必要としているのである。いきあたりばったりの保育、やりっぱなしの保育、一人よがりの保育は真の保育ではない。まさに、保育者とし

て自己を見つめ、自己を奮い立たせようとする自己教育の視点がなければ子どもたちに根づく保育には至らない。

　子どもたちのみならず、自分自身に対する眼差しをもち、よりよい人間観とそれにもとづいた保育観をたえず模索しながら保育にあたることができる保育者が求められているのである。

## 第2節 ● 現代の保育者に期待される役割

　現代のわが国において、保育者の役割としてどのようなものが期待されているのであろうか。ここでは、幼稚園教員を例にあげて考えてみよう。

　「幼稚園教育要領」の「第1章総則　第1幼稚園教育の基本」では、教師は「幼児の主体的な活動が確保されるよう幼児一人一人の行動の理解と予想に基づき、計画的に環境を構成しなければならない。この場合において、教師は、幼児と人やものとの関わりが重要であることを踏まえ、教材を工夫し、物的・空間的環境を構成しなければならない」とされている。そして、教師の役割として「子どもの理解者」「共同作業者」「憧れを形成するモデル」「遊びの援助者」が示され、適切な指導が求められている[7]。

※7　教師の役割について、詳しくは、第3章（p.61）を参照。

　上記をより具体的に理解するためには、文部科学省「幼稚園教員の資質向上について―自ら学ぶ幼稚園教員のために―」（2002年）で明らかにされた幼稚園教員に求められる専門性をヒントとすることができる。そこには、遊びを通した総合的な指導を行うために、「幼児を内面から理解し、総合的に指導する力、具体的に保育を構想する力、実践力、得意分野の育成、教員集団の一員としての協働性、特別な教育的配慮を要する幼児に対応する力、小学校や保育所との連携を推進する力、保護者及び地域社会との関係を構築する力、園長など管理職が発揮するリーダーシップ、人権に対する理解」といった現代社会の状況を背景として要請されるようになった保育者としての専門性があらわれている。

### 1 ── 子どもとのかかわりにおいて求められる保育者の役割

　以上のように、保育者に求められるさまざまな役割を、子どもとのかかわりという観点でどのようにとらえることができるであろうか。ここでは、保育者に求められる「子どもの理解者」としての役割を中心に考えてみたい。

子どもは同じことを繰り返しては何度も飽きずに笑ったり、反対に、楽しいことが待ちきれずにかなり前から準備を整えてはしゃいだりする。こうしたことがしばしば生じるのは、「子どもの時間」が「大人の時間」と異なるためである。

　保育現場はこうした「子どもの時間」がみなぎっている場である。そこで、子ども理解のためには、両者の時間の相違を認め、「子どもの時間」の理解が不可欠である。それは子どもの空間世界についても同様で、「今、ここ」にいる目の前の子どもの姿からだけではなく、直接見えないものや聞こえないものからもなにものかをとらえようとする眼差しが必要なのである。つまり、自分の目の前で泣き続ける子どもが、直前のけがを理由として泣いているのか、あるいはそれをきっかけとしながらも本当は以前から抱えているなんらかの思いによるものなのか、保育者はそれぞれの子どもがもつ時間や空間の世界について思いをめぐらせながら子ども理解に努めなければならない。

　このような子ども理解は、子どもへの共鳴や遊びのよりよい援助を保育者に促す。それぞれの子どもを理解しようとする保育者の姿勢が子どもたちに伝わると、子どもたちも保育者に対して、さらには周囲の友だちに対して、信頼と共感を寄せたかかわりをよりいっそうもとうとする。単なる子どもの寄せ集めとしての集団ではなく、子どもたちが互いを認め合い、個々の子どもが元来もっている「伸びようとする力」を発揮することのできる集団づくりは、保育者の子ども理解を端緒としていると考えることができる。

## 2 ── 保護者（親）とのかかわりにおいて求められる役割

　次に、子どもを取り巻くものとのかかわりにおいて求められる保育者の役割のなかで、保護者との連携を中心に考えてみよう。

　保育者には、保護者とともに子どものよりよい人間形成にかかわろうとする家庭との協力体制が不可欠である。これに加えて、昨今は、子育てをめぐり保護者に対する指導、相談、支援という要素が保育者に求められている。

　1999（同11）年改訂の「保育所保育指針」では保育所の社会的役割として、「地域における子育て支援」が明らかになり、2003（平成15）年改正の「児童福祉法」（第18条の4）では、保育士の役割として、「児童の保育及び児童の保護者に対する保育に関する指導」が追記された。さらに、2008（同20）年改定の「保育所保育指針」の「第1章総則」では、「保育所は、入所する子どもを保育するとともに、家庭や地域の様々な社会資源との連携を図りながら、入所する子どもの保護者に対する支援及び地域の子育て家庭に対する支

援等を行う役割を担うものである」とされている。これを踏襲しながら、2017（同29）年改定の「保育所保育指針」では「第4章　子育て支援」において、「保護者が子どもの成長に気付き子育ての喜びを感じられるように努めること」とあり、これに連動して、「保育の活動に対する保護者の積極的な参加」を促すことの重要性が示されている。

なお、自分が勤める園に通園している子どもの保護者のみならず、地域社会で暮らす人々全般の子育てに関する支援も含めた「子育ての支援」は「幼稚園教育要領」の「第3章　教育課程に係る教育時間の終了後等に行う教育活動などの留意事項」でも言及されている。保育者の役割として今後いっそう強く期待されるであろう。

「近頃の親は……」と非難する姿勢ではなく、現代の親がなぜ子育てに悩み、どのような援助を必要としているのかを、母親のみならず父親の状況も含めて考察してみよう。また、保育者に求められる「守秘義務」にも留意しながら、保護者とのかかわりがよりよい子どもの育ちに還元されていくような子育てのコーディネーターとしての役割を果たすことが重要である。

## 第3節 ● 学生時代に学ぶことは何か

ここまで学んできたように、保育者の資質を向上させ、また期待されている役割を果たすために、学生時代にどのような学びが求められるのであろうか。ここでは、以下の3点を考えてみたい。

### 1 ── 対話力を身につける

人とかかわることを中心とする仕事に従事する者として、保育者にはとりわけ対話力が必要である。そのため、学生時代のうちから対話力を身につけることに心がけたい。

人によっては、まだ語彙も少なく、自己表現が不得手な幼い子どもと対話が成り立つのだろうかと考える人もいるであろう。しかし、真の対話とは相手の人格にかかわり、互いに交わろうとすることであるから、言葉の発達が未熟である幼い子どもたちが相手であっても対話のあり方について真剣に考えることが求められるのである。

「幼稚園教育要領解説」においても「教師は多角的な視点から幼児の姿を捉

えることが必要である。幼児と生活を共にしながら、幼児との対話を通して一人一人の特性や発達の課題を把握し、目前で起こっている出来事からそのことが幼児にとってどのような意味をもつかを捉える力を養うことが大切である」[2)]とされている。それでは、よりよい対話とはどのようなものかを考えてみよう。

　まず、対話にあたり、保育者は自分が発する言葉の影響力について常に配慮することが求められる。時には保育者によるなにげない言葉、あるいは心ない言葉が自分の気づかないうちに子どもたちの心の奥底で一生の傷となり、その子どもの生き方を方向づけてしまうこともある。また、保育者の乱暴な言葉や適切でない言葉遣いが子どもたちに模倣されることもしばしばである。

　さらに重要なことは、保育者から発信する言葉について考えるだけにとどまらず、子どもが何を語りたがっているかということに対する注意深さが保育者には求められているという点である。ここでいう注意深さとは、子どもが語る言葉の一つひとつに耳を傾けようとすることであり、もう一方は子どもたちの言葉にはあらわれていないものを読みとろうとすることである。

　保育現場で日々接する子どもたちの声は、時にはとりとめのない騒々しい「音」として認識されることもあるかもしれない。しかしながら保育者はそうした声を漫然と聞き流す（hear）のではなく、子どもたちから語られる言葉一つひとつに命を感じ、注意深く耳を傾ける（listen）ことが必要であろう。さらに、いまだ自分の気持ちや考えをストレートに言語表現できない幼い子どもたちであるからこそ、保育者には子ども一人ひとりのなかからさまざまな形で発せられるものを聴くという姿勢が求められ、これが対話の原動力となる。

　さて、こうした対話のためには音声による言語伝達のみならず、たとえば非言語コミュニケーションといわれるようなものについても知見を得ることが必要であろう。このことを、実習に行った学生の言葉から考えてみたい。

> 　幼稚園実習に行った後、保育所実習を経験しましたが、最初は本当にとまどいました。乳児クラスに配属され、赤ちゃんが何を考えているのかまったくわからず、あげくの果ては顔を真っ赤にして泣かれてしまい、全然なついてもらえなかったのです。赤ちゃんはもっとかわいいものだと思っていたからとてもショックでした。それでも日を重ねるうちに赤ちゃんが何を訴えているのかわかるようになってきました。おなかがすいているときは舌をぺろぺろ出す赤ちゃんもいれば、おむつがぬれているときの泣き声は眠いときとはちょっと違うこともわかりました。私がにっこりすると赤ちゃんもふわーっと笑ったり…。やっぱり赤ちゃんはかわいいな、と思えるようになりました。

養成校入学前に乳児と接する機会が少なかった学生の多くは、乳児をどのように理解したらよいかわからず、実習でこうした思いを抱きやすい。乳児に限らず、幼い子どもたちは言葉による意思表示が困難であるため、特に保育者をめざす者は、非言語コミュニケーションに注目することが必要であろう。

　非言語コミュニケーションとは「言葉や文字によらないで表情・動作・姿勢・音調・接触などによって行われるコミュニケーション」[3]である。実は対話を成り立たせるものとして、言葉によって伝えられるメッセージは全体の3割程度にすぎず、多くは言葉以外の「ボディ・メッセージ、動作と表情、目、周辺言語、沈黙、触れ合い、空間と距離、時の流れ、色彩」を通した非言語コミュニケーションであると考えられている[4]。乳幼児とのコミュニケーションにおいては、非言語コミュニケーションが占める割合が相当高いであろう。

　子どもが発するさまざまなメッセージは多様である。それゆえに子どもから発せられる言葉や文字に注目するのみならず、非言語的なメッセージを読みとることのできる力を学生時代から培っておく必要があるだろう。また、自分自身も子どもたちにどのような非言語的なメッセージを発信することができるかについて模索してみるとよいだろう。

　そのためには学生時代のうちからさまざまな人とかかわったり、強いメッセージが込められている美術作品など、過去のさまざまな人間がつくりあげてきた文化とふれあったりする経験の積み重ねが大切である。

　こうしたかかわりあいの積み重ねによって、子どものみならず、保護者、同僚、地域社会とのよりよい対話や、子どもとの対話を豊かにする児童文化財との対話など、多くの対話が生じるのである。

　さらに、このような対話の基盤となるマナーを心得ることも大切なことである。あなたは日ごろ、養成校のキャンパス内で挨拶を心がけているだろうか。教室内で帽子をかぶったり、コートを着たままであることはないだろうか。また、日常生活で、敷かれた座布団を踏みつけて歩いたり、座っていた椅子をもとどおりにせずにその場を立ち去ることはないだろうか。若い世代にとっては問題とは思われない行為が他者に思わぬ不快感を与えることも多い。マナー違反が粗悪なメッセージとなってよりよい対話を阻んでしまうこともある。基本的な生活習慣を基盤としてよりよい対話が促されることを忘れてはならない。

## 2 ── 自分の世界をもつ ─保育者としての個性をみがくことと協働性─

　あなたは「これには自信がある」「このことに取り組んでいると時間を忘れてしまう」といった自分の世界をもっているだろうか。保育者が自分の世界をもち、保育者として個性を発揮し、それを基軸として子どもの世界にかかわっていくことが、とりわけ現代の保育者に求められている。

　子どもの個性という言葉は保育をめぐりしばしば聞かれるが、保育者の個性という言葉は耳慣れないかもしれない。実は、保育者もまた個性豊かな存在であり、保育現場は子どもの個性と保育者の個性の交わる場であるということができるのである。

　それでは、保育者の個性とはどのようなものなのであろうか。たとえば、それは、現代の保育者に求められている「得意分野」をもつことと関連している。前述の「幼稚園教員の資質向上について―自ら学ぶ幼稚園教員のために―」によれば、得意分野とは「知識や技術に立脚した活動や内容にとどまらず、幼児の興味を引き出し、幼児の充実感を味わうことができるような、幼児が豊かな活動につながるもの」である。

　例としては「体を動かすことを通じての指導」「読み聞かせなどの言語・表現活動の分野」「障害のある幼児の指導」があげられる。このような保育者のさまざまな個性が個々の子どもの個性を見出し、その伸長を導くのである。

　一方で、保育者各自の個性が、時には子どもに対して偏った見方をもたらすことにも留意したい。ある保護者の言葉を紹介する。

> 　うちの子どもはおっとりしており、決して怠けているわけではないのですが、何をするにもクラスで一番最後になってしまいます。A先生のときは、いろいろなことを家でも練習してみるようにとアドバイスをいただきました。なんだか私もあせってしまい、あれもこれもみんなと同じようにできるようにしなければと思いました。その先生は性格的にきちっとしていて、とてもまじめな方でした。次の年に、おおらかなB先生に替わりました。「○○くんは何をするにもものすごい集中力でびっくりです」とほめてくださいました。それから○○が生き生きしはじめました。きっと母親の私の気持ちが自由になったからでしょうね。小学生になってからもあいかわらずマイペースですが、あのとき先生がほめてくださらなければ、子どもの個性に気づかず、私は○○をいつも急かして育てていたと思います。

　この母親が述べているように、一人の子どもをめぐり保育者の個性によってそのとらえ方が異なっていることがわかる。A先生のアドバイスも決して無意味なものではなかったはずであるが、仮に在園中、B先生の言葉に出会わなければ、この子どもはじっくりものに取り組むことができるという個性

を認められないまま就学したであろう。

　以上のことから、保育者のさまざまな個性との出会いが子どもたちに必要であることがわかる。したがって、保育者は各自の個性を追求し、それを磨きながらも、同時に同僚の保育者の力を借りることを通して、子どもの個性をとらわれのない眼で認めようとすることも大切である。保育者同士の協力体制のもとで、情報交換や意見交換により、個々の子どもの個性を多角的にとらえることのできる環境づくりが重要であることはいうまでもない。

　また、保育者同士が互いを尊重して保育に全力で取り組む姿は、よりよい集団形成に対する子どもたちの意識に働きかける。保育者一人ひとりのみならず、保育者集団もまた子どもにとってあこがれのモデルとなるのである。したがって、保育者をめざす人は、互いの持ち味をそれぞれ活かす環境づくりをなすために、同僚の個性を認め協働するという視点をもつことのできる力を学生時代のうちから養っておかなければならない。

## 3 ── 児童文化財を楽しむ ─保育の構想力を育む─

　保育者に求められている遊びを通した総合的な指導の際に不可欠なものの一つとして、児童文化財をあげることができる。児童文化財とは、子どものよりよい人間形成のために計画され、構成された文化的価値を有するものである。具体的には、玩具、絵本、紙芝居、人形劇、歌、テレビ、遊び等である。

　児童文化財を用いた保育は、子どもの興味を引きつけることができる。だが、そうしたものを通して子どもたちに何が根づくのかを考えずになされる保育は、単なる形式的な保育技術をあらわしたものにすぎない。いいかえれば、保育者でなくても手当たり次第に絵本や紙芝居やさまざまな玩具を用いて子どもたちを楽しませることはできるのである。しかしながら、保育者は、子どもたちにつかの間の喜びを与えるのではなく、子どもの長期的な人間形成にかかわる者として、「今、この絵本、この紙芝居、そしてこの玩具を用いることが子どもたちにとっていかなる意味をもつのか」を常に自問しながら保育にあたらなければならないのである。児童文化財は保育の道具ではなく、子どもと保育者をつなぐ生きた文化である。そうした生に満ちあふれた文化をよりよい保育技術によって、いかに子どもたちに提示することができるかを学生時代から模索してほしい。

　そこでまず、自分が児童文化財を楽しみ、ときにはそれに夢中になるという経験が必要である。たとえば、絵本を味わい、そのおもしろさに気づき、

あるいは涙が出るほど感動し、共感するといった経験である。こうした経験の積み重ねによって、「これを読んで子どもと一緒に楽しみたい」「今のクラスの状況にはあの絵本がふさわしい」という、保育者になくてはならないセンスの芽が育まれる。

　そして、保育者が絵本や楽曲、あるいは伝承遊び等に愛着をもって接する様子は、子どもたちにもそれらへの興味や自分も楽しみたいという気持ちをもたらすであろう。また一方では、児童文化財に触れる子どもが何に共感しているのか、何をおもしろいと思っているのか、という保育者の気づきとなるであろう[※8]。

※8　児童文化財を楽しむにあたり、どのようなアプローチの仕方があるのかを、絵本を例として本章末（p.85）にあげたので参考にしてほしい。

　さらに、児童文化財としてつくられてはいないもののなかに、子どもたちにとって興味をかき立て、豊かな遊びとなって発展していくものがある。1枚の布、さまざまな形の石、子どもたちによってつぶやかれた一言……。保育者は既製の児童文化財のみならず、子どもたちを取り巻くあらゆる世界に子どものよりよい人間形成を促すものを見出す力をもたなければならない。

　今日、教養ある保育者が今まで以上に求められている。教養とは博識を意味するのではなく、さまざまな知識や経験を有機的につなぐことができる姿勢である。複雑化し、価値観が多様となる今日の知識社会のなかで、そうした教養をもち、これからの文化のあり方をいかに考えるかといった大きな課題解決は、文化の担い手となる子どもたちにかかわる保育者にとって避けられないものである。学生時代から文化に親しむことは、子どもと文化を結びつける力、保育を構想する「保育のデザイン力」を育んでいくことにつながっていく。

　保育者に求められる資質を考察し、さらに、どのような力を自己形成していくのかを学生時代から探究しながら夢の実現に向かってほしい。

---

●「第4章」学びの確認
① 「幼稚園教育要領」「保育所保育指針」「幼保連携型認定こども園教育・保育要領」で、保育者の資質について書かれているところを読んでみよう。
② 保育者に求められる資質について現職の保育者にインタビューし、自分に不足している資質について考えてみよう。

●発展的な学びへ
① 保育において求められる「対話」と、日常生活における単なる「会話」の違いについて考えてみよう。
② たとえば「誕生日」「生命」「家族」「季節」等、あるテーマを友だち同士で決めて、そのテーマに沿った絵本をもち寄ってみんなで読んでみよう。

■推薦図書■
- O.F.ボルノー・玉川大学教育学科編『教育者の徳について』玉川大学出版部
  本章でとりあげたボルノーの「教育者にとって必要な徳」について、愛、忍耐、信頼をめぐり考えることができる。
- 河合隼雄・松居直・柳田邦男『絵本の力』岩波書店
  絵本が保育者と子どもをどのようにつなげることができるかを考察することができる。

■付録■
児童文化財の楽しみ方——絵本を例として——

- 養成校や公共の図書館の絵本コーナー
  すでに廃刊となっており書店では入手できない絵本、紙芝居や、大型本、海外の絵本等も手に取ることができる。
- 子どもの本に関する図書館
  東京都にある「国立国会図書館　国際子ども図書館」（http://www.kodomo.go.jp）はわが国初の国立の児童書専門図書館である。
- 美術館、博物館
  絵本作家展、世界の絵本展、絵本の歴史展等、興味深い展示が催される。長野県の「軽井沢絵本の森美術館」（museen.org/ehon/）には「エルツおもちゃ博物館・軽井沢」が隣接しており、絵本や玩具等の児童文化に広く触れることができる。
- 絵本作家の美術館
  いわさきちひろ、いわむらかずお、村上康成、葉祥明、ワイルドスミスほか、特定の作家の作品を展示している美術館も多い。

　絵本に限らず児童文化財をさまざまな角度からとらえるために、前記以外にもインターネット書店、新刊書の情報を得るための各出版社のホームページ、玩具店、教具販売店等について熟知することも大切である。

## 引用・参考文献

1）文部科学省『幼稚園教育要領解説』フレーベル館　2018年　p.117
2）同上　p.118
3）松村明編『大辞林』三省堂　1985年
4）M.F.ヴァーガス（石丸正訳）『非言語コミュニケーション』新潮社　1987年

●○● コラム ●○●

## 私の人生を豊かにしてくれた保育の仕事
―ごっこ遊び「占いコーナー」から―

元・豊島区立保育所保育士　諏訪友子

　暗いダンボールの箱のなか、かすかに香るローソクの灯。私は、黒ずくめの衣装で占い師に扮していました。子どもは正座して神妙に話します。

　「人はなぜ死ぬのでしょうか」。私はビックリしてしまいました。普段の姿からは想像できない内容でした。言葉も「です」「ます」に変わっています。

「お手伝いしてもお母さんはほめてくれません。どうしたらよいでしょうか」
　――お母さんをよく見て、お母さんが今何をしてほしいか考えてみたら。お母さんもお仕事で大変だから、お母さんの気持ちもわかってあげてね。
「お母さんは弟がかわいいようなのですが…。私はいらないみたいです」
　――五本の指でいらない指がありますか？　いらない子どもなんていませんよ。
「お父さんに会いたいのですが」
　――お母さんにあなたの気持ちを話してみてください。

　暗い部屋から出ると、晴れやかな表情で、待っている友だちに「面白かったー」と報告。子どもは自分の言葉で自分の思いのたけをしゃべり、ゆっくり聞いてもらえるうれしさにひたっているようでした。短い人生経験のなかで精一杯考えている、なんていじらしい子どもたちでしょう。子どもだけでは抱えきれない悩み。私は全神経を使って、できるかぎり誠実に答えるようにしました。日ごろの保育のなかで、もっとゆっくり話を聞いてあげられたら、と反省し、私の子どもを見る目も変わりました。こちらがまっすぐ向き合えば、反応がしっかり返ってきます。そんな心のキャッチボールが楽しくて、三十数年間を保育士として過ごしてしまいました。

　――廊下には占いコーナーの順番待ちの列。時間制限なしのため、いつになるかわからない順番を静かに待っている子どもたちでした――

保育所を退職して数年。今でも思い出される光景です。

# 第 5 章　職場で学びあう専門家として

◆キーポイント◆

　本章では、保育者や園長が自分の保育経験や実践を振り返り語った内容や事例を紹介していく。事例を手がかりとしながら、現場で保育者が共に学びあい成長することの意味について考え、理解することが本章の主なねらいである。職場文化で育まれる同僚性、保育者の専門性や成長の段階について理解し、職場の一員として働くための見通しを持ち、具体的なイメージをつかんでほしい。
　さらに、地域における教育・保育機関としての役割を認識し、地域やさまざまな専門家との連携・協働、保育の質を高めるための意識・態度について理解し、保育に携わるうえで必要な自ら学ぼうとする態度を身につけよう。

## 第1節 ● 保育における職員間の連携・協働

　本節では、まず保育者をめざし第一歩を踏み出すこととなったきっかけ、働き始めた時、経験を重ねた時の悩みなど、数名の保育者のキャリアの段階における語りの例を取り上げ、職員間で連携・協働をするということはどういうことなのか考えてみたい。

### 1 ── 保育者になること

　保育者としての一歩を踏み出すときの心境とはどのようなものなのだろうか。保育者になって4年目を迎えたある園のA先生が当時の自分の状況を振り返り、いきいきと語っていた声をまず紹介したい。

> 　1年目、すごく期待をもって入ったんですよ。保育者になりたくて、早く就職したくて。そして、一人で担任を任せていただきました。ただ、学生の頃に責任実習でたった1回、1日だけ担任の先生を経験して幼稚園に入ったので、子どもの前に立ってまず何を話していいのかもわからなかったんです。でも実習中に、指導してくださった先生が"あなたは子どもと遊ぶのがとても上手"って。ささいなことなんですけど、そう言ってくださったことが自分のなかで安心材料でもあったので……。だから、とりあえず、まず遊ぶことからがんばっていこうって。

A先生は、保育者という職業をめざし、養成課程を終えて保育者として働けることの喜びと期待を胸いっぱいに感じつつ、いざ保育者になってみると実際にどのようにやっていけばよいのだろうかと悩んでいた。実習は無事終えたものの、経験がないなかでクラス担任としてどのように子どもとかかわっていけばよいのか、この先やっていけるのだろうかという漠然とした不安感をもっていたそうである。しかし、そうしたなかでも実習中に出会った保育者からもらったなにげない一言をよりどころとしながら、

子どもたちを見守る保育者。保育の場には喜びとともにとまどいもある

自分自身を見つめ、保育者としての人生を歩んでいこうとする姿がある。A先生のように、初任者の場合、保育の場に入る前の予想と実際にとまどうことは多い。また、実際にクラスで子どもや保護者とかかわるなか、予想もしていなかった事柄を経験していくことになる。

## （1） 初任 ―子どもへの対応・保護者との関係・先輩保育者からのサポート―

　保育者になって8年目のB先生が、自分の保育を振り返って語ったことを順に取りあげる。4年制の養成大学を卒業し、東京都内のある私立幼稚園に勤務し、主任という立場にもなられている。1人で4歳児のクラスを任されたB先生の1年目がどんなものだったかをみてみよう。

> 　今まで苦労したのは、やっぱり1年目1学期ですね。何もかもわからなかったので大変でした。子どもが部屋に集まってくれないとか、自分が話をしたいんだけれど、どうしたら聞いてくれるんだろうとか。生活習慣のことでもそうです。部屋がゴミだらけで散らかっているとか。着替えの時間も着替えてくれないし、着替えられない子を手伝っていると今度はこっちのみんなが……。

　いざ保育者としてクラス担任を任されると予想外のことが多く、何もかも不慣れな様子がうかがえる。幼稚園、保育所、その他の施設等で実習を経験し、子どもへのかかわりや援助、保育技術について学んできたが、園の毎日の生活の流れや集団生活を理解し実際に保育を行うことには、また違った難しさが生じている。無我夢中で目の前の子どもたちとかかわり、毎日を送っている姿がみられる。

　園では子どもへのかかわりだけではなく、保護者とのかかわり、同僚の保育者とのかかわりも生じてくる。日々クラスで奮闘するB先生がどのような

経験をしたか、また先輩保育者に支えられ一緒にどのような保育を行っていったのかについて語られた場面をみてみよう。

> 新入園児で慣れない子がたくさんいました。○○君などすごく泣いて、私じゃどうにもならなくて。そのときに年少クラスを担当されていたC先生（B先生の担当クラスを前年受けもっていた先生で、子どもの様子をよく知っている）が「いいよ。連れておいで」と言ってくださって、みてもらうこともありました。
> 　朝はすごく忙しくて、着替えを手伝っていると登園してきた子をみることができず挨拶にいけなくて……。そういうことがあったときに、保護者の方が1年目の先生にクレームを言うのはかわいそうだからってC先生にお話ししたそうなんです。朝はたとえ泣かない子でもドキドキしてやってくるので、先生が受け入れてくれないのはちょっと残念だし、朝の挨拶もきちんとさせたいという保護者の話を、C先生がオブラートに包んでお話しくださいました。私はそのとき経験もないし、信頼もないから直接言ってくれなかったんだって思って、それがショックでしたね。
> 　それで、C先生から、「着替えをやらない子は預かって、どんなに時間がかかってもいいからすぐにやらせようと思わないで、まずは受け入れから。その後お母さんが帰った後に手伝ってもいいから」とアドバイスを受けました。私はとにかく「まず着替えさせないと」っていう思いが先にあったんですね。

　泣いている子どもや着替えの援助が必要な子どもに無意識のうちに集中してかかわってしまい、朝の登園の場面が子どもにとって1日の最初の出会いの場であり、保護者と接する場でもあるという見通しがもてなくなってしまっていた。事例では、保護者からの要望を間接的に聞くことで、まだ信頼関係を十分につくることができていなかったことにショックを受けつつも、自分の保育を振り返り意識するきっかけとなったようだ。また先輩の保育者から保護者や子どもへの対応などに関して直接手助けをしてもらうとともに、実践的なアドバイスをもらうことによって、具体的に自分の保育を立て直すことが可能になっていく。

　これらの事例から、保育者として保育の場に出る際に必要なことが示唆される。まず、子どもの発達、保育方法や援助、その他の保育技術などを知識として理解し習得するだけではなく、保育で実践的に行う必要がある。また、子どもを預かり育てるという責任感を備えること、さらに子どもとの関係だけではなく、社会性を発揮し、保護者や同僚などの大人とよい関係性を結ぶことによって、保育をよりよいものにしていくことが資質として求められることだろう。

## （2）保育実践の再構築 ―チーム保育からの学びあい―

　B先生は4歳児、5歳児を担当した1、2年目を終え、子どもたちを卒園

させるという経験をした後、3年目になって初めて3歳児クラスを担当することになった。そのときのことをB先生は次のように語っている。

> 　1、2年で突っ走ってきて、あれもこれもやらなければいけないことをこなして、自分のなかで「2年間がんばってこれた」「どうにか一人でやった」という浅はかな自信があったと思うんです。今思うと。それが3年目に、初めて3歳児という小さなお子さんとふれあうことになって……。まず話し言葉が違って、「かばんを置くんだよ」って言っても、その言葉が通じない。2年間仕事してきたのに何もできなくて、何もわからなくて、3歳児の前での一斉活動が怖くて。D先生（3歳児クラスの経験がある保育者）はどういう言葉かけをしているのかなって思いました。自分でどう話しかけたらいいのかもわからなくて、毎日保育後に泣いていました。

　園の年間を通した指導計画の概要を理解し、徐々に子どもとのふれあいや保護者との関係づくりにも自信がもてるようになっていった1、2年目であった。ところが、B先生の場合、3年目になると今までに接したことのない学年を受けもつことになった。経験したことのない年齢の子どもを目の前にしたとき、培ってきた保育実践が通用しないことを実感し、自分の保育を変えなければならない必然性を感じるようになる。

　保育の場では、この事例のように数年間保育を経験することによって担当するクラスの変更が起こったり、興味や動きがまったく予想できない子どもとの新たな出会いが生じたりする。また、十分に理解できていると思っていたはずの子どもでさえも、子ども自身の成長や仲間関係によって常に変化していくのである。時には、保護者からの要望が出たり、他の保育者や園長から指摘を受けたりすることによって自分の保育を見直すきっかけとなることもある。保育者が思い込みで保育をせず、保育のなかで感じた気づきをじっくりと振り返り、次の保育につなげていくという意識が必要となってくるのである。「むしろ保育が『わかってきた』ことで、今までなにも『わかっていなかった』ことに気づいた」というB先生の言葉が印象的であった。

　B先生がこの後どのように保育を変えていこうとしたのか。実は一緒にチームで保育を行ったD先生とのやりとりが、悩みを払拭することになっていった。D先生は、すでに3歳児クラスを何度も経験している先輩保育者であり、3歳児の保育にある程度慣れていた先生である。

> D先生がいろいろと教えてくれました。私がすごく落ち込んでいたこともあって励ましたりしてくれました。D先生は年少クラスをずっと担当していたけれど、私は年中・年長クラスを担当してから初めての年少クラスだったので、私の行動がすごく斬新だったみたいなんですね。これは3歳児では無理だろうということを私がやっていても受け入れてくださって、「そういうのもあるよ。全部私みたいにすることはないと思う。それだけ伸びる力があるのに、私が幼い言葉で話しかけたり、幼い活動を要求しているかもしれないから。私が止めちゃっていることもあるかもしれないし。やってみてできなかったら変えればいいし」って。

　自分の保育を振り返り、改善しようとするのはとても苦しい作業だろう。アドバイスや支援を受けてもすぐに効果が出るわけでもなく、簡単にはうまくいかない。しかし、子どもたちとの生活や活動で時折感じる楽しさ、子どもの成長を感じる喜び、自分の保育が子どもに通じたと感じた瞬間の達成感を感じるのだろう。他の保育者とともに保育を振り返り、子どもとかかわり、やってみて、また振り返る。こうした日々を繰り返し、数年たってやっと「あのときはこうだったんだ」と言葉にできるようになる。こうした日々の苦しみ・喜びを同僚保育者とともに分かちあい、保育者として少しずつ成長していくプロセスこそ保育者としての醍醐味なのではないだろうか。たとえ経験を積んだ保育者であっても、常に自分の保育を省察し、新たな視点をもつことができる。

## 2 ── 保育の創造に向けて ─後輩保育者の育成とカリキュラムの検討─

　数年間の保育経験の中で、子どもの育ちと保育方法の見通しがある程度立ち、悩んだ時にも向き合い、乗り越えられたという達成感がもたらされる。そうした感覚は心の余裕となり、保育で新たなことに挑戦してみようという意識にもつながる。また、保育経験を積み重ねるうち、だんだんと自分より上の先輩がいなくなり、むしろ後輩たちのサポートにまわり保育をリードしていく立場となっていく。そうした時期に、園長から園のカリキュラムをまとめるという仕事が与えられたE先生の語りを見てみよう。

> いままで代々やってきた伝統も大事だけど、なかなか上に立たないと言えなかったというか。もちろん抑えつけられてたわけじゃ、まったくないんです。なにか、こうやったらおもしろいんじゃないかっていう考えを自分たちが上になったことで出せるようになってきました。それを行事で実現して、「意外な子どもの姿が見られたな」とか、「こうやったほうが子どもたちがもっとこの行事を楽しめるんじゃないかな」とさらに出せるようになってきて……。園長先生も支えてくれました。「こういうふうなやり方は、どうですか」と聞くと、「別に、こういうふうにやりなさいって言ってやってきたんじゃないんだよ」という話を聞くようになり、「じゃあ、もっと柔らかい頭で考えて、立案していいんだ」と思いました。私たちは勝手にやっちゃだめだと思っていたことがいっぱいあったみたいです。園のカリキュラムや年間指導計画をまとめる作業をみんなでやることで、今までの行事の立て方や保育のねらいをあらためて考えるようになりました。それが自信につながったと今は思います。そして、うちの園のよさも見えてきました。これはそれまで味わえなかった感覚です。結局まだまだだったんですよね。劇ごっこも自分の中でなんだかよく分からないままやっていたんです。子どもたちが好きだったのもありますが、それをもっと早い時期からできるよう環境を整えました。ちょうどタイミングよく外部の講師の方に園内研修に来ていただいていたので、他の園のやり方も聞きながら、模索しながら劇ごっこを継続しました。

　カリキュラムを見直して子どもを主体とした視点から行事や活動の意味を探り、それらをどのような環境や援助、方法で行っていくのかについて改善を図る試みがなされ、それが園全体で共有されている事例である。E先生は自園だけだとわからないので園外研修や見学に参加したり、実践経験が豊富な講師に園の保育を見てもらいたいと園長に相談したりして実現したという。園では全体的な計画に留意しながら実施状況を評価して、その改善を図っていく一連のPDCAサイクルを確立し、必要な人的・物的な体制確保とその改善を図っていくことが求められる。そのことを通して、組織的かつ計画的に園の保育・教育活動や子育ての支援等の質の向上を図ること、すなわち「カリキュラム・マネジメント」が求められている。園長の方針のもと、園務分掌に基づき全員が協働し、保育・教育に必要な人的・物的資源等を家庭や地域など外部の資源も含めて効果的に活用するなど、「カリキュラム・マネジメント」は園の運営の中核となるものである。

## 3 ── 自ら学ぶ保育者、育ち育てられる保育者

　保育者は、子どもの成長を促し育んでいく存在であるが、同時に自分自身も保育の専門家として学び成長していく存在でもある。保育者は、保育の場で育ち、育てられる環境のなかに身を置いている。さまざまな保育経験をも

つ同僚の保育者とともに、保育者として自ら学び専門性を高めていこうとする姿勢が必要となる。津守は、保育の実践とは公式も絶対的な基準も正しい答えもない、不確実性をもつものだと述べている[1]。実践の本質が不確実性をはらんだものであるため、それに耐え、子どもとかかわりあうなかで判断・決断し、主体的に行為する"保育者としての私"という意識が重要なのである。

この不確実性は、さまざまな諸問題に対応する保育者に多忙感や緊張感をもたらす。また、保育は毎日の営みであるため、新鮮さを失い、楽な繰り返しに陥り、ひとりよがりになってしまうという循環性をもっているという。日々の保育や実践に関する省察を行い、意味を発見していくことでこの循環性を脱することが可能となるのである。そしてこれは自分一人だけでなく、他人と対話し、協働の場の活動によるものなのである。子どもについて、保育の方法について、保育者としての悩みについてなどさまざまな事柄についての対話は、おそらく保育の後の職員室や保育者同士の私的な会話、職員会議、保育カンファレンス[※1]など、さまざまな場面で行われているだろう。

再度、B先生の1年目や3年目の事例を振り返ってみよう。そこでは困ったときに手を差し伸べてくれる同僚保育者の存在があった。しかし、保育の実践経験をより多くもっている先輩保育者であっても、その保育方法を強制せず、何か困難な状況に遭遇した場合には一人の人間として対等な立場で保育を考えながらクラスや学年の枠を越えて共同して保育を行っていこうとする姿がみられる。こうした同僚性のあり方が、保育者の主体的な学びを促し、多忙な日々を送る毎日の緊張感をやわらげ、保育者として生きる喜びをもたらしていると考えられる。保育者が孤立感と無力感を深めていくような状況があった場合、心身ともに疲れ果てて無責任で消極的な対応をする、仕事を辞めたくなるといった「燃え尽き症候群（バーンアウト）」[※2]に陥ってしまう可能性がある。

保育者の専門的成長を促進するためには、保育者個人の問題としてだけではなく、園長・施設長などの管理者による運営のありようが大きく影響を及ぼしている。表5-1をみてみよう。専門的成長を強化する要因とストレスを与える要因について書かれている。専門的成長は同僚性を軸とした対話によって促される。一方、周囲の支援がないまま困難な状況を個々の保育者が抱えていたり、管理者が園内部を重視せず外部への対応を重視したりするなど、管理者のリーダーシップが十分に発揮されていない状況では保育者の専門的成長によくない影響を及ぼす。園におけるリーダーシップについては、従来の伝統的イメージ（たとえば、一人のリーダーによるトップダウンの伝

※1 保育カンファレンス
保育を行っていくなかで、概して子どもや保育について話し合う場を保育カンファレンスという。園内だけでなく園外の専門的機関との連携を図り、園を定期的に訪れる外部の専門家とともに実施したり、ビデオや事例等の記録が用いられることがある。保育カンファレンスを深めるには、単に批判をするのではなく、率直に話し合い、日常の保育を見つめ直し、学び合いの場としていくことが求められる。

※2 燃え尽き症候群（バーンアウト）
ヒューマン・サービスに従事する者に生じるストレスで、今まで普通に働いていた（ようにみえた）人が「燃え尽きたように」意欲を失い、情緒的消耗感や感情の枯渇、達成感や仕事の質の低下を示したり、逃避的になったり思いやりやまじめさを欠くようになったりする症状をいう。

表5-1 保育者の専門的成長

| 専門的成長を促す要因 | ストレスをもたらす要因 |
|---|---|
| ・他の保育者とアイデアを共有する機会がある<br>・管理者や保育者仲間とのコミュニケーション<br>・管理者や保育者仲間から評価を受けている<br>・他の同期の教師との相互作用<br>・園のスタッフ全員が意思決定のプロセスに関与する | ・保育の困難さについて公的な認識がない<br>・保育者より外部（保護者）の評価を支持する管理者<br>・教材やカリキュラム、スケジュール、方針、報告のシステムなど、園の運営について、管理者から十分な指示がない<br>・保護者から個々に異なった期待が寄せられる |

出典：Heck, S.F. & Williams, C.R., A naturalistic study of two first year teachers, In Kilmer, S.(Ed.), Advances in early education and day care, vol.4, pp.123-152, Greenwich, CT:JAI press, 1986より筆者が抜粋して加筆修正

※3 リーダーシップについて、詳しくは、第6章 (p.112) を参照。

達方式）だけではなく、さまざまな形がある[※3]。

　保育者が成長に向け変化する主体者として機能するには、自分一人の問題ではなく、園長を含め園の教職員全員の取り組みが必要である。失敗や非難をおそれず、自分自身を自由に表現することが推奨され認められるような職場文化、子どもを主体とした活動を検討し、カリキュラムや指導計画を改善し、保育の質を高める園風土・園文化が必要なのである。

　園内の連携・協働は日々の保育の積み重ねから可能となっていく。保育の専門性を意識し、自ら考えて保育をつくり出す営みは各々の保育者の専門的発達のプロセスの中で生じる。専門家としての意識のめばえと共に、園全体を考え自らの役割を変化させていくこと、園内だけではなく園外の専門家との連携・協働、特に地域社会とのかかわりを考えるようになることはどのように生じるのだろうか。次節では、一般的な保育者の専門的発達の段階モデルを取り上げ考えてみたい。

## 第2節 ● 専門職間および専門機関との連携・協働

### 1 ── 保育者としての生涯発達

　本章第1節を通して、保育者の事例をあげつつ園での保育者の学びと専門性について述べてきた。新人保育者だけでなく、ベテランの保育者も専門家として学んでいくプロセスのなかにいる。表5-2の保育者の発達段階モデルをみてみよう。このモデルでは、専門家集団に初めて参与する実習生や新任者の段階から、集団の中核メンバーとなり、後に古参メンバーとして他の

## 表5-2 保育者の発達段階モデル

| | |
|---|---|
| ●段階1<br>実習生・<br>新任の段階 | 園のなかでまだ一人前として扱われていない。場に参加することから学ぶ段階であり、指示されたことをその通りにやってみるアシスタントとなったり、実際に保育で子どもに直接かかわり援助したり世話することに携わる。実践をその場限りの具体的なこととしてしかとらえられず、自分自身の過去の経験や価値判断のみで対処することが多く、子どもの発達からその行為の意味やつながりをみることができない。ある状況で起きた行動の原因や生起の過程をいろいろな視点からの説明や、そこから対処の方法を構成的に考えていくような探求をしようとはしない。直線的に単一の原因を考えたり（例：あの子が取り乱しているのは、朝に家で何かあったにちがいない）、二分法的に判断したり（例：今子どもは遊んでいるから、学習はしていないのだ）しやすい。<br>　自分の実経験から、先輩の助言に抵抗しようとすることもあり、経験を重視し、子どもと関わるのには本で学ぶ必要などないと考えたり、また本を読んでもそれを実際の保育に応用することが困難である。 |
| ●段階2<br>初任の段階 | 保育者として周りからも認められ、正式に仕事の輪の中に関わり始め、徒弟制度のなかで学んでいくようになる。保育室や遊びの場で子どもに直接かかわる場面で主に仕事を行う。理論や学んだことを保育に生かせるようになってきているが、自分の行った行為の理由や説明を言語化することは難しい。自分の行動や環境設定が子どもの発達を促すことに手応えや誇りを感じるようになり、幼児教育学の知見にも興味を示し始める。<br>　しかし、子どもたちや親、同僚など他者の要求にしっかり応えたいという思いから、自分自身を過剰に提供し自己犠牲をしてしまう「救済のファンタジー」現象が生じる。熱意や自発性が保育の改善に寄与することもあるが、一方で子どもへ過剰に注目しすぎたり、援助が必要な子どもの要求を拒むことができず際限なく自己を与えてしまうなどの問題も起きてくる。新任期ほど個人的な考え方に偏った行動はとらなくなるが、まだ自分の価値体系に依存しやすい。<br>　先輩からの助言や指示を積極的に求めたり受け入れたりすることで変化することが大きいが、助言をうのみにしてしまいがちである。仕事に打ち込むほどに何でも役に立ちそうな処方箋を求めるようになるが、その内容を十分に理解し使いこなせるだけの技能はまだ持ち合わせていない。他者と一緒に仕事をするときには、自分の実際の能力よりも控えめにして周囲にあわせるので、自らの生産性や創造性を感じにくくフラストレーションを感じることも起きるようになる。 |
| ●段階3<br>洗練された<br>段階 | 保育者としての専門家意識を強く意識し始めるようになり、実践者として自分を信頼し落ち着きをみせてくるようになる。徒弟ではなく同僚として職場での関係性ができるようになる。いわゆる常識や、自分の子ども時代の経験や保育の基礎知識をそのままあてはめたり主観的印象のみに頼るという次元を越え、現実の事実をよくみることを判断の基礎にできるようになる。だが、まだ保育に直接影響を与えている要因変数をシステム的に捉えたり、日常の実践の複雑な要求に対処する点では、完全に熟達しているというわけではない。よい悪いといった二分法的思考から、現実を事実として評価しそこで役に立つことや自分の負うべき責任を考えることができるようになる。保育の質に関心を払うようになり、子どもとかかわる保育だけではなく、親や家族、子どもをとりまく関係性に働きかけることの必要性を認識するようになる。保育者としての自分の能力を認識できるようになるので、自己犠牲的な立場をとるのではなく、肯定的主張的にふるまうことができる。 |
| ●段階4<br>複雑な経験<br>に対処でき<br>る段階 | より複雑な問題や状況に対処できる知識や経験を得、個々の断片的知識だけではなく、自らの経験とものの見方の参照枠組みが統合されてくる。保育のスペシャリストとして自律的に働くことができる。二つの方向での発達、直接的な実践や臨床的側面でより熟達していく方向と、園経営や他の若手保育者の教育、助言など、保育にかかわる間接的文脈に携わる方向のいずれか、あるいはその両方向に関わるようになる。<br>　直接的な実践面では、子どもの人格をより深く力動的に読みとったり、また特別な境遇に置かれた子どもや家族へ援助したり、個別の集団の要求に応じるシステムづくりをデザインできるようになる。現象の中にある秩序や規則性をみることができるようになり、相手にあわせながらも自分らしい保育を行うことができるようになり、達成感を得られる。また、間接的には子どもとの関係だけではなく、親や社会、行政制度など公的な側面に対し主張的になり、保育を行う財政や経営面にもかかわるようになる。 |
| ●段階5<br>影響力の<br>ある段階 | 中年期から中年期後半にあたり、身体的活動は低下減衰する。しかし、それが新たな発達の機会、実践の複雑さや要求を新たな創造的視点から捉えたり、知恵を発達させるのに寄与する。さまざまな事柄を二分法ではなく相乗作用としてとらえ、より抽象度の高い多様な概念とつなぎあわせて考えることが可能になる。現場の将来の発展を導くような仕事、子どもや家族の生活に影響を与える社会的なさまざまな問題についての条件の改善や保護に対し働きかけるようになる。直接子どもに働きかけるだけではなく、親や保育者が参加するネットワークや、その社会文化がもっている信念やマクロシステムを強調し、自分の実践の創り手として主張できるだけではなく、他のスタッフへの責任も負うようになる。 |

資料：Vander Ven, K., Pathways to professional effectiveness for early childhood educators, in Proffessionalism and the Early Childhood Practitioner, B. Spodek, O. Saracho & D. Peters(eds), New York : Teachers College Press, 1988
出典：秋田喜代美「保育者のライフステージと危機―ステージモデルから読み解く専門性」『発達』83　ミネルヴァ書房　2000年　pp.48-52で上記を要約・加筆修正

スタッフにも責任を負う段階へと変化していく。それぞれの段階の保育者における共通の実践的思考や知識の量、実践上の課題などが示されている。なお、初任者、中堅、ベテランという熟達への道筋が想定されているが、具体的な経験年数は示されておらず、また何年保育をやればベテラン保育者になるという明確な基準はないだろう。あくまで保育者としての生涯発達における1つの目安であって、早く達成すべき結果や目標ではないことにも留意しつつ、保育者の成長過程をつかむための参考にしていきたい。

表5-2において、保育の専門家として保育の質に関心を向けるのは段階3の「洗練された段階」において見られる。段階4の「複雑な経験に対処できる段階」や段階5の「影響力のある段階」においては、クラスの子どもとのかかわりを超えて園全体に向けた意識をもち、保護者や社会、行政等の公的機関など、より広く園を取り巻く文脈に目を向け、保育の専門家として園を取り巻くネットワークとの連携・協働に携わるようになるという特徴がある。子どもと保護者、保育者を取り巻くネットワークとして、地域にはさまざまな専門機関・専門家が存在している。その具体例をみてみよう。

## 2 ── 園内外の多様な専門家との連携・協働

### (1) 地域ネットワークの構築に向けて

子どもの成長・発達をめぐって、多様な専門機関・専門家が存在するが、大きく保育関連機関、教育関連機関、保健関連機関、医療・療育関連機関、福祉関連機関に分けて専門機関の例を示した(図5-1)。それぞれの機関では、専門分野の免許や資格等をもった多様な専門家が働いている。園が地域の保育・教育機関として機能する場合、必然的に保育者は異業種の専門家と対話し、連携・協働のための関係性を構築しておくことが必要である。児童虐待や安全管理、自然災害などを想定した場合には、さらに警察署や消防署等が加わり、専門機関のネットワークの輪は広がるだろう。このように、ネットワーク構築の目的によって連携・協働を図っていく専門機関は異なる。

さまざまな専門家とのネットワークが必要な背景には、子どもを取り巻く環境や社会の急速な変化がある。保護者の価値観や意識、家族関係の変化、国際化、情報化が進むなか、子どもの育ち・発達をめぐり保育者への期待が高まり、その役割は多様化している。それに伴い、多忙感、ゆとりのなさ、人手不足などが保育者を取り巻く現状にある。たとえば、児童虐待は、社会問題化するようになった1990（平成2）年ごろから年々増加し、2017（平成29）年度には、全国210か所の児童相談所が児童虐待相談として対応した件数

図5-1 地域の専門機関

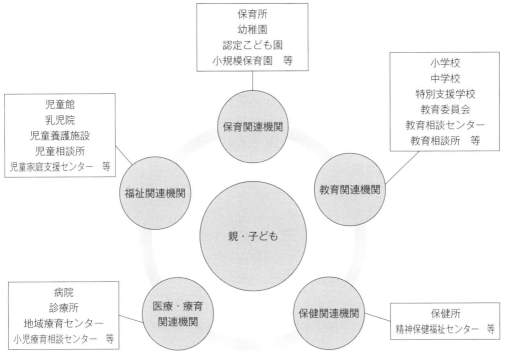

出典：日本保育学会保育臨床相談システム検討委員会編『地域における保育臨床相談のあり方—協働的な保育支援をめざして』ミネルヴァ書房　2011年　p.87を参照し筆者加筆

は13万3,778件（速報値）とこれまでで最多の件数となっている[2)3)4)]。児童虐待の防止等に関する法律にみるように、児童虐待の防止や子育ての援助等においてさまざまな関係機関がかかわり、連携していくこととなる。

### （2）地域における園の役割

2017（平成29）年告示の保育所保育指針においては、「第4章子育て支援」で、地域との連携・協働がさらに強調されるようになった。「保護者に対する子育て支援における地域の関係機関等との連携及び協働を図り、保育所全体の体制構築に努めること」という基本的事項が新たに設けられ、保育所を利用している保護者だけでなく地域の保護者に対しても保育所の専門性を踏まえて「地域に開かれた子育て支援」を行い、「市町村の支援を得て、地域の関連機関等との積極的な連携及び協働を図るとともに、子育て支援に関する地域の人材と積極的に連携を図るよう努めること」とされている。

特別な配慮を必要とする子どもへの指導においても、「家庭、地域及び医療や福祉、保健等の業務を行う関係機関との連携を図り、長期的な視点で幼児への教育的支援を行うために、個別の教育支援計画を作成し活用することに

努めるとともに、個々の幼児の実態を的確に把握し、個別の指導計画を作成し活用することに努めるものとする」(「幼稚園教育要領」第1章総則「第5 特別な配慮を必要とする幼児への指導」)とされている[5]。

特別な配慮を必要とする子どもについて、その実態は園によってさまざまである。たとえば、特別支援教育コーディネーターを中心に特別支援教育の研究保育や公開保育を行っている園もあれば、そうでない園もある。特別支援教育を専門とする教諭が園の職員として配置されている園では、月案には気になる子どものねらいや配慮を個別に記入し、週案には支援の必要な子どもの先週の実態を個別に記録しているが、それらは学級担任と特別支援教育を専門とする教諭が協働で作成するという。また、加配教諭が配置されている園では、支援の対象となっている子どもの日々の様子を加配教諭が記録し、週のねらいや支援の方法を担任が記入するなど、文書でもやりとりを行い、園全体で共通理解を図るための連携・協働が行われている。

さらに、2017(平成29)年告示の幼稚園教育要領の「第1章総則」の「第6 幼稚園運営上の留意事項」には、「地域や幼稚園の実態等により、幼稚園間に加え、保育所、幼保連携型認定こども園、小学校、中学校、高等学校及び特別支援学校などとの間の連携や交流を図るものとする。特に、幼稚園教育と小学校教育の円滑な接続のため、幼稚園の幼児と小学校の児童との交流の機会を積極的に設けるようにするものとする。また、障害のある幼児児童生徒との交流及び共同学習の機会を設け、共に尊重し合いながら協働して生活していく態度を育むよう努めるものとする」とある。幼児期と児童期の教育の移行期において、異なる専門性をもつ保育者・教師双方がともに協働し、アプローチカリキュラム、スタートカリキュラムを編成・実践していくことも期待されている。

では、園内の連携・協働体制の確立に苦心したという、ある公立保育園の園長の語りをみてみよう。給食室と連携・協働しながら食育活動に熱心に取り組み、研究を行った園である。

> 　給食室が保育室の目の前にあり、ガラス張りで中が見える環境で、子どもたちが興味を持ってよくのぞいています。この環境をいかそうと、食育活動研究グループを立ち上げ、10年間取り組んできました。調理士さんが協力的で、子どもにカレーの紙芝居をつくったりして調理活動を私たちと一緒に考えてくれています。しかし、始めた当初は「何をするのかよくわからない」という声があがっていました。保育の状況の中で調理室に食育活動をお願いにあがると「年間指導計画にきちんと盛り込んでください」と言われました。私たちも不慣れだったのですが、調理士さんたちは食に関する専門家であり、園の中に異なる専門家がいることにあらためて気づいたのです。保育の意図をきちんと説明したり、子どもにとっての意味を考えたり、園全体で一緒に取り組み始めたのです。

　食育環境の整備等についても、「保護者や地域の多様な関係者との連携及び協働の下で、食に関する取組が進められること。また、市町村の支援の下に、地域の関係機関等との日常的な連携を図り、必要な協力が得られるよう努めること」とされ、さらに広い地域との関係性も必要とされていることがわかる（「保育所保育指針」第3章健康及び安全　2　食育の推進（2）食育の環境の整備等）。

　園内外の多様な専門家との連携・協働体制をつくり出していくためには、継続的な営みが必要であり、日々子どもの最善の利益を追求し、保育の質をより高めていこうとする不断の努力が前提となっている。

## 第3節　地域における自治体や関係機関等との連携・協働

### 1 ── 地域資源をいかす

　地域に開かれたカリキュラムや子育ての支援を実現していくためには、それに伴いさまざまな専門家との連携・協働体制の構築が必然となる。前節で地域の専門機関等との連携・協働について述べたが、社会に開かれたカリキュラムを構築しその実現を目指していくためには、園が地域の中でどのような位置にあるのか、地域にはどのような特徴があるのかについて、物理的・機能的・文化的側面などさまざまな側面で把握しておくことが大切である。

　ある地域では自治体主導のもと、保育所が園内研究（研修）を行い、地域の園に向けて公開保育を行っている。その事例を紹介したい。園長が園内でどのような意識をもち、準備を行っていったかを語った内容である。

> 今年着任しましたが、今までの園とはまったく異なる保育や環境に驚き、最初は慣れるのに大変でした。今年は園内研究と公開保育に取り組むことになり、何を目的にしようか、今、何ができるだろうか、まずは副園長先生と一緒に課題を出し合って話し合いました。私自身は室内環境や遊びをもっと豊かにしたいこと、新しい保育所保育指針を機会に取り組まなければならないことがたくさんあることなど、課題が頭に浮かびました。一方で、この園で先生方が得意なことや、今、一生懸命取り組んでいることに目を向けてみた時、近隣の園に比べ園庭が広いため体を動かす活動を積極的に取り入れていること、近くには公園や遊具、自然環境が豊かで子どもたちがいつも遊んでいることが強みだとも感じました。小学校が近くにあり、子どもたちが大好きな遊具で遊ばせてもらうことを中心に交流も進んでいます。課題もありますが、まずは今やっていることのなかから強みを最大限に生かしていくことを重視し、そこから次の課題に取り組んでいくことが大事だと気がついたのです。そこでクラスの先生方に今やってみたいことを出してもらい、これならできる、ということを中心に継続的に取り組んでもらいました。そこから、子どもが意欲を持って自分から体を動かしたくなる環境構成に取り組もう、というテーマがあがってきました。先生方と相談しながら園庭で体を動かしたくなるような環境をつくっていくと、少しずつ課題や改善点がみえてきました。音楽をかけてリズム遊びをする際のタイミングや職員の協働、散歩に行くときの体調や意欲などを考慮した人員配置など、先生方の工夫も出てきました。室内でも体を動かすことができるちょっとしたしかけをつくったり、乳児クラスで室内で取り組む運動遊びを考えそのための遊具の購入なども試み、乳児期からのつながりも意識するようになってきました。毎回アイデアが出てきて、少しずつ実現していきました。

一人ひとりが自分のこととして園内研究（研修）に取り組み、できることはすぐに取り組んでいこうとする姿がみられるだろう。園のよさと強みを自覚的にとらえ、それを園全体で共通理解していく体制の構築、人的・物的資源をあらためて振り返り価値を見出そうとする創造性や挑戦があったことがうかがえる。これを地域に公開し、公立私立や施設種別を問わず保育者と話し合い情報を共有することが、地域の保育・教育力を高めていく取り組みにつながっていく。園内研修や地域での園間・施設間の交流には自治体との連携が行われ、指導者が園を巡回し、指導援助を行う体制もとられていた。現在、幼稚園・保育所・認定こども園等で幼児教育・保育の質の向上を図るため、園内研究（研修）等が行われている[※4]。自治体や地域の大学等の教育機関において、研修の機会などが設けられている一方で、こうした体制は全国のどの園にも確立されているわけではない。また、研修を行ったり園外に出かけたりする際の代替人材や研修講師などの人材の確保、必要経費などの確保が困難な場合がある。そこで各園・施設を巡回し助言等を行う人材（「幼児教育アドバイザー」）の育成・配置、都道府県など地方公共団体による幼児

※4　園内研修について、詳しくは、第6章（p.107）を参照。

教育・保育の推進や研修機会の提供、調査研究の実施などを通して持続的な質の向上を担う地域の拠点（「幼児教育センター」）を設置する取り組みが試みられている。現在は自治体の規模や体制、財政状況など自治体ごとに試行錯誤を重ねている段階であるといえよう[6]。そのほかに、地域の関係機関との連携・協働には、どのような体制が求められるだろうか。

## 2 ── 災害への備えにおいて

　災害が発生した場合など、あらゆる事態に対応できるよう日常から積極的に地域との関係構築を図ることが求められている。2017（平成29）年告示された「幼保連携型認定こども園教育・保育要領」では「第3章健康及び安全」に「第4　災害への備え」が新たに設けられており、「3　地域の関係機関等との連携」において「市町村の支援の下に、地域の関係機関との日常的な連携を図り、必要な協力が得られるよう努めること」とされている。自然災害を想定した避難訓練は、地域や園の状況を把握し実態に沿った形でないと意味がないだろう。園の年間計画に位置づけ、地域の関係機関・関係者や保護者との連携・協働体制を日頃からつくっておくことが大切である。また、その計画やマニュアルなどが園全員で共通理解され、常に改善されていくことで機能するのである。

　宮城県のある園の園長先生から、2011（平成23）年3月11日に発生した東日本大震災の当日の話をうかがったことがある。

> 　消防署に勤務していた方が昔からの地域のことをよくご存じで、海は見えないし少し距離があるが、川岸なのでここまで水が来る場所だと聞いたことがありました。地震が起こった時はすぐに非難ということまでは正直その時考えていなかったが、すぐに車で近隣をまわって「逃げたほうがいい」と言ってくださった方がいて、すぐ横の建物の屋上まであがりました。何かあればそこにという非難訓練をしていたため、子どもたちも保育者も落ち着いて移動し、みんな無事でした。

　近隣をまわり被害状況を確認する中で、同じ町内にある保育所でも場所によって被害の状況がかなり異なることもわかったという。リスクマネジメントを考えるうえで、地域をよく知ること、安全対策を日頃から考え備えることの大切さがうかがえる。

　今日、社会・地域に開かれた保育・教育が強調されている。幼稚園・保育所・こども園等が自園内の独自の文化・体制でよりよい保育、質の高い保育を追求することを前提として、さらに園の生活や遊びが家庭や地域社会と連続性を保ちつつ展開されることが求められている。

多様で複雑な社会を生きる子どもたちに対応する園・保育者は多忙であり、その役割も複雑化・多様化しているため、園・保育者だけでは十分な解決が図れない課題も増えている。中央教育審議会は、2015（平成27）年12月に「チームとしての学校の在り方と今後の改善方策について」を取りまとめた[7]。この「チーム学校」としてのあり方とは、学校を核とした地域コミュニティにおいて、子どもが地域社会のさまざまな人・施設とつながり学ぶ教育環境が必要であり、また学校がすべての教職員や保護者、専門家と実態を踏まえて連携・協働するあり方が必要だとする考え方である[※5]。「チーム学校」とあるが、幼稚園や認定こども園も学校であり、保育所も幼児教育を行う施設としての機能をもつ児童福祉施設である。「チーム学校」ならぬ「チーム園」として機能するための視点として、次の3つの視点があげられている。まず1つは、保育者一人ひとりの多忙化と孤立化をふせぎ、「専門性に基づくチーム体制」を構築することである。十分なコミュニケーションをとり、チームのメンバーの立場や役割を各自が認識することが必要となる。第2の視点とは、「マネジメント機能の強化」である。専門性や立場の異なる人材がチームの一員として協働するため、園長のリーダーシップのもと、園の運営におけるマネジメント力を高め、人材を確保し、組織として園内外と連携・分担・協働する体制を整備し、園の機能を強化していくことが重要である。効果的な実施に向けては、事務体制の強化、ICT機器等の活用も必要である。3つ目の視点とは、「一人ひとりが力を発揮できる環境の整備」である。チームの一人ひとりが育ちあい、その専門性を伸ばすために「学び続ける」存在であろうとする園文化を醸成し、専門的発達を支援するための園内研究・研修体制等の人材育成や業務改善が重要な課題となる。

※5　「チーム学校」については、第7章（p.134）を参照。

---

● 「第5章」学びの確認
①本章で紹介した事例をふまえながら、保育者としての成長には何が必要なのかをおさえ、それに対する自分の意見をまとめてみよう。
②実習生として保育の場で実習指導を受ける前に身につけておくべきこと、保育者として職場に出る前に身につけておかなければならないことは何だろうか。整理してみたうえで、自分自身の成長の段階に応じた課題を考えてみよう。

●発展的な学びへ
①園で働いているさまざまな保育者（初任・中堅・園長先生など）にインタビューを行い、職場での学びとは何かを考察してみよう。
②自分が住んでいる地域の中で、子どもが成長するうえで関係する施設にはどのようなものがあるだろうか。調べて、地図上にマッピングしてみよう。

## 第5章 職場で学びあう専門家として

■推薦図書■
- 津守真『保育者の地平』ミネルヴァ書房
  筆者の12年間に渡る保育者としての経験と考察が記されている。初めて保育をする人にとって、保育の意味を深く理解するための格好の書である。
- 秋田喜代美『保育の心もち』ひかりのくに
  保育にまつわるさまざまな話題、国内外の最新の研究をとりあげわかりやすく簡潔に解説するもので、シリーズ化されている。学生や保育者にとって、保育を発展的に考えたり研修のきっかけとなる書である。
- 安達譲編著『子どもに至る―保育者主導保育からのビフォー&アフターと同僚性―』ひとなる書房
  園の変化や改善、研修など具体的な実践事例を通して子ども主体の保育のあり方、同僚性や保育の質の向上について学ぶことができる。

### 引用・参考文献

1）津守真「保育者としての教師」佐伯胖ほか編『教師像の再構築（岩波講座 現代の教育6）』岩波書店　1998年　pp.147-168
2）厚生労働省「子ども虐待による死亡事例等の検証結果等について（第14次報告）」2018年
3）厚生労働省「平成29年度 児童相談所での児童虐待相談対応件数」2018年
4）厚生労働省「平成29年度『居住実態が把握できない児童』に関する調査結果」2018年
5）国立特別支援教育総合研究所「発達障害のある子どもへの学校教育における支援の在り方に関する実際的研究―幼児教育から後期中等教育への支援の連続性―」（研究代表者：笹森洋樹）2012年
6）東京大学大学院教育学研究科附属発達保育実践政策学センター「平成28年度『幼児教育の推進体制構築事業』の実施に係る調査分析事業」2017年
http://www.mext.go.jp/a_menu/shotou/youchien/1385242.htm
7）中央教育審議会「チームとしての学校の在り方と今後の改善方策について（答申）」2015年12月
http://www.mext.go.jp/b_menu/shingi/chukyo/chukyo0/toushin/1365657.htm
8）厚生労働省『保育所保育指針解説』フレーベル館　2018年
9）無藤隆・汐見稔幸・砂上史子『ここがポイント！3法令ガイドブック』フレーベル館　2017年
10）文部科学省『幼稚園教育要領解説』フレーベル館　2018年
11）内閣府・文部科学省・厚生労働省『幼保連携型認定こども園教育・保育要領解説』フレーベル館　2018年
12）野口隆子「保育者の専門的発達―幼稚園保育文化と語り」白梅学園大学　2015年
https://shiraume.repo.nii.ac.jp/?action=pages_view_main&active_action=repository_view_main_item_detail&item_id=2023&item_no=1&page_id=13&block_id=21

●○● コラム ●○●

## 保育者の気づきと保育カンファレンス

元・お茶の水女子大学附属幼稚園　吉岡晶子

　子どもたちとともに創っていく生活は、毎日が新しく、楽しいことや感動的なこともあれば、迷ったり悩んだりすることも多々あります。私自身のことを振り返っても、迷い、悩みつつ歩んできました。その時々に支えになったのは、職場の同僚と子どもたちのことを話し合い、意見を交わし、共感し合えたことでしょう。各々の思いを伝え合うなかで、自分の保育を振り返り、考え、また明日につなげることができました。

　特に、一人の男児との日々がそのことを実感させてくれます。男児は、気持ちをストレートにあらわし、行動範囲が広く神出鬼没。園内のあちこちを動き回っていたので、自分一人ではかかわりきれずどうしたらよいのか悩んでいました。男児はいろいろな先生にお世話になり、保育が終わると、その子どもとかかわりのあった先生方は「今日は、こんなことがあったのよ」と様子を伝えてくれました。自分が知っている様子と重ね合わせると、その子どもの一日の流れや、どこでどのように遊んでいるのかがつかめるようになり、翌日の保育のエネルギーとなりました。

　先生方と男児について話をするなかで、それぞれの先生の子どもたちに対する想いやかかわり方を聞くことができ、幼児理解の視点が広がったと思います。困っているとき、悩んでいるときのみならず、日々保育について保育者間で話すことで、みんなで子どもたちを育んでいく共通意識をもつことができ、自分自身にとっても子どもにとってもプラスになることを感じました。もちろん、聞いてすぐには納得できないこともあるでしょう。でも、どうしてなのか、自分はどう思うのかを考えるきっかけになり、新しい気づきをもたらしてくれるのではないでしょうか。

　こういう話し合いを「保育カンファレンス」と言っています。決して一つの答えを導き出すのではなく、保育者の気づきを大切にしています。

# 第6章 保育者の資質向上とキャリア

◆キーポイント◆

保育者は、保育士資格や幼稚園免許を取得した後も、保育者としての学びを継続することで専門性を高め、保育の質を向上させることを常に目指すことが求められる。一人ひとりが、倫理観、人間性、職務と責任の理解と自覚、知識および技術の習得と維持および向上に務めることが必要なのである。また、経験年数や職位、専門性などを踏まえ、それぞれの職員が必要な知識や技術を身につけていくとともに、園全体で園や職員の課題を共有し、組織的に保育の質の向上に取り組むことが大切である。

## 第1節 ● 資質向上のための組織的な取り組みとしての研修

保育者の資質向上のための取り組みの中でも、重要なものが研修である。「研修」という言葉には、子どもの成長や発達を理解し、保育のあり方や保育の方法などを学ぶ「研究」と、保育者の価値観、教育観等に裏づけされた人間性、人格品性を高めるための学びである「修養」の2つの意味が含まれている。つまり、子ども一人ひとりの望ましい成長と発達を願い、保育者としての人間性を培い、専門性を高めるために行われるのが研修である。本節では、「園外研修」「園内研修」「自主研修」に分けて取り上げていく。

### 1 ── 園外研修

園外研修は、園の外で実施される研修に参加することで、Off-JT (off the job training) とも呼ばれる[1]。新しい知識や技術を学んだり、他の園の保育者と情報交換を行ったりすることを通して、自らの保育を振り返る機会である。園外研修は、地方自治体や保育所・幼稚園関連団体等から園に開催の情報や派遣要請を踏まえ、各園において管理職から指示、もしくは希望し、園を通して申し込み、派遣される場合が多い。

### (1) 園外研修の種類と内容

　園外研修には、経験に応じた研修、役職に応じた研修、保育の知識や技術に関する研修などがある。たとえば、経験に応じた研修については、1年目の保育者を対象とした「初任者研修」「新規採用教員研修（新任教員研修）」などと呼ばれる研修や、園の中での中堅保育者を対象とした「中堅研修」「中堅教諭等資質向上研修（中堅教員研修）」と呼ばれる研修などがある。また、役職に応じた研修には、園長研修や主任研修などがある。

　園外研修は、地方自治体や保育所関連団体、幼稚園関連団体、認定こども園関連団体などが主催し、講師による講演やワークショップ、公開保育（園の保育を外部から集まった保育者が見て学ぶ）、園の保育実践に関する事例報告や研究発表などの形式で行われている。また、複数の園をもつ社会福祉法人や学校法人の場合は、法人研修として法人の職員が集まり、その法人の理念や保育の方針などを学ぶ機会を持つこともある。

　保育の知識や技術などに関する研修では、その時代や地域における保育の課題や、遊び・環境・子ども理解など保育の基盤となる内容、音楽遊び・運動遊び・製作といった保育技術などがテーマとされることが多い。

### (2) 教員免許状更新時講習

　教員免許については、定期的に最新の知識技能を身につけ、時代の進展に応じて教員として必要な資質能力を更新することを目的とし、2009（平成21）年より教員免許更新制が導入された[2]。教育職員免許法第9条では普通免許状の有効期間を10年としており、有効期間を更新して免許状の有効性を維持するためには、2年間で30時間以上の免許状更新時講習を受講・認定試験に合格し修了することが必要となる。免許状更新時講習は、大学や指定教員養成機関、都道府県・政令指定都市・中核市の教育委員会、文部科学大臣が指定する独立行政法人や公益法人などが開設しており、受講者は必修領域（6時間以上）・選択必修領域（6時間以上）・選択領域（18時間以上）を専門や課題意識に応じて受講する[3]。

　ほかにも、私立の保育所や幼稚園の保育者が、研修による技能の習得を通して職務内容に応じて専門性を向上させ、キャリアアップをする仕組みが2017（平成29）年に定められた[※1]。

　園外研修では、保育の課題や他の園の保育やさまざまな保育者の考え方に触れることができる。そのため、自園や子どもたちの姿を思い浮かべながら学び、研修の内容を自分や自園の保育にどのように反映させていくことがで

※1　キャリアアップについて、詳しくは、本章第2節（p.109）を参照。

きるかを考えることや、必要に応じて実践に生かすことが大切になる。また、同じ研修に園の職員全員が参加できるわけではないため、研修で学んだことを他の職員に報告したり、学んだことを踏まえて自園の保育について話し合ったりするなど、園外研修を園全体で共有することも重要である。

## 2 ── 園内研修

### （1） 園内研修の意義

　園内研修は、自分たちの保育のあり方をよりよいものにしていくための自園で行う取り組みであり、OJT（on the job training）とも呼ばれている[4]。園内研修は、クラスの保育について事例などを持ち寄って話し合う方法（事例検討会や保育カンファレンス）、保育を見あって話し合う方法（公開保育や研究保育）、テーマを決めてそのテーマに沿って園全体や小グループごとに保育実践についての研究を行う方法（園内研究）、救命救急講習や子どもの健康と安全、保護者対応、保育技術などについて園内で学ぶ方法などがある。園が研究指定を受けたり、保育所団体や幼稚園団体が主催する研修会等での発表を目指したりするなかで、保育実践の研究を園内研修として取り組む場合もある。

　園内研修の意義は、第一に、保育者自身が保育における見方・認識を再構築することにある。自らの子どもへのかかわり方の特徴をとらえ直すこと[5]、自分なりの見方や考え方をさらにより深く、他に開かれたものにし再構築するとともに自分でつくり出し修正できる保育観を育むこと[6]、保育者の暗黙の認識を再構成すること[7]ができる機会だといえる。第二に、園全体のコミュニケーションを図り、保育者同士がともに育ち合うことである。コミュニケーションを通して知が共有される自分でつくり出し修正できる保育観を育んだり[8]、子どもとの関係だけでなく、他の保育者との関係の中で自分の保育の特徴を知ったりする[9]機会でもある。

### （2） 学びあう園内研修のために

　園内研修は自園や自分の保育に直結する研修であり、とても重要な機会である。園内研修を実施し、園の保育の質を改善していくためには、研修時間の確保、話し合いや深め合いができるような研修の工夫が必要となる。研修時間の確保については、近年保育時間が長時間化していることなどにより、研修時間の確保が課題となっている園も少なくない。特に保育所では、シフトの関係や午睡中に保育室に必ず保育者がいる必要があることから、園内研

修を全員で行うことは難しい状況がある。園によっては工夫をして、研修時間内に交代で研修に出たり、職員が集まるような場所（事務所・職員室・休憩室など）に環境図を掲示し、子どもの姿について気づいたことを付箋に書いて貼っていき、みんながみることができるようにしたりしている園もある。研修の時間を定期的にもつことが難しくても、日々のちょっとした時間に子どものことについて話をすることで、園の中での子ども理解や保育への意識は高まる。

自園で保育の研究を行い報告書にまとめたり発表したりする

いろいろな人の視点や考えを知り、学びあうためには、経験年数や立場の違いやとらえ方の違いに関係なく発言の対等性が保たれていること[10]や相手の話を傾聴すること、話の具体性を保つこと、実践との循環性があることなどが大切である。たとえば、全員が必ず一度は話すようにする、小グループでの話し合いを取り入れる、司会や書記などを交代制にする、付箋に考えたことを書いてから話し合うなどの工夫をすることで、発言の対等性を保ちみんなが意見を言えるようにするなどの工夫をしている園もある。

園内研修は、自園や自分の保育に直結するからこそ、保育者一人ひとりが我がこととして取り組むことが必要になる。そして、話し合いの内容を日々の保育につなげ、子どもの姿の理解と実践のふりかえりから、さらに保育の改善につなげていくこと、園全体で取り組んでいくことが求められる。

## 3 ── 自主研修

自主研修は、園や経験、職位や立場を超えて、保育者同士または保育者と研究者が集まり、実践の事例を出し合い事例検討をしたり、保育に関するさまざまなテーマについて話し合ったりする研修会や研究会に参加することである。たとえば、古くは城戸幡太郎（1893〜1985）が保育者とともに組織し、保育者と研究者が協働して保育研究を行ったり、すぐれた実践記録を生み出したりしてきた「保育問題研究会」などを初めとして[※2]、さまざまな研究会や研修がある。また、大学などの教育機関や研究機関が主催する講演会やシンポジウムなどに、園を通さずに個人で参加することも、自らの見識を広げることにつながる。

園外研修や園内研修は、保育者が希望する・しないにかかわらず行くこと

※2 城戸幡太郎と「保育問題研究会」について、詳しくは、第9章（p.161）を参照。

や実施することが決まっている場合があるが、自主研修の場合は保育者が自ら自分の問題意識をもって参加するとともに、同じような意識をもった他の園の保育者たちと情報交換をして、自分の視野をより広げ、深めていく機会となる。

ここまでで、研修を園外研修・園内研修・自主研修に分けてみてきたが、どのような形の研修であれ、自ら主体的に学ぼうとすること、自らの保育を振り返ること、自身の保育だけでなく園全体の保育の質を向上しようとすることが大切である。

## 第2節 ● 保育者の専門性の発達とキャリア形成

養成校における学びは、免許や資格を取る＝保育者として最低限必要な知識や技術を身につけることが大きな目的である。免許や資格を取った後も学び続けることにより、専門性は発達していく。

### 1 ── 省察と保育者の専門性の発達

保育者の専門性の発達・向上のためには、保育を日々積み重ねていくこととその過程において自らの保育を省察する（ふりかえる）ことが重要である。津守[11]は「保育の実践は省察をも含めてのことである（略）実践と省察は切り離すことができない」と述べている。また、ショーン[12]によると、専門性というものは活動過程における知と省察それ自体にある、つまり専門家は無意識に「行為しながら考える」と述べている。保育者は臨機応変に動くこと・判断することが重要であると言われている。しかし、その判断は必ずしも時間をかけ意識的に思考したうえでのものとは限らず、むしろ無意識に状況や子どもの様子を読み取り判断がなされていることも多い。保育者は、実践の中で得た知（実践知）を積み重ねることで専門性が発達していく。経験年数の少ない若手保育者であっても、省察を行うことで実践力が高まっていることを感じることができると言われている[13]。また、初任の保育者は、責任の重さや悩み・不安といった危機を契機に、何が問題なのかについて考えてそれを解決しようとする探究的な省察を行うことで成長を遂げるという[14]。このように、日々の保育を積み重ね省察をするなかで、保育者の専門性は発達

していく。

## 2 ── 保育者の専門性の発達

Vander, Ven[15]は、保育者の専門性の水準と役割を、素人（新任）・初任・洗練された段階（中堅）・複雑なことができる段階（熟達）・影響力を持つ段階（熟練）の5段階に分け、それぞれの専門家としての水準・役割および働きに働きかけるシステム・キャリア発達の段階・実践の方向性の4つの観点から保育者の発達を整理している[※3]。また、養成校を出て保育者となった人たちにこれまでの経験を振りかえってもらい、どの時期にどのようなことを身につけたか（必要だったか）を聞くと、養成校の段階では子どもを初めとして人とかかわるうえでの基本的なことが、初任（1・2年）の段階では、実際に目の前の子どもや保護者とかかわり、保育を実践する態度や知識・技能が必要になることがわかる。また、勤務経験が長くなってくると、自分の保育だけでなく園全体のことや家庭や地域についても考えていくことが必要になると考えている[16]。

保育者は経験年数が上がるほど必要とされる知識や技術も多様になり、また自分よりも経験年数が少ない保育者を育てていく役割を担うことにもなる。

※3 詳しくは、第5章の表5-2（p.95）を参照。

図6-1 保育者がとらえる保育者の専門性の成長プロセス

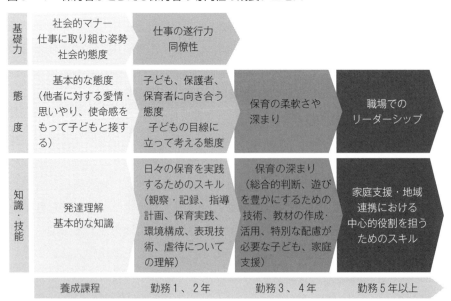

出典：保育士養成協議会「保育者の専門性についての調査──養成課程から現場へとつながる保育者の専門性の育ちのプロセスと専門性向上のための取り組み（第2版）」2013年

## 3 ── キャリアアップのための研修制度

　公立(地方自治体が運営する園)の保育所や幼稚園においては、自治体ごとに経験年数に応じて専門性を高めることや、キャリアアップを目的とした研修などが行われてきたが、私立(社会福祉法人や学校法人等が運営する園)の場合は各法人・園に任されてきた部分がある。しかし、2017(平成29)年に私立の保育所や幼稚園の保育者が、研修による技能の習得を通して職務内容に応じて専門性を向上させ、キャリアアップをする仕組みが定められた。
　保育士のキャリアアップ研修は、①乳児保育、②幼児教育、③障害児保育、④食育・アレルギー、⑤保健衛生・安全対策、⑥保護者支援・子育て支援、⑦保育実践、⑧マネジメントの分野別に研修が体系化されており、経験年数により対象となった保育士が指定されたまたは担当する分野の研修を受講し、園の中で職務分野別リーダー・副主任保育士・専門リーダーとなる。幼稚園教諭についても、地方自治体や幼稚園団体、大学等が実施する既存の研修をキャリアアップに活用することとなっており、研修分野の例として、①教育・保育理論、②保育実践、③特別支援教育、④食育・アレルギー、⑤保健衛生・安全対策、⑥保護者の支援・子育ての支援、⑦小学校との接続、⑧マネジメント、⑨制度や政策の動向がある。経験年数により対象となった幼稚園教諭が指定されたまたは担当する分野の研修を受講し、園の中で若手リーダー・中核リーダー・専門リーダーとなる。キャリアアップの仕組みができたことにより、すべての園の保育者が職務内容に応じて専門性を向上させていくことが期待されている。

## 第3節 ● チームとしての保育とリーダーシップ

### 1 ── チームとしての保育と園長の資質

　保育においては、いろいろな人がチームとして保育にあたることが重要であり、園としての有能さを高めていくことが必要であるといわれている[17)][18)]。2017(平成29)年に改訂された幼稚園教育要領においても、「各幼稚園においては、園長の方針の下に、園務分掌に基づき教職員が適切に役割を分担しつつ、相互に連携しながら、教育課程や指導の改善を図るものとする」(第1章総則　第6　幼稚園運営上の留意事項)とある[19)]。また、保育所保育指針にお

いても、「施設長は、保育所の役割や社会的責任を遂行するために、法令等を遵守し、保育所を取り巻く社会情勢等を踏まえ、(中略) 保育の質及び職員の専門性向上のために必要な環境の確保に努めなければならない（保育所保育指針 第5章2（1）施設長の責務と専門性の向上）[20]と書かれている。園長・施設長のもと、職員間で連携しながらチームとして保育を行い、保育の質の向上に取り組むことが示されているといえよう。

　その点で、園長に求められる資質は、保育者に求められるものとは異なる。たとえば、保育所長に求められる資質には、園の経営にかかわるもの（①保護者・地域との連携、②園の施設設備の充実、③保育理念・方針の明確化）と園長の知識・資質にかかわるもの（④人格的資質・人間性、⑤保育の運営・経営に関する専門的知識、⑥幅広い豊かな教養）があるといわれている[21]。また園長の役割には、①保育観、保育方針を示す、②人材育成、③職場のコミュニケーション・人事管理、④保護者対応、⑤地域や他の機関との連携、⑥地域育児支援、⑦保育者としての園長があるという[22]。

## 2 ── 保育におけるリーダーシップ

　チームで保育を実施していく際に鍵となるのが、リーダーシップである。リーダーシップは、「学び続ける組織」とその組織のよい変化や成長に不可欠であり[23]、効果的なリーダーシップは、子どもたちの学び・健康・社会性の発達・ウェルビーイング（幸せ）によい影響を与えるといわれている[24]。保育においては、トップダウン型・階層型（権威のあるリーダーが計画・指示を行う）のリーダーシップよりも、多様な状況において複数の保育者がリーダーシップを発揮する分散型のリーダーシップが効果的であり[※4]、丁寧な話し合いを通して共通のビジョンをつくることが求められている。そして、効果的なリーダーシップの特徴として、①方向づけのリーダーシップ（効果的なコミュニケーション・発展的なビジョンの構築と共有）、②協働的リーダーシップ（チーム文化の促進・保護者との協働）、③他者を力づけるリーダーシップ（主体性を引き出す・変化の過程）、④教育のリーダーシップ（学びをリードする・省察的な学びを促す）があるといわれている[24]。

## 3 ── 園長と主任のリーダーシップ

　分散型のリーダーシップが求められるようになるなかで、園長のリーダーシップだけでなくミドルリーダー（副園長・主任・研修リーダーなど）のリー

※4　階層型リーダーシップや分散型リーダーシップについては、第11章（p.199）を参照。

ダーシップが重要となる[※5]。園長と主任がどのようなリーダーシップを発揮しているのかを調査した研究によると、園長のリーダーシップの要素として「組織の運営・園の風土」「専門性向上の支援」「日々の保育実践の援助」「方針・理念の明示」「保護者との連携」がみられた一方で、ミドルリーダーである主任のリーダーシップの要素は「保育の質の向上に関わる情報収集・提供」「働きやすい職場環境・風土づくり」「日々の保育実践の支援・保護者対応」であったという[25]。このように、園長のリーダーシップは、園全体の方向性を示し運営を行っていくのに対して、主任のリーダーシップは保育者が働きやすい職場環境づくりや、日々の保育にかかわることに特徴がある。

主任のリーダーシップについては、経験年数によっても重視していることが異なるといわれており、経験年数が1〜3年の主任は実践に近い立場で職員を力づけることを、4〜8年の主任は個々の職員を生かしながら園の協働性を活性化することを、9〜10年の主任は保育の質の向上を目指した学びをリードすることを重視しているといわれる[25]。

※5 ミドルリーダーについて、詳しくは、第11章（p.199）を参照。

保育者は保育者としてのキャリアを積み重ねていくだけでなく、園のなかでの役職や役割を担うことで園内のキャリアを積み重ねていく。園長や主任などのリーダーの指示を待ち、受け身で仕事をするのではなく、保育者一人ひとりが園のなかで自分にできること・したいと思うことについて考え、経験や状況に応じて役割を引き受け、主体的に取り組んでいくことが、これからの園のあり方として求められている。

---

● 「第6章」学びの確認
　園外研修、園内研修、自主研修の意義について整理してみよう。
● 発展的な学びへ
　実習等に行った園ではどのような研修を実施しているかを調べてみよう。

---

■推薦図書■

● 中坪史典『保育を語り合う「協働型」園内研修のすすめ―組織の活性化と専門性の向上に向けて―』中央法規出版
　園内研修を行う際の基本的な方法や、保育者同士で話し合いながら専門性の向上をどのように目指していけばよいのかが示されている。
● イラム・シラージ・エレーヌ・ハレット著・秋田喜代美監訳『育み支え合う保育リーダーシップ―協働的な学びを生み出すために―』明石書店
　トップダウン型のリーダーシップではなく、リーダーが園に複数いる分散型リーダーシップのあり方など、保育におけるリーダーシップに関する示唆が多い。

**引用文献**

1 ）阿部和子・梅田優子ほか編『保育者論』萌文書林　2012年　p.102
2 ）文科省「教員免許更新制」http://www.mext.go.jp/a_menu/shotou/koushin/
3 ）文科省「教員免許更新制【3】免許状更新講習の受講について」http://www.mext.go.jp/a_menu/shotou/koushin/001/1315296.htm
4 ）前掲3 )　p.103
5 ）田中まさ子・仲野悦子『保育者を支援するよりよい研修を目指して―岐阜レポート2007―』みらい　2007年
6 ）若林杉乃・杉村伸一郎「保育カンファレンスにおける知の再構築」『広島大学大学院教育学研究科紀要』3（54）　2005年　pp.369-378.
7 ）木全晃子「実践者による保育カンファレンスの再考―保育カンファレンスの位置付けと共に 深まる実践者の省察―」『人間文化創成科学論叢』11　2008年　pp.277-287
8 ）前掲6 )　pp.369-370
9 ）秋田喜代美「保育者のアイデンティティ」森上史朗・岸井慶子編『保育者論の探求』2001年　ミネルヴァ書房
10）金澤妙子「保育カンファレンスの必要性と危機 そしてその成立を目指して」『金城学院大学論集人間 化学編』17　1992年　pp.1-33
11）津守真（1998）「保育者としての教師」『岩波講座6 現代の教育 教師像の再構築』pp.147-168.
12）ショーン，D.A.（佐藤学・秋田喜代美［釈］）『専門家の知恵―反省的実践家は行為しながら考える―』ゆみる出版　2001年
13）上山瑠津子「保育者による実践力の認知と保育経験および省察との関連」『教育心理学研究』63　2015年　pp.401-411
14）谷川夏実『保育者の危機と専門的成長―幼稚園教員の初期キャリアに関する質的研究―』学文社　2018年
15）K.Vander, Ven, Pathways to professional effectiveness for early childhood educators. Professionalism and the Early Childhood Practitioner (Early Childhood Education Series). Teachers College Press New York, 1998
16）保育士養成協議会「保育者の専門性についての調査―養成課程から現場へとつながる保育者の専門性の育ちのプロセスと専門性向上のための取り組み（第2報）―」2013年
17）Eurofund, Workingconditions, training fearly childhood careworkers and quality of services. A systemic review. Publication Office of the European Union, 2015
18）OECD, StartingStrongIV Monitoring Quality in Early Childhood Education and Care. Paris: OECD Publishing, 2015
19）文部科学省『幼稚園教育要領』フレーベル館　2017年
20）厚生労働省『保育所保育指針』フレーベル館　2017年
21）伊藤良高『保育所経営の基本問題』北樹出版　2002年
22）小林育子・民秋言編著『園長の責務と専門性の研究―保育所保育指針の求めるもの―』萌文書林　2009年
23）秋田喜代美・淀川裕美・佐川早季子・鈴木正敏「保育におけるリーダーシップ研究の展望」『東京大学大学院教育学研究科紀要』56　2016年　pp.283-306
24）Siraj-Blatchford, I. & Manni, L., Effective Leadership in the Early Years Sector (The ELEYS Study), London: Institute of Education, 2007
25）野澤祥子「主任保育者のリーダーシップに関する経験知の検討(2)―リーダーシップスケールとの関連の分析―」日本乳幼児教育学会第27回大会　2017年

第6章 ● 保育者の資質向上とキャリア

●○● コラム ●○●

## 保育者をめざすみなさんへ

元・東京都文京区立湯島幼稚園　園長　鳩山多加子

　「幼稚園の先生」と呼ばれて「あっ」という間に35年が経過した。教師生活は辛いこともあったけど、常に子どもの笑顔、子どものパワーからたくさんのエネルギーをもらい、生活の張りとすることができた。保育者の仕事は、未来ある子どもたちの成長を手助けできるとともに、自分を高め、人生を有意義に過ごすことのできるすばらしいものであると実感している。

　担任時代は、自分のアイディアを活かし、子どもとともに創り出しながら保育を展開することが、たまらなく楽しかった。先輩の先生は一生懸命に保育を楽しんでいる私の姿をハラハラしながら見守ってくださった。相手を信じ、見守り、本当に困ったときに助けをだす大切さを先輩から学んだ。管理職となってもこのことは私の基本姿勢となっている。

　教頭時代、東京都公立幼稚園研究協議会での指定を受け、「幼小連携」をテーマに研究を行ったときのことである。園長先生をはじめとする園内での研究体制、協力的な小学校の先生方との新鮮な出会いがあった。そこで、小学校の先生方を交えた研究発表はユニークで画期的であるとされた。内容は、隣接する日本サッカー協会と、サッカー教室をはじめとするさまざまな連携を通して子どもたちの育ちを見守る研究であった。私にとって忘れられない経験であった。

　幼児教育に携わる保育者の仕事は、真綿のような子どもの心とともに時を過ごし、自分自身の可能性を試し、自己実現ができる仕事である。小さな想いの連続が夢となる。幼稚園はその夢を実現できる無限の場である。

　保育者をめざしているみなさん、夢を子どもたちとともに実現してみませんか。夢の実現に向けて今できること、今しなければならないことに全力投球して、足元の一歩を固めてほしい。一生懸命な姿には、誰もが応援したくなるものである。

第 7 章　子どもの育ちの危機と子育て支援

◆キーポイント◆

本章では、保育者の役割として、子どもの育ちと親の子育てとを、ともに支援していくことの大切さを考える。まず、「今の子どもの育ち」の課題を整理し、「気がかりな子」への対応や障害児保育の新たな動きを含めて、家庭や地域社会でどのような子育てが必要かを考えたい。そして、これまで実施されてきた日本の少子化対策や子育て支援の政策の概要を理解し、社会全体で子育てを支援していく仕組みの重要性を考えたい。そのうえで、幼稚園や保育所、認定こども園が「子育ち」と「親育ち」をともに支援していくことを、具体的な試みや事例を通じて考えていきたい。

## 第1節 ● 子どもの育ちが危ない

### 1 ── 子育て環境と育ちの変化

　少子化や核家族化、情報化や都市化が進み、子どもの生活環境はこれまでと大きく変化した。それが、子どもの育ちに大きな影響を与えている。いくつかの面から「育ち」の異変をみていこう。

#### （1）生活習慣・生活リズムの乱れ

※1　生活リズム
人間にはホルモンの分泌、睡眠、脳の働きなど、心と体の働きを整える「生体リズム」が本来備わっている。この生体リズムにふさわしい生活の過ごし方が「生活リズム」であり、睡眠、食事、運動などの生活習慣によって構成される。生体リズムと生活リズムのズレは心身への負担をもたらし、体調不調の原因となる。特に乳幼児期の生活リズムが発達に与える影響は大きい。

　次頁のベネッセ教育総合研究所「第5回幼児の生活アンケート」(2015 [平成27] 年3月)の結果でもわかるように、乳幼児の生活リズム※1は改善傾向にあるものの、全体としては「夜型」傾向にある。保護者の働き方の影響で食事や入浴等の時間が遅くなる、習いごとや学習塾通いで忙しい、夜遅くまでインターネットやゲーム等を楽しむなど、親子ともに夜型生活であることには違いはない。当然それは、子どもの生活リズムにも影響を与える。疲労感や睡眠不足など、心身の不調を訴える子どもも少なくない。子どもの自然な体内リズムに応じた生活を送ることが難しくなっているのである。
　子どもの食生活も同様である。食生活の基礎をつくる幼児期や学童期に、朝食を食べない（欠食）、栄養面でバランスを欠く（偏食）、1人で食事をする（孤食）も相変わらず目立っている。近年では「子どもの貧困」問題もあ

第7章　子どもの育ちの危機と子育て支援

り、子どもの「食」への危機感がますます高まっている。2005（平成17）年に食育基本法が制定され、新たに「第3次食育推進基本計画」（2016～2020年度）※2が策定された。その中で「多様な暮らしに対応した食育の推進」として、妊産婦や乳幼児に関する栄養指導や貧困の状況にある子どもに対する食育推進も提唱された。乳幼児期の「食育」の重要性が注目されている。

※2　第3次食育推進基本計画
食育基本法第16条に「食育の推進に関する施策の総合的かつ計画的な推進を図るため、食育推進基本計画を作成するものとする」と定められており、2016年度～2020年度までの5年間を期間とする新たな食育推進基本計画が策定された。

> ベネッセ教育総合研究所「幼児の生活アンケート」（2015年3月）より
> ●平日の起床時刻・就寝時刻は早まっている●
> 　2015年は、幼児の3割弱が7時より早い時間に起床している。5年前と比べると「6時半頃」以前の時間帯が増加した。20年間の変化をみてみると、「6時半頃」以前に起きている比率は、1995年8.9％、2000年10.6％、2005年14.4％、2010年21.3％、2015年28.9％と増加しており、この20年間で幼児はますます早起きになっており、とくにこの10年間でその傾向が強まっている。就寝時刻では、2015年では「21時頃」から「21時半頃」に就寝する幼児が約半数を占めている。「22時頃」以降に寝る幼児の比率を合計してみると、1995年32.1％、2000年39.0％、2005年28.5％、2010年23.8％、2015年24.0％と20年前からは8.1ポイント、10年前からは4.5ポイント減少しており、この20年間で幼児の早寝が増えてきたことがわかる。

## （2）　過剰なメディア接触

　パソコンやテレビゲームが拡大しつつあった2004（平成16）年に、すでに日本小児科医会「子どもとメディア」対策委員会が、子どものメディア接触の問題に対する提言を発表していた。乳幼児期の行き過ぎたメディア接触は、子どもの健全な発達を阻害するおそれがあるとして警鐘をならしたのである。
　しかしその後、スマートフォンなどの携帯端末は急速に普及し、乳幼児の生活にも不可欠なものとして浸透している。各種の調査※3によれば、こうしたメディアは子育ての場面で広く利用されており、親子の間をつなぐ身近なツールとなっていることがわかる。メディアとの早期の接触が子どもの発達等にどのような影響を与えるのか、また、ルールやマナーを含め親子の良好なコミュニケーションを図るためにどう活用すればよいかなど、メディアと子育てとの適切な関係づくりが模索されている。たとえば、日本小児科医会、日本小児科学会、日本保健協会、日本小児期外科系関連学会協議会で構成された日本小児医療保険協議会は、2015（平成27）年に保護者や教育・保育関係者、医療関係者、ICT（情報通信技術）の事業者、研究者に向けて、次のような提言を発表している。

※3　たとえば、ベネッセ教育総合研究所の「乳幼児をもつ親子のメディア活用についての調査」（2017年3月）によれば、スマートフォンは乳幼児の母親の9割超が使用し、0歳後半～6歳児がスマートフォンに接する頻度と時間は、「ほとんど毎日」使う割合は21.2％であった。

> 1　保護者は、不適切なICT利用が子どもの健やかな成長発達や心身の健康に悪影響を及ぼしうることを認識し、責任を持ってスマホやタブレット端末を管理しましょう。
> 2　学校では、子どもや保護者に対する情報モラル教育を推進しましょう。
> 3　子どもに関わる医療関係者や保育関係者は、不適切なICT利用に伴う健康障害発生の可能性を意識して業務を行い、その可能性があれば適切な助言を行いましょう。
> 4　ICTの開発・普及に携わる事業者は、不適切なICT利用が子どもの心身の健康や健やかな

> 成長発達に悪影響を及ぼしうることを利用者に伝えるとともに、その対策を講じましょう。
> 5　研究者は、不適切なICT利用に起因する子どもの健康障害や成長発達障害に関する研究を積極的に行い、その成果を家庭や教育医療現場に還元しましょう。
>
> 出典：日本小児連絡協議会「子どもとICT（スマートフォン・タブレット端末など）の問題についての提言」2015年

### （3）　自然体験・生活体験の枯渇

　子どもの自然体験、生活体験の欠如の問題が指摘されて久しい。自然体験は子どもの心に深く刻まれ、「原体験」として生きる力の根幹を形成していくといわれる。生き物や自然物、自然現象を、体全体を通して実感する経験は、その後の事物・事象をリアルに認識する基礎となる。自然体験の欠如は原体験不足となり、「生きる力」※4をひ弱なものにする心配がある。

　また、家庭での手伝いや地域社会での大人との接触等の生活体験は、さまざまな人々との豊かなコミュニケーションを図る絶好の機会である。生活経験の欠如はこうした他者との接触を失わせ、子どもの人間関係を縮小させていく。その結果、相手を理解し相手を思いやることや、正義感や道徳性の芽生え、コミュニケーション能力に少なからず影響を与えることになる。

　自然体験、生活体験の影響力も各種の調査※5によって明らかになっている。今回の幼稚園教育要領等で重視された「幼児期の終わりまでに育ってほしい姿」を導くためにも、これまで以上に自然体験、生活体験を意図的に子どもの生活に取り込む必要がある。

### （4）　体力・運動能力の低下

　種目や男女により違いはあるが、子どもの体力や運動能力も低下もしくは横ばい傾向にある。その主な原因は、子どもの遊び環境や生活環境全体の変化にある。特に、集団遊びや外遊びに不可欠な時間、空間、仲間という3つの「間」（「3間」という）の減少が大きく影響している。家庭内のメディア接触や学校外の学習活動（塾、習いごと）の増加によって、外遊びの時間は大きく減っている。また、規格化された公園やスポーツ施設等のスペースは増えているが、子どもたちがのびのびと自由に遊ぶ身近な空間は減っている。さらに、少子化のため、兄弟で遊んだり近所の大勢の仲間と遊んだりする機会も減っている。自由に遊ぶ時間と空間、仲間の減少は、小学生にとどまらず幼児についてもいえることである。

　幼児期に十分な外遊びを経験しないことが、小学校以降の運動不足や運動嫌いに影響を与えているとの調査結果※6もあり、体力・運動能力の低下は身体的機能だけでなく、子どもの生きる意欲にかかわる問題でもある。体力・

※4　生きる力
1996（平成8）年の中央教育審議会「21世紀を展望した我が国の教育の在り方について」（第1次答申）は、生きる力を「自分で課題を見つけ、自ら学び、自ら考え、主体的に判断し、行動し、よりよく問題を解決できる力」と、「自らを律しつつ、他人と協調し、他人を思いやる心や感動する心など、豊かな人間性」、「たくましく生きるための健康と体力」から構成されるとした。

※5　たとえば国立青少年教育振興機構の「子どもの体験活動の実態に関する調査研究」報告書（2010年10月）では、子ども時代の体験と大人になってからの体験の力との関連を調査し、体験の影響力を明らかにしている。

※6　文部科学省の「2014（平成26）年度全国体力・運動能力、運動習慣等調査結果報告書」によれば、幼児期の外遊びの量が小学校での体力・運動能力に影響を与えていると指摘している。

運動能力の低下は、子どもに達成感や成就感をもたらす機会を失わせ、ひいては「自己肯定感」を弱めるという問題をはらんでいる。

### (5) 習いごと・学習活動の低年齢化

習いごとや就学前の準備学習が早期化している。先のベネッセ教育研究総合研究所「第5回幼児の生活アンケート」(2015年)によると、習いごとをしている幼児の割合は、2010年調査の47.4％とほぼ変わらず48.6％であった。年齢別にみると、年齢が上がるにつれて習いごとをしている比率が増加する傾向は変わらず、3歳児で29.8％、4歳児で47.9％、5歳児の71.4％が習いごとをしている。これには、学力低下や格差社会に対する親の危機感や不安感、少子化による積極的な教育投資、安全で安心な教育環境への期待等、親たちの強い欲求がある。しかし、こうした機会は、子どもに多様な人々との出会いの機会を与えるものではない。また、直接体験や生活感覚から離れ、幼児期からパッケージ化された「刺激」にさらされるという問題もある。あまりに習いごとや学習準備を強いることで、かえって子どもの生活リズムが乱れ、健全な育ちが阻害される危険もある。

以上、さまざまな角度から子どもの育ちの異変を記述してきた。こうした異変は家庭だけの問題ではなく、保育現場にも大きな影響を与えている問題でもある。保育者は、こうした子どもの育ちの現実に向き合いながら、必要な経験や充実した育ちの機会を、意図的に仕掛けていく立場に置かれている。

## 第2節 ●「気になる子ども」と特別支援教育

今、園や小学校で「気になる子ども」「配慮が必要な子ども」が増えているという。また、発達障害をはじめとするさまざまな障害や多様なニーズをもつ子どもへの支援の必要性が高まってきている。どのような観点でこうした支援を進めるべきかを考えてみよう。

### 1 ──「気になる子ども」への対応

「気になる子ども」とは、明らかな心身の発達の遅れはみられないが、集団やクラスになじめない、園や学校生活に適応できない、遊びや活動に参加できない、学習上に困難がある等の傾向が強く、なんらかの特別な援助の必要

※7 一般的に精神疾患の定義や症状、診断は、アメリカ精神医学会の診断基準DSM（精神疾患の診断と統計の手引き）がスタンダードであり、日本でもこのDSMを使った診断が一般的である。

※8 各発達障害の特徴を以下にまとめる。
①自閉症：他人との社会的関係の形成の困難さ、言葉の遅れ、興味や関心が狭く特定のものにこだわることを特徴とする。
②アスペルガー症候群その他の広汎性発達障害：自閉症の症状を示すもののうち、言葉や知的発達の遅れがみられず、他者とのコミュニケーション上の困難が突出する。
③学習障害：読む・聞く・書く・計算・推論する等の特定の習得に著しい障害がある。
④注意欠陥・多動性障害（AD／HD）：多動で集中力がなく衝動性を抑えられない状態を示す。性格や育て方ではなく、微細な脳機能障害のためと考えられている。

性を保育者や教員が感じている子どものことをいう。発達障害者支援法の第2条では、発達障害の種類※7を「自閉症、アスペルガー症候群その他の広汎性発達障害、学習障害、注意欠陥多動性障害その他これに類する脳機能の障害」と定義※8している。「気になる子ども」のなかには、軽度の発達障害のある子どもやその可能性のある子どもも含まれている。

以下、園でみかける「気になる子ども」の事例をいくつかあげてみよう。

---

**生活面の事例**
・じっとしていることが苦手でいつも走り回っていて、朝の会に参加できない。
・着替えの途中で本を読んだり、園庭に飛び出したりして、着替えに時間がかかる。
・知的な発達にやや遅れがあり、食が細いうえに、給食では偏食が激しい。

**遊び面の事例**
・いろいろな遊びに積極的に参加しようとするが、ルールが飲み込めず遊びができない。
・限られたおもちゃにしか興味を示さなかったり、特定の物としか遊べなかったりする。
・1つの遊びに集中できず、遊びが次々と変わり、友だちからも何となく浮いてしまう。

**行動面の事例**
・友だちとのトラブルが絶えず、噛みついたり、髪を引っ張ったり、乱暴が絶えない。
・はさみやのりがうまく使えず、体操やお遊戯でもぎこちない動きをする等、何をさせても動作が遅く、不器用である。
・思ったことが相手に伝わらなかったり、嫌なことがあったりすると、自分の手を思いっきり噛み、止めさせようとするとパニックになってしまう。

（出典：福井県特殊教育センター編「気がかりな幼児のサポートのために」より筆者作成）

---

「気になる子ども」への具体的な対応は、基本的にはケース・バイ・ケースであるが、たとえば次の「気になる子ども」への対処の事例をみてみよう。

**事例　興味を広げるために**

T男は3歳。幼稚園での遊びはいつもおもちゃの赤い車で、保育者がほかの遊びに誘っても、まったく興味がない様子であった。ある時、T男の隣で保育者が同じ青い車で遊びはじめた。特にT男に変化はなかったが、保育者は色や形の違うおもちゃで、T男に声をかけながら何度も遊んだ。数日後、今度はブロックでつくった車をT男に見せながら楽しそうに遊んでみた。するとT男は遊びはじめ、保育者はすぐにいろいろな色のブロックで車をつくり、T男の前に並べ、一緒につくろうと言葉をかけた。赤いブロックをT男に渡すと、保育者をまねしながら車をつくろうとした。こうしてT男はブロック遊びに興味をもつようになった。

---

特定の物としかかかわらない子どもに対して、強引に克服させようとしても逆効果である。子どもが興味を示しているもので遊ぶなど、子どもの世界に寄り添うことで、次第に一緒に遊んでみようというきっかけが生まれる。ゆっくり、ていねいに、しかし的確に援助することがポイントになる。

援助の基本的な姿勢として、「子どもの行動や発達を客観的かつ正確に理解する」、そして「子どもの情緒の安定を図り、保育者との信頼関係を築く」、そのうえで「子どもの欲求や発達状況に沿った環境設定や援助を工夫する」「専門機関との連携やアドバイスを活用する」、「保護者との信頼関係のなかで適格なアドバイスを心がける」などがあげられる。

## 2 ── 特別支援と保育

### (1)「インクルージョン」という考え方

1994（平成6）年に、スペインのサラマンカで開かれたユネスコの「特別なニーズ教育に関する世界会議」で採択されたのが「サラマンカ宣言」である。障害のある子どもを含むすべての子どもたちが、教育を受ける権利をもち、一人ひとりの特性や関心、能力および教育ニーズを考慮して教育計画が立案され、実施されるべきであることを宣言した。

> サラマンカ宣言
> 1 すべての子どもが教育への基本的権利を有しており、満足のいく学習水準に到達し維持する機会を与えられなければならない。
> 2 子どもは全て独自の性格、興味、能力それに学習ニーズをもっている。
> 3 こうした幅の広い子どもたちの性格やニーズを考慮して、教育システムはデザインされ、教育プログラムは実施されるべきである。
> 4 特別なニーズ教育をもっている子どもたちは、そうした子どものニーズに合わせることのできるような、子どもを中心におく教育の考え方に沿うことのできる普通の学校へアクセスしなければならない。
> 5 インクルーシブな方向性をもっている普通の学校こそが、差別的な態度と闘い、歓迎されるコミュニティを創り出し、インクルーシブな社会を建設し、すべての人々のための教育を達成するためのもっとも効果的な手段である。さらにこうした学校は大多数の子どもに対して効果的な教育を提供するし、全教育システムの効果性をあげ、最終的にはその経費節減をもたらすものである。

これまでの障害児教育では、「統合教育（インテグレーション）」という考え方が主流であった。統合教育は、通常の学級に障害児を迎え入れる、つまり障害児と健常児に分けたうえで両者を統合する教育形態を理想とした。

インクルーシブな教育（＝インクルージョン）は、インテグレーションの次の段階にあたる。障害児と健常児を区分せず、すべての子どもを包み込む教育を追求している点に特徴がある。子どもはさまざまな個性やニーズをもっており、そのなかに障害児も含まれる。インクルーシブな教育は、一人ひとりの違いを認め、それぞれの教育ニーズに対応し、すべての子どもの特別な教育的ニーズが通常の学校において満たされるべきであるという考え方である。

## （2）「特別支援教育」から「特別ニーズ教育」への広がり

　中央教育審議会「特別支援教育を推進するための制度の在り方について」（2005［平成17］年12月）では、校内や関係機関の連絡調整にあたる特別支援教育コーディネーターや、質の高い教育的支援を支える地域ネットワークの設置等を提言した。また、これと連動して文部科学省は、2006（平成18）年6月の学校教育法改正によって、これまでの特殊教育諸学校を「特別支援学校」と改称した。

　インクルージョンの考え方の影響もあり、これまで「特殊教育」として位置づけられてきた障害児教育も、「特別支援教育」に再編成され、比較的軽度の発達障害も含め、障害のあるすべての子どもに対してその教育的ニーズを把握し、適切な教育や指導を通じて必要な支援を行うこととなった。また、教育面だけでなく、児童福祉や小児医療、児童相談等のさまざまな分野との連携・協力が必要であることから、「支援」という概念が普及した。

　2012（平成24）年7月に文部科学省の「特別支援教育の在り方に関する特別委員会」により「共生社会の形成に向けたインクルーシブ教育システム構築のための特別支援教育の推進（報告）」が出された。そこでは、乳幼児期を含め早期からの教育相談や就学相談を行うことで、本人・保護者に十分な情報を提供するとともに、幼稚園等の関係者が教育的ニーズと必要な支援について共通理解を深めることによって、保護者の障害受容につなげ、その後の円滑な支援にもつなげていくことが重要である、と提言した。

　また近年では、さまざまな個人的・社会的要因から生じる生活上の困難さや生きづらさを抱え、特別な支援や配慮を必要としている子どもに対する教育、すなわち「特別ニーズ教育」（Special Needs Education）が提唱されている。これは、不登校の子どもや言葉や文化に壁がある外国籍の子ども、貧困等の原因により家庭環境に問題がある子どもなど、それぞれの子どものニーズに合わせた特別な教育的配慮が必要であるという考え方である。

　たとえば、2017（平成29）年に改訂された幼稚園教育要領では、障害のある幼児等の指導について、「集団の中で生活することを通して全体的な発達を促していくことに配慮」しながら、「個々の幼児の障害の状態などに応じた指導内容や指導方法の工夫を組織的かつ計画的に行う」ことを求め、医療や福祉・保健等の専門機関との連携を図りつつ、個別の教育支援計画や個別の指導計画を作成し活用することに努めることを求めている。また、「海外から帰国した幼児や生活に必要な日本語の習得に困難のある幼児については、安心して自己を発揮できるよう配慮するなど個々の幼児の実態に応じ、指導内容や指導方法の工夫を組織的かつ計画的に行う」ことを求めている。

第7章 ●子どもの育ちの危機と子育て支援

　今後は、乳幼児期から専門的な教育相談・支援が受けられる体制を医療、保健、福祉等との連携のもとに早急に確立することが重要である。また、保育者自身が特別な教育ニーズをもつ乳幼児を支援する保育の実践のため、こうした子どもたちに対する支援のあり方に関する専門的な研修と学習の積み上げがさらに求められることになる。

## 第3節 ●「子育て支援」と保育者の役割

　保育現場でますます重要性を増している職務は「子育て支援」である。子育て支援の実際とともに、それがなぜ、どのように必要とされてきたのか、子育て支援政策の流れを理解することも重要である。

### 1 ――「子育て支援」政策のスタート

#### （1）　エンゼルプラン・新エンゼルプラン

　少子化の指標として合計特殊出生率※9がある。1989（平成元）年の数値1.57をきっかけに（「1.57ショック」）、1990年代以降、国をあげて「子育て支援」政策が推進されてきた。そのスタートは、1994（同6）年12月に策定された「今後の子育て支援のための施策の基本的方向について」（エンゼルプラン）である。国や地方自治体、企業や地域社会等、社会全体で子育て支援を行うことをねらいとし、今後10年間の基本的方向と重点施策を定めた総合計画であった。その後、1999（平成11）年には「重点的に推進すべき少子化対策の具体的実施計画について」（新エンゼルプラン）が策定された。保育サービス事業だけでなく、雇用、母子保健、教育等、幅広い内容が加えられた。

※9　合計特殊出生率
15歳から49歳までの女性の年齢別出生率を合計したもので、1人の女性が一生のうちに平均して産む子どもの数を示す。

#### （2）　次世代育成支援対策推進法

　次に、「次世代育成支援対策推進法」（2003［平成15］年7月）および「少子化社会対策基本法」（同年7月）が制定された。
　次世代育成支援対策推進法は、地方自治体や企業の子育て支援を一層促進するよう「行動計画」を策定し、実施していくことを定めた。国の指針に沿って、都道府県と市町村はそれぞれの地域の実情にあった子育て支援策を、具体的な達成目標とともに策定し、企業（301人以上の労働者を雇用する事業主）は一般事業主行動計画を策定し、都道府県に届け出ることとされた。

## 2 ──「子ども・子育て支援新制度」の施行と近年の動向

### (1) 少子化の要因

政府の重点政策にもかかわらず、少子化に歯止めはかからず、2005（平成17）年には合計特殊出生率は1.26まで低下し、その後やや上昇に転じたが、2017（同29）年には1.43と低い水準のまま推移している。同年に生まれた子どもの数は94万6,065人で、1899（明治32）年の統計開始以来、最少を更新している[※10]。少子化の直接的な原因は非婚化や晩婚化[※11]であるが、これには、①子育てにかかる経済的な負担が大きい、②育児期に子どもに向き合う十分な時間がとれない、③子育ての負担が女性に集中する、④育児休業等の支援制度が不十分である、⑤地域で子育てを支える体制が整わず、孤立した子育てが続いている、⑥若者の社会的自立が遅れ、子どもを産み育てることが難しい、等が背景にある。

### (2) 子ども・子育て応援プラン

2004（平成16）年に「子ども・子育て応援プラン」（2005～2009年）が策定され、3つの視点と4つの重点課題が提示された。その視点とは、①ニート[※12]やフリーター対策など、若年層の自立に取り組む「自立への希望と力」、②子育てに対する不安や負担を軽減する「不安と障壁の除去」、③子育て・親育てを支援する社会をめざす「子育ての新たな支え合いと連帯」である。また、重点課題とは、①若者の自立とたくましい子どもの育ち、②仕事と家庭の両立支援と働き方の見直し、③生命の大切さ、家庭の役割等についての理解、④子育ての新たな支え合いと連帯、である。これに基づき、当面の具体的行動となる28の施策を掲げ、幅広い分野で具体的な目標値を設定した。

### (3) 子ども・子育てビジョン

その後の少子化対策の政策として、「新しい少子化対策について」（2006［平成18］年6月）、「『子どもと家族を応援する日本』重点戦略」（2007［同19］年12月）、そして民主党政権による「子ども・子育てビジョン」（2010［同22］年1月）などが相次いで出された。「子ども・子育てビジョン」は、目指すべき社会への政策として、4つの柱（①子どもの育ちを支え、若者が安心して成長できる社会、②妊娠、出産、子育ての希望が実現できる社会、③多様なネットワークによる子育て力のある地域社会、④男性も女性も仕事と生活が調和する社会の実現）を掲げた。また、男性の育児休暇の取得促進や長時間労働の抑制及び年次有給休暇の取得促進、育児休業や短時間労働等

※10 厚生労働省「平成29（2017）年 人口動態統計」。

※11 2015（平成27）年の総務省「国勢調査」によると、30～34歳では、男性はおよそ2人に1人（47.1％）、女性はおよそ3人に1人（34.6％）が未婚であり、35～39歳では、男性はおよそ3人に1人（35.0％）、女性はおよそ4人に1人（23.9％）が未婚である。長期的には未婚率は上昇傾向が続いているが、男性の30～34歳、35～39歳、女性の30～34歳においては、前回（2010年）の国勢調査から横ばいとなっている。

※12 ニート
ニート（NEET）とはイギリス政府が命名したNot in Education, Employment or Trainingの略語。日本では、厚生労働省が「非労働力人口のうち、年齢15～34歳、通学・家事もしていない者」（労働経済白書）と定義している。2016（平成28）年のニート総数は57万人と推定されている（内閣府「子ども・若者白書」2017年6月）。

第7章 ●子どもの育ちの危機と子育て支援

の両立支援制度の定着などの具体策があげられた。

### (4) 子ども・子育て支援新制度

　2012（平成24）年8月には、「社会保障と税の一体改革」関連法として、子ども・子育て関連3法※13が成立した。この法改正によって2015（平成27）年から施行したのが「子ども・子育て支援新制度」である。この新制度では、（1）質の高い幼児期の学校教育、保育の総合的な提供、（2）保育の量的拡大・確保（待機児童の解消、地域の保育の支援）、（3）地域の子ども・子育て支援の充実、の3つがねらいとされた。具体的な政策として、①認定こども園、幼稚園、保育所を通じた共通の施設型給付および地域型保育給付の創設※14、②「幼保連携型認定こども園」制度の改善、③地域の実情に応じた子ども・子育て支援の充実（「地域子ども・子育て支援事業」の再編※15）、④実施主体（市町村による計画策定、給付・事業の実施）と社会全体による費用負担（消費税率の引き上げによる恒久財源の確保）、⑤政府の推進体制と「子ども・子育て会議」の設置、などが掲げられた。

### (5) 近年の政策動向と保育の無償化への動き

　その後も政府は矢継ぎ早に政策を講じている。「少子化社会対策大綱」（2015［平成27］年3月）を策定し、子育て支援策への一層の充実のほか、「若い年齢での結婚・出産の希望の実現」「多子世帯への一層の配慮」「男女の働き方改革」を掲げた。また、「ニッポン一億総活躍プラン」（2016［平成28］年6月）では、希望出生率1.8の実現を掲げ、待機児童の解消のための保育の受け皿整備（保育整備量の上積み、企業主導型保育の推進）や、保育士の処遇改善を盛り込んだ。さらには、「働き方改革実行計画」（2017［平成29］年3月）でも、保育士の技能・経験に応じたキャリアアップの仕組みの構築やさらなる処遇改善、低所得世帯の保育料の無償化範囲の拡大等を示した。

　政府は、子育て世帯を応援し社会保障を全世代型へ抜本的に変えるため、幼児教育の無償化を一気に加速させている。幼児教育・保育の無償化を2019（平成31）年10月から施行する方針とし、2019（同31）年2月に子ども・子育て支援法改正案を閣議決定した。無償化の対象範囲として、0〜2歳児では住民税非課税の低所得世帯を対象として、月額4.2万円までの利用料が無償化される。また、幼稚園、認可保育所、認定こども園、障害児通園施設等に通う3〜5歳児は原則すべての世帯を無償化する（幼稚園は月2.57万円まで）。また、認可外保育施設等についても、保育の必要性があると認定された3〜5歳児を対象として、認可保育所の保育料の全国平均額（月額3.7万円）まで

---

※13　子ども・子育て関連3法
2012（平成24）年8月に成立した「子ども・子育て支援法」、「認定こども園法の一部改正」、「子ども・子育て支援法及び認定こども園法の一部改正法の施行に伴う関係法律の整備等に関する法律」をいう。

※14　施設型給付と地域型保育給付
従来バラバラに行われていた認定こども園、幼稚園、保育所に対する財政支援の仕組みを共通化したものが「施設型給付」である。「地域型保育給付」とは、幼稚園や保育所等以外の市町村が認定する保育事業（小規模保育、家庭的保育、居宅訪問型保育、事業所内保育）に対する財政支援をいう。

※15　本章の表7－1（p.130）を参照。

の利用料が無償化される。このほか、幼稚園の預かり保育についても、利用実態に応じて限度額の範囲内で無償化されることとなる。

## 3 ── 保育施設における子育て支援

具体的にどのような子育て支援が保育者に求められているのか、保育所、幼稚園等の保育施設ごとにその特徴をまとめておこう。

### (1) 保育所における子育て支援

児童福祉法の第18条の4では、保育士の職務を「専門的知識及び技術をもつて、児童の保育及び児童の保護者に対する保育に関する指導を行うこと」と定義している。つまり、子どもの保育と保護者に対する子育て支援の2つが主たる職務となっている。また、同法第48条の4では、保育所は、「利用される地域の住民に対してその行う保育に関し情報の提供を行い、並びにその行う保育に支障がない限りにおいて、乳児、幼児等の保育に関する相談に応じ、及び助言を行うよう努めなければならない」と、保育に関する相談・助言等の子育て支援の職務を努力義務として定めている。

保育所の保育内容を示した「保育所保育指針」（2017［平成29］年3月告示）の「第1章総則」では、「家庭や地域の様々な社会資源との連携を図りながら、入所する子どもの保護者に対する支援及び地域の子育て家庭に対する支援等を行う役割を担う」ことを、保育所保育に関する「基本原則」の1つに掲げている。さらに、指針の「第4章子育て支援」では、「全ての子どもの健やかな育ちを実現することができるよう、（中略）子どもの育ちを家庭と連携して支援していくとともに、保護者及び地域が有する子育てを自ら実践する力の向上に資する」ことを強調している。

2017（平成29）年に改定された保育所保育指針では、「保育所における子育て支援に関する基本的事項」として、①保育所の特性を生かした子育て支援と、②子育て支援に関して留意すべき事項を示している。①では、保護者の自己決定を尊重した支援や保育士等の専門性や保育所の特性を生かした支援を掲げた。②では、地域の関係機関等との連携及び協働、保護者や子どものプライバシーの保護を指摘している。

また、「保育所を利用している保護者に対する子育て支援」として、保育所からの情報提供や保育への積極的な参加等による保護者との相互理解を掲げた。さらに「保護者の状況に配慮した個別の支援」として、保護者の就労と子育ての両立等を支援する多様な保育事業や、子どもに障害や発達上の課題

がある場合の市町村や関係機関との連携及び協力、外国籍家庭等の特別な配慮を必要とする家庭への個別支援を掲げている。あわせて、不適切な養育等が疑われる家庭への支援や、地域の保護者等に対する子育て支援も示している。

　乳幼児の保育に関する相談・助言とは、利用者との信頼関係に基づいて、子育ての不安や悩みに日常的に対応する機会を設けることである。直接相談、電話や電子メールによる相談、乳児保育や保健、食育等の専門的な相談等が幅広く行われている。相談や助言にあたっては、カウンセリング・マインド※16を基本に、プライバシーの保護や秘密の保持に留意し、必要に応じて嘱託医や専門的機関等の意見を求めたり、虐待が疑われる場合には、児童相談所等に連絡したりするなど、連携して援助にあたることが求められている。

### （2）幼稚園における子育て支援

　学校教育法第24条では、「幼稚園においては（中略）幼児期の教育に関する各般の問題につき、保護者及び地域住民その他の関係者からの相談に応じ、必要な情報の提供及び助言を行うなど、家庭及び地域における幼児期の教育の支援に努めるものとする」と、幼稚園の子育て支援の役割を定めている。

園は地域社会のふれあいの拠点でもある

　「幼稚園教育要領」（2017［平成29］年3月告示）では、「第3章教育課程に係る教育時間の終了後等に行う教育活動などの留意事項」のなかで、子育て支援を指摘している。すなわち「（前略）子育ての支援のために保護者や地域の人々に機能や施設を開放して、園内体制の整備や関係機関との連携及び協力に配慮しつつ、幼児期の教育に関する相談に応じたり、情報を提供したり、幼児と保護者との登園を受け入れたり、保護者同士の交流の機会を提供したりするなど、幼稚園と家庭が一体となって幼児と関わる取組を進め、地域における幼児期の教育のセンターとしての役割を果たすよう努める」ことを求めている。そのために、心理や保健の専門家や地域の子育て経験者等と連携・協働しながら取り組むよう配慮すべきとしている。

　また「預かり保育」※17を、「地域の実態や保護者の要請により、教育課程に係る教育時間の終了後等に希望する者を対象に行う教育活動」と定義し、2017（平成29）年に改訂された幼稚園教育要領では、幼児の心身の負担に配慮しながら、以下の点に留意して実施するよう求めている。

※16　カウンセリング・マインド
相手の抱く悩みを、相手の視点に立って理解しようとする気持ちや心構えのことをいう。専門家としてのカウンセラーにも共通する"カウンセリングの精神"ともいうべきものである。保育者や教員にも、子どもや保護者の気持ちや考え方を尊重し、理解し、大切にする姿勢として、カウンセリング・マインドが求められている。

※17　預かり保育の実施状況は、2016（平成28）年6月1日現在で、公立幼稚園66.0％、私立幼稚園96.5％、全体で85.2％の園が実施しており、週あたり5日間行っている幼稚園は全体の83.2％にのぼる（文部科学省「平成28年度 幼児教育実態調査」）。

> 幼稚園教育要領　第3章教育課程に係る教育時間の終了後等に行う教育活動などの留意事項
> （1）　教育課程に基づく活動を考慮し、幼児期にふさわしい無理のないものとなるようにすること。その際、教育課程に基づく活動を担当する教師と緊密な連携を図るようにすること。
> （2）　家庭や地域での幼児の生活も考慮し、教育課程に係る教育時間の終了後等に行う教育活動の計画を作成するようにすること。その際、地域の人々と連携するなど、地域の様々な資源を活用しつつ、多様な体験ができるようにすること。
> （3）　家庭との緊密な連携を図るようにすること。その際、情報交換の機会を設けたりするなど、保護者が、幼稚園と共に幼児を育てるという意識が高まるようにすること。
> （4）　地域の実態や保護者の事情とともに幼児の生活のリズムを踏まえつつ、例えば実施日数や時間などについて、弾力的な運用に配慮すること。
> （5）　適切な責任体制と指導体制を整備した上で行うようにすること。

### （3）　幼保連携型認定こども園における子育て支援

　認定こども園は、幼稚園と保育所の双方の機能をあわせもつ総合施設として2006（平成18）年度に発足した。子ども・子育て支援新制度のなかで「幼保連携型認定こども園」の拡充を図るべく、当該施設の設置、運営の改善が図られてきた。「就学前の子どもに関する教育、保育等の総合的な提供の推進に関する法律」（認定こども園法）で、認定こども園のねらいを定めているが、特に「地域における子育て支援」の中核を担う施設として期待されている。同法第1条の「目的」では、「小学校就学前の子どもに対する教育及び保育並びに保護者に対する子育て支援の総合的な提供を推進するための措置を講じ、もって地域において子どもが健やかに育成される環境の整備に資することを目的とする」と規定され、「保護者に対する子育て支援の総合的な提供を推進するための措置」を講ずることが定められている。この法律で「子育て支援事業」とは、次の4点に分類されている（同法第2条第12項）。

> ・保護者からの相談に対する必要な情報の提供及び助言
> ・保護者の疾病その他の理由により家庭養育が一時的に困難となった子どもの保育
> ・子育て支援を希望する保護者と支援する民間団体等との連絡・調整
> ・地域の子育て支援団体等への必要な情報の提供及び助言

　「幼保連携型認定こども園教育・保育要領」（2017［平成29］年3月告示）では、「第1章総則」の「第3　幼保連携型認定こども園として特に配慮すべき事項」のなかで、保護者に対する子育ての支援を示している。つまり、「子どもに対する学校としての教育及び児童福祉施設としての保育並びに保護者に対する子育ての支援について相互に有機的な連携が図られるようにすること」と、「保護者が子どもの成長に気付き子育ての喜びが感じられるよう、幼保連携型認定こども園の特性を生かした子育ての支援に努めること」が示されている。

また、教育・保育要領の「第4章子育ての支援」では、保育所や幼稚園の双方の子育て支援の視点を含みつつ、幼保連携型認定こども園の独自の役割も強調している。たとえば、「教育・保育活動に対する保護者の積極的な参加」が地域社会における家庭や住民の子育てを自ら実践する力の向上及び子育ての経験の継承につながるきっかけとなることや、「保護者の生活形態が異なること」を生かして保護者同士が子育てに対する新たな考えに出会い、気づき合えるよう工夫することなどが提起されている。また、「第3 地域における子育て家庭の保護者等に対する支援」では、幼保連携型認定こども園は、「認定こども園法第2条第12項に規定する子育て支援事業を実施する際には、（中略）地域性や専門性などを十分に考慮して当該地域において必要と認められるものを適切に実施する」というように、努力義務とされている保育所以上に、地域の子育て支援の役割が強調されている。

### （4） 地域における子育て支援

　子ども・子育て支援新制度では、保育施設を利用する子どもの家庭だけでなく、在宅の子育て家庭を含むすべての家庭および子どもが支援対象とされた。具体的には、各市町村が地域の実情に応じて事業を実施できるよう、これまで実施されてきたさまざまな子育て支援を再編し、2015（平成27）年に「地域子ども・子育て支援事業」（表7－1）として拡充を図っている。また、国は地域の子育て支援の新たな担い手として同年に「子育て支援員」を創設した。子育て経験のある主婦などが対象で、一定の研修を受けると小規模保育や家庭的保育、一時預かり、放課後児童クラブ等で、保育者の補助として従事できるようになる制度である。

## 第4節 ●「子育て支援」を考える視点

　保育者のこれからの「子育て支援」には、健全な子どもの育ちを家庭や地域社会とともに支援する姿勢が重要となる。「家庭や地域社会とともに」とはどういうことかを考えてみたい。

### 1── 子育てを通じた「親育ち」

　保育サービスの充実は、かえって依存的な子育てや無責任な子育てを助長

**表7－1　地域子ども・子育て支援事業の概要**

| | |
|---|---|
| ①利用者支援事業 | 子どもや保護者の身近な場所で、教育・保育施設や地域の子育て支援事業等の利用について情報収集を行うとともに、それらの利用に当たっての相談に応じ、必要な助言を行い、関係機関等との連絡調整等を実施する事業 |
| ②地域子育て支援拠点事業 | 家庭や地域における子育て機能の低下や、子育て中の親の孤独感や負担感の増大等に対応するため、地域の子育て中の親子の交流促進や育児相談等を行う事業 |
| ③妊婦健康診査 | 妊婦の健康の保持及び増進を図るため、妊婦に対する健康診査として、①健康状態の把握、②検査計測、③保健指導を実施するとともに、妊娠期間中の適時に必要に応じた医学的検査を実施する事業 |
| ④乳児家庭全戸訪問事業 | 生後4か月までの乳児のいるすべての家庭を訪問し、子育て支援に関する情報提供や養育環境等の把握を行う事業 |
| ⑤　養育支援訪問事業 | 乳児家庭全戸訪問事業などにより把握した、保護者の養育を支援することが特に必要と判断される家庭に対して、保健師・助産師・保育士等が居宅を訪問し、養育に関する相談支援や育児・家事援助などを行う事業 |
| 子どもを守る地域ネットワーク機能強化事業（その他要保護児童等の支援に資する事業） | 要保護児童対策地域協議会（子どもを守る地域ネットワーク）の機能強化を図るため、調整機関職員やネットワーク構成員（関係機関）の専門性強化と、ネットワーク機関間の連携強化を図る取組を実施する事業 |
| ⑥子育て短期支援事業 | 母子家庭等が安心して子育てしながら働くことができる環境を整備するため、一定の事由により児童の養育が一時的に困難となった場合に、児童を児童養護施設等で預かる短期入所生活援助（ショートステイ）事業、夜間養護等（トワイライトステイ）事業 |
| ⑦子育て援助活動支援事業（ファミリー・サポート・センター事業） | 乳幼児や小学生等の児童を有する子育て中の労働者や主婦等を会員として、児童の預かり等の援助を受けることを希望する者と当該援助を行うことを希望する者との相互援助活動に関する連絡、調整を行う事業 |
| ⑧一時預かり事業 | 家庭において一時的に保育を受けることが困難になった乳幼児について、保育所、幼稚園その他の場所で一時的に預かり、必要な保護を行う事業 |
| ⑨延長保育事業 | 保育認定を受けた子どもについて、通常の利用日及び利用時間以外の日及び時間において、保育所等で引き続き保育を実施する事業 |
| ⑩病児保育事業 | 病気の児童について、病院・保育所等に付設された専用スペース等において、看護師等が一時的に保育等を行う事業 |
| ⑪放課後児童健全育成事業（放課後児童クラブ） | 保護者が労働等により昼間家庭にいない小学校に就学している児童に対し、授業の終了後等に小学校の余裕教室や児童館等において適切な遊び及び生活の場を与えて、その健全な育成を図る事業 |
| ⑫実費徴収に係る補足給付を行う事業 | 保護者の世帯所得の状況等を勘案して、特定教育・保育施設等に対して保護者が支払うべき日用品、文房具その他の教育・保育に必要な物品の購入に要する費用又は行事への参加に要する費用等を助成する事業 |
| ⑬多様な主体が本制度に参入することを促進するための事業 | 新規参入事業者に対する相談・助言等巡回支援や、私学助成（幼稚園特別支援教育経費）や障害児保育事業の対象とならない特別な支援が必要な子どもを認定こども園で受け入れるための職員の加配を促進するための事業 |

出典：内閣府「地域子ども・子育て支援事業について」2015年

するのではないかという指摘が一部ある。親の保育ニーズを優先するあまり、子育て支援が健全な「子育ち」につながっていないのではないかという指摘である。子育て支援が「子育ち」につながるには、保育施設と家庭・地域社会とが連携・協力して子育てにあたることが大切である。しかし実際には、家庭や地域社会における子育てが十分に機能していない現状がある。

## （1） 子育て体験や育児スキルの不足

都市化や情報化、少子化にともない家族の構成や役割が大きく変化し、出産や育児に必要な知識や知恵、技能がかつてのように伝えられ、一人ひとりの親に定着することは難しい状況にある。その結果、妊娠・出産に対して、また、乳児や幼児の育ちに対して、親である実感がともなわず、子育ての基本的知識や技能が未熟なまま親となる人が増加している。子育てに関する過剰な情報にとまどい、自分の子育てに過度の不安を抱いたり、悩みを抱えたりしているのである。

## （2） 子育ての孤立化と不安の増大

親は、子どもとのかかわりも、子育てを通じての他者とのかかわりも、孤立している。身近な自然環境の喪失や、安全で安心して遊ぶことのできる環境が地域からなくなりつつあるといった問題等から、地域社会での遊びが縮小し、自宅内や自宅周辺での孤立した遊びがますます強まる傾向にある。その結果、子どもの遊び相手として「母親」の役割が増し、母子密着の閉ざされた環境のなかで、他者と交わる機会が減るという悪循環に陥っている[※18]。

さらに、子育て意欲の高まりと不安の増大がある。多くの親は、子どもを育てることに肯定的なイメージを抱き、親として子どもに尽くそうと懸命に努力している。しかし、子育てをがんばるほど負担感が増していき、子育てに対するイライラ感、ひいては児童虐待の増加の背景となっている。また、子育てに唯一の正解を求めたり、他の人と比較したりするなかで自分の子育てを評価するなど、気持ちにゆとりをもって子育てを行うことができず、かえって自己嫌悪感や挫折感を強く抱く傾向もみられる。

子育てに関して最初から完璧な親は存在せず、実際の子育てにかかわってこそ親が育っていくという視点は重要である。「子育てを通して親自身が親として成長していくこと」を「親育ち」というならば、子育ちと親育ちがともに豊かになる社会が望ましい。親たちの子育て、あるいはこれから親となり子育てに入る世代に対して単に批判するだけではなく、こうした人々が主体的に希望をもって子育てに向かうことができる社会的支援が重要となる。

※18 ベネッセの「第5回幼児の生活アンケート」（2015年）では、1歳6か月～6歳11か月の幼児の平日の遊び相手（幼稚園・保育所以外）について、「母親」と回答した比率は2000年68.6%、2005年80.9%、2010年83.1%、2015年86.0%と20年間で30.9ポイント増加している。一方、「友だち」と回答した比率は減少し続けており（2000年51.9%、2005年47.0%、2010年39.5%、2015年27.3%）20年間で28.8ポイント減少した。

## 2 ── 期待される「親の子育て」支援

　子育て支援の課題は、子育て支援が「子育ち」につながることである。それには、家庭における「子育て」はもちろん、園が「子育ち」「親育ち」をともに支援していくことが大切となる。どのように支援していくか、いくつかの視点からみてみよう。

### (1)「親の子育て」支援の視点
　「親の子育て」支援のねらいは、子育てを通じて「親が育つ」という点にある。まずは園に入園する前の「親の子育て」支援として、子育て家庭との連携が重要となる。具体的な支援策を2つあげてみよう。

① 親と親をつなぐ試み

　就園前の親子を対象とした交流活動や遊びのプログラムが、多くの園で実施されている。園庭・園舎を一般開放して地域の親子が自由に遊ぶ機会を設けたり、テーマやねらいをもったプログラムを企画・実施している。こうした園解放や遊びの広場等における交流をきっかけに、保護者の横のつながりやむすびつきが生まれることが望ましい。孤立しがちな子育てを脱して、保護者間の交流を通じて支え合う関係をつくり出し、さらには保護者同士のネットワークとなり、そのことが主体的な親育ちの姿へと向かうのではないだろうか。先輩の親が後輩の親を支援し、支援を受けた側が今度は自分が支援する側に回るという好循環を生み出すことで「開かれた親育ち」となる。

② 保育参加

　「保育参加」とは、従来の保育参観を一歩進めて、保護者が保育者の保育活動に協力・参画しながら一緒に保育を行うことである。参加形態もさまざまであり、終日参加もあれば、保育活動への部分参加や読み聞かせ、自由遊びへの参加などもある。保育参加を通じて期待される効果は、親自身の子どもの見方、親としてのあり方を振り返るきっかけとなることである。さまざまな子どもの姿を目の当たりにすることで、柔軟な子ども観をもつようになり、親としてのあり方を子どもの姿や場面を通じて考えることができる。また、わが子だけをみるのではなく、クラス全体の子どもをみて、協力して自分たちの子どもを育てようという意識をもつことができる。さらには、ベテラン保育者の働きかけや表現方法をみて、子育ての実践力を高めることにつながる効果も期待できる。

## （2）「みんなで子育て」という体制

　子育て支援は、園だけで抱え込む問題ではない。「子育ち」「親育ち」に向けた地域社会との協働や協力が必要である。「みんなで子育て」とは、地域のさまざまな人々が保育に参加し、自分が「子育ち」に貢献できることを通して、お互いがかかわり合うことである。「みんな」とは、保護者を含め、子育てに関心のあるすべての人々のことをいう。園の行事はもちろん、日ごろの保育に、いろいろな人々がいろいろな形でかかわることができる環境が望ましい。それには、地域社会を広く巻き込んだ保育をつくり出すことが必要となる。

　たとえば、東京都のある区立の認定こども園は、地域社会の子どもをみんなで育てる機運を高めることが保育内容の充実にもつながるとして、隣接する小学校との連携や、中・高校生の保育ボランティアの受け入れ、高齢者との交流活動を積極的に取り入れている。保護者もわが子以外の子どもの世話をすることで、余裕をもって自分の子どもと接することができるようになり、ともに育てる意識が深まったという。

　また、札幌市のある私立幼稚園では、いろいろな人々が協力して子育てに参加している。赤ちゃんから祖父母まで、いつでも誰もが保育に参加でき、保護者も子どももそれぞれが友だちをつくり、その輪を広げていくことを大切にしている。いろいろな人が子どもにかかわるなかで大人同士も交流を深め、親も子どもも親しくなり、助け合う生活が自然にできるようになったという。

　子育てを通じたつながりから親同士が支え合う仕組みに発展し、また、自分の子育て後も若い親への支援をしたいと思えるような関係性が大切である。

## （3）　子育て支援ネットワークの構築

　個々の機関・団体だけでは解決できない子育ての課題は少なくない。そこで、子育て支援にかかわる機関・団体がネットワークをつくり、迅速な対応を図ることができる体制（子育て支援ネットワーク）が求められる。たとえば、子育てサークルにとって運営上の悩みや解決策を話し合うネットワークや、園児や保護者の健康づくりに医療機関や行政が協力する体制が考えられる。そのため、行政組織はもちろん、乳幼児の保健、医療、福祉、特別支援、保育サービスなど、専門的機関による横のつながりを緊密にする必要がある。

　2015（平成27）年度から施行されている「地域子ども・子育て支援事業」[※19]のなかに、「利用者支援事業」という事業がある。これは、子どもとその保護者や妊娠している人が教育・保育施設や地域の子育て支援を手軽に利用しや

※19　地域子ども・子育て支援事業について、詳しくは、本章の表7－1（前掲、p.130）を参照。

すいよう身近な場所で情報を提供し、必要に応じて相談・助言や関係機関との連絡調整を行うものである。これには、①「総合的な利用者支援」として、子育て家庭の「個別ニーズ」を把握し、支援を行うこと、②「地域連携」として、子育て支援の連携・協働の体制づくりを行い、地域の子育て資源を活用するという2つの面がある。

一方、中央教育審議会「チームとしての学校の在り方と今後の改善方策について」（2015［平成27］年12月）では、①新しい時代に求められる資質・能力を育む教育課程を実現するため、②複雑化・多様化した課題を解決するため、③子どもと向き合う時間の確保等のため、「チーム学校」の体制整備を提言した[20]。その体制整備の一つの視点として、「専門性に基づくチーム体制の構築」があり、①教職員の指導体制の充実（必要な教職員定数の拡充、指導教諭の配置促進等による指導体制）、②教員以外の専門スタッフの参画（スクールカウンセラーやスクールソーシャルワーカー、学校司書、部活動指導員、看護師等の配置）、③地域との連携体制の整備、を提案している。保育施設についても学校と同様に、子育て支援を組織的に展開する「チーム」性が必要となる。

中央教育審議会「子どもを取り巻く環境の変化を踏まえた今後の幼児教育の在り方について」（2005［平成17］年1月）でも、保育カウンセラー制度が提案されていたが、特別支援の保育や子育て支援の体制を充実させるには、気になる子どもや障害のある子どもの具体的な指導への支援、保育カンファレンス（事例分析、相談）[21]を通しての専門性向上への支援、他の専門的機関との多職種の連携が求められている。

### （4）「次世代育成」のために

子育て支援には、次世代の親を育てていく試みも重要である。具体的には、中・高校生の保育体験や子育て体験の推進がある。職場体験学習、家庭科学習の一場面としても、中・高校生が幼稚園や保育所等で乳幼児とかかわる体験学習が多く取り入れられている。

子育て体験や乳幼児とのふれあいは、相手の立場に立って物事を考え、相手の気持ちに共感する、積極的に相手のためになることを考え行動するという、いわゆる「社会力」[22]を育てる貴重な体験となる。こうした経験は、親となったときに、子育てを肯定的に、主体的に取り組む基盤となり、また、他者と協力して幅広く子育てを支援しようとする態度と行動につながっていく。子ども時代に乳幼児とのふれあい経験のあるほうが、子育てに肯定的であり、自分から他者に積極的にかかわっていき、将来の子育てについても肯

---

[20] 「チーム学校」の考え方については、第5章（p.102）を参照。

[21] 保育カンファレンスについては、第5章（p.93）を参照。

[22] 社会力
「社会力」とは、門脇厚司氏がいう「社会を作り、作った社会を運営しつつ、その社会を絶えず作り変えていくために必要な資質や能力」をいい、社会力の基盤には相手を思いやり、共感するコミュニケーション能力が必要となる（『子どもの社会力』岩波書店　1999年）。

定的にとらえる傾向があるという調査結果もある[※23]。また、親との会話頻度が高く、「ほめられる」「叱られる」というしつけを受けた記憶をより多くもっている生徒ほど、結婚にも子育てにも肯定的なイメージをもつ場合が多いという。このように、親や地域とかかわりながら、乳幼児と接する機会をもつことは、将来の結婚・子育てをより肯定的にイメージすることができるということになる。園が、地域社会のなかで進んでさまざまな人々と協力し、中・高校生と乳幼児との接点を積極的に設けることによって、広い意味での「親育ち」を支援することにもなるのである。

　以上のように、これからの園は、地域社会や家庭、小・中・高校等と連携して「開かれた保育」を実践するなかで、「子育ち」と「親育ち」をともに支援していく拠点として、重要な役割を担っている。

[※23] 国立青少年教育振興機構「若者の結婚観、子育て観等に関する調査」（平成29年3月）。

---

●「第7章」学びの確認
①子どもの「育ち」の危機に対して、どのような保育を行えばよいか、育ちの問題ごとに具体的に考えてみよう。
②あなたが居住する市町村のホームページから、どのような子育て支援が園で実施されているかを調査し、まとめてみよう。

●発展的な学びへ
①子どもの「育ち方」がおかしいと思う事例やデータを新聞やインターネットから収集し、その原因について考えてみよう。
②実習した園での子育て支援の実際や実施上の課題等についてインタビューを行い、自分なりの考えをまとめてみよう。

---

■推薦図書■

● NHKスペシャル「私たちのこれから」取材班編『超少子化　異次元の処方箋』ポプラ社
　　出生率「1.5」を下回る「超少子化」の状態が20年以上も続く日本について、これまでの経緯と、深刻な少子化から脱却した成功例を示しながら斬新な打開策を提案している。

● 赤川学『これが答えだ！少子化問題』ちくま新書
　　これまでさまざまな少子化対策が打たれてきたが、改善の兆しはほとんどあらわれていない。なぜ少子化対策が行きづまるのか、その理由を説明している。

● 大豆生田啓友『ちょっとした言葉かけで変わる保護者支援の新ルール─10の原則─』メイト
　　保護者理解、信頼関係の構築、情報発信の方法など、保育者として保護者対応に迷ったときの道しるべとなる「10の原則」を、保育現場のよくあるケースを取り上げながら紹介している。

●○● コラム ●○●

## 子育て支援は「共育ち」

認定こども園 中野マリア幼稚園園長　湯本美奈子

　方程式もなく模範解答もない子どもたちの育ちは、一人ひとり違います。たとえ子育ての経験がなくても、子どもとともに喜怒哀楽を分かち合い、子どもの豊かな心身の成長を願いながら、喜びをもって幼稚園生活を送れる先生の生き方が、実はそのまま「子育て支援」につながるのではないでしょうか。以下はある日の保護者からいただいた手紙の一部です。

　「昨日は私（園児の母）の誕生日でした。前日から子ども3人で相談したり練習したり、飾り付けしたり、一応"内緒"でやっていました。当日は、あいさつからはじまって『おおきなかぶ』の劇あり、歌あり、工作ありの盛りだくさんで、プレゼントは『ちゅーちゅー券』（誰でも好きな人にチューしていい券）や『マッサージ券』をもらいました。幼稚園での誕生会、先生の劇やお母さんたちの手遊び、クリスマス会でのイエス様へのやさしさカード等、みんなでお祝いする気持ち、『おめでとう』の気持ちを"物"でなくても伝えられることを子どもたちはちゃんと知っていました。先生方や幼稚園での教育のおかげです。何よりのプレゼントになりました」。

　子どもたちの教育のために、毎日心を配って保育するということは、すぐには結果としてみえなくても、ちゃんと子どもたちに育っていると思います。それが心の成長とともにあらわれたとき、親も保育者も、子どもを通して子育ての喜びを実感するのです。子どもをどう教育しようかと悩むのではなく、子どもがいてくれるから、親としての喜びも保育者としての幸せも味わわせてもらえることを忘れずに、ともに育ちあえる親や保育者になりたいものですね。

# 第 8 章　現代社会の変化と保育者の仕事や課題

◆キーポイント◆

　乳幼児を相手に、「歌って踊って絵を描いて、工作や運動で体を動かしながら元気に動き回っている明るいお姉さん」。こうした保育職のイメージにあこがれ、保育士や幼稚園教諭をめざそうとする人は多い。
　しかし、現在と未来において保育者に期待され要求される仕事は、単に「子どもとのコミュニケーション」の上にだけ存在するものではない。本章では、保育者が担うべき仕事（課題）を増やし、その内容を拡大させつつある現代社会の重要な変化について考えてみたい。

## 第1節 ● 増加し多様化する保育者の課題

　保育者の具体的な仕事や課題とは、いったい何だろう。
　私たちはかつてそれを、「子どもと一緒に歌い、踊り、絵を描き、時に散歩や運動もしながら子どもを楽しませる」という、いわば「子守り」の延長線上で考えることが少なくなかった。
　実際、学校教育法で「学校」として性格づけられている幼稚園での諸活動を、小学校以上での「教育」と結びつけて認識している保護者や一般人は少なくない。そのため、「子どもとのコミュニケーションが上手な人」＝「保育者」という「保育者」のイメージが、一般的に残っている。
　今、この「子どもとのコミュニケーションの専門家」という保育者像が急激に変化しつつある。もちろん、「子どもと一緒」という重要な仕事や課題が消失したわけではない。そこへ新たに付け加えられるものが増え、しかも、多様化している。
　その典型が、国家政策「子育て支援」の最前線における担い手としての役割であり、「父母（保護者）とのコミュニケーション」に関する仕事、そして、それをこなすための新たな資質能力の形成と獲得である。
　以下、保育者の仕事や課題の増加と多様化を生み出す、現代社会の変化のいくつかについて考えてみる。

## 第2節 ● 国家政策「子育て支援」と地域・家庭の教育力

### 1 ── 少子化問題の意味するもの

　少子化の進行に伴う保育者の仕事や課題を考えるうえで重要なのは、兄弟姉妹や友人とのふれあい経験が減少（人間関係が希薄化）するなかで育った世代が、すでに父母となりはじめているという問題である。つまり、子育ての準備が十分でないままに父母をはじめる人々の増加である。

　私たちは、自分が親になったときの子どもとのつきあい方を、父母から自然に学び取ってきた。つまり、父母から受けた褒め言葉や叱声、眼差しや表情、抱擁や頭をなでられる等の言語的・非言語的なコミュニケーションの体験を通じ、将来における父母としての子どもとの接し方を学習してきた。父母とのコミュニケーションのありようは、次代の親たち（現在の子どもたち）の行動・言動・思考の様式を形づくっていく。それは、兄弟姉妹、友人たちとの人間関係を通した経験のなかで確かめられ、定着していく。

　少子社会の真の問題性や怖さは、社会の活力低下や社会保障制度の崩壊などにあるのではない。父母や保護者としての行動・言動・思考の様式を学び取るのに十分な人間関係の経験を積まないまま、生物学的な意味でだけ親になっていくケースの増大にこそ、恐怖が潜んでいる。

### 2 ── 少子化問題対策としての「子育て支援」

　少子化に対応する国家政策として「子育て支援」が推進されてきた。「子どもを安心して生み育てられる社会を実現すれば子どもの数は回復する」という発想には間違いないだろうが、成果はまだあらわれていない。ここで議論されるべきは、「子どもを安心して生み育てられる社会」の具体像であろう。

　保育所などの保育施設には、早朝保育・延長保育・緊急保育・一時保育・病後児保育など、多種多様な保育サービスの拡充が求められた。産前産後・育児中の父母の相談相手や助言者としての役割の担い手として注目されたのは、保育所の保育士たちであった。「子育て支援」は、社会全体に普遍的に存在すべき機能であり、医師・看護師・助産師・保健師・幼稚園教諭・民生委員・主任児童委員など、多種多様な子育てや保育とかかわる人々によって役割分担されるべきものであるが、乳幼児を保育する場や機会の増加を優先す

る政策が展開されるなか、保育士たちへの社会的期待や要求は必然的に大きくなっていった。

　おわかりだろうか。「子育て支援」の推進により、「保育者」の仕事や課題は、「子どもとのコミュニケーション」だけでは終わらなくなっている。つまり、「父母（保護者）とのコミュニケーション」に関係する諸々の仕事が保育者の上に発生し、それに伴う新たな資質能力の形成と獲得が必須の課題となっている。

## 3 ── 父母や家庭における教育的機能の低下

　国家としての子育て支援に加え、地域社会における子育ての支援がなければ、真の「子育て」は成立しない。教育の場や機会を語る際、家庭（父母）・学校・社会の３つが視点とされるのが基本である。2006（平成18）年12月の教育基本法改正におけるポイントの一つとされたように、父母が担うべき家庭教育は、それが子どもにとって最も基本的な成長・発達の背景や基盤であるという意味において、とりわけ重要である。

　たとえば、ニュージーランドにおいて約70年の歴史を有するPlaycentre（プレイセンター）活動（保護者同士による子育ての相互支援活動）は、「Families Growing Together（ともに成長し合う家族）」と「Parents as First Teachers（人生で初めて出会う先生としての両親）」という２つのスローガンを掲げている。これもまた、子どもの教育が「家庭にはじまり家庭に終わる」という本質をあらわしている。

　昨今、わが国では（若い世代の）父母たちの教育力低下が大きな社会問題とされている。すなわち、父母が子どもに対してすべきことが、十分な形で実現されていない現実に対する強い懸念が存在する。

　連日のように新聞やテレビなどで報道されているにもかかわらず、「児童虐待」は一向に減らない。親となった際、幼い子どもとどのように接したらよいかを学ぶためのふれあい体験や人間関係の希薄化にさらされて育った世代が父母となりはじめている時代である。

　このことを考えれば、組織的子育て活動の専門家である「保育者」に期待され要求される、「父母（保護者）とのコミュニケーション」として新たに生じる具体的な仕事が何であるかは明らかだろう。それはいうまでもなく、生物学的な意味での父母たちが、「子育て」を通じて社会学的・心理学的な意味での「保護者」に育つ過程を支援するという活動である。

## 4 ── 地域社会の教育的機能への期待

　家庭の教育力、すなわち、教育的機能の低下を補完するものとして、近年とりわけ注目を集めているのが「地域社会（コミュニティ）」である。

　心身両面にわたる子どもの成長発達の過程、遊びや学び等の場や機会という視点から考えれば、「子どもの育ちに地域社会が果たす役割や機能・地域社会が及ぼす影響」の大きさへの注目は、とりたてて新しいものではない。

　しかし、子どもの教育の原点たる父母（家庭）の教育力（教育的機能）の低下が問題とされる現代だからこそ、それを補うものとしてさらに強い注目を集めているのが地域社会（コミュニティ）なのである。ただし、地域社会が子どもの教育になし得るのは父母（家庭）による教育の補完であり、決して代行ではない。この点だけは、明確に認識されなければならない。

　地域社会が子どもに対して教育的機能を発揮し得るのは、あくまで父母（家庭）の教育的機能が前提として存在する場合であり、この前提が保障されないままでは、真の意味での地域社会の教育力は成立しない。

　保育者としての専門職的知識・教養や技能・技術に基づく優れた保育活動も同様である。いかに秀でた資質能力を有する保育者であろうと、最終的に父母をこえることはできない。もちろんそれは、保育者が無力であるという意味ではない。保育者がなし得るのは、父母たちの「子育て」の補完・支援・助言・指導、そして、彼らからの不安や悩みの応談が主であるということである。保育者をめざす者として、まずはこの部分や領域の活動に必要な資質能力の向上を心がけるべきであろう。

## 第3節 ● 就学前サービスの再構成

## 1 ──「就学前サービス」の意味

　小学校入学前の子どもを対象に展開されるさまざまなサービスは、「就学前サービス（early childhood services）」と総称される。

　具体的には、そこに保育所の保育活動・幼稚園の教育活動・保健センターや保健所の乳幼児健康診断・子育てサークル等での相互子育て支援活動や児童福祉行政が主導する「子育ての不安や悩み」相談会まで、多くの活動が含まれる。

第8章●現代社会の変化と保育者の仕事や課題

わが国での「就学前サービス」議論で、現在、最も注目を集めているのが「幼保一元化（保幼小の連携）」と「認定こども園」である[※1]。前者は、教育基本法や学校教育法を根拠とする「学校としての幼稚園や小学校（意図的・組織的教育機関）」と、児童福祉法をよりどころとする「児童福祉施設としての保育所」とを、「ともに3歳〜就学前・就学後児を対象とする」、「少子化による在園児・在籍児数の減少で、集団生活を基盤とする社会性伸長のための機会が少なくなった」、「（教育および児童福祉の）行財政効率が悪化した」等を理由に、乳幼児および児童のための1つの施設や制度として統合しようという主張である。

この「幼保一元化（保幼小の連携）」の発想に、「子育て支援」機能の拡充をあわせた発想から生み出されたのが「認定こども園」であり、そこでは、幼稚園・保育所・子育て支援センターの有機的統合がめざされている。

※1 認定こども園について、詳しくは、第1章（p.33）を参照。

## 2 ──「就学前サービスの再構成」が保育者に与える影響

「幼保一元化（保幼小の連携）」や「認定こども園」の出現は、当然、保育職の仕事や課題に少なからぬ影響を与える。読者の最大の関心事であろう保育施設への就職という側面についていえば、今後は、保育士資格と幼稚園教諭免許状の両方を有する「保育教諭」[※2]のほうが、保育職の地位の開拓と発見が容易になる。「保育」と「幼児教育」との統合が、社会や時代のニーズとして認識される以上、保育士資格と幼稚園教諭免許状とが制度的に一本化される可能性は十分にある。

※2 保育教諭について、詳しくは、第1章（p.34）や第2章（p.44）を参照。

幼稚園教諭免許状についていえば、「子育て支援」において「父母（保護者）とのコミュニケーション」活動の展開に欠かせない基本的な資質能力を形成するためには、2年制課程で取得できる二種免許状ではなく、4年制大学以上で取得可能な一種免許状への期待が高まるであろう[※3]。その理由の一つとして、2006（平成18）年10月に公表された文部科学省「幼児教育推進計画」に、幼稚園における「教諭一人あたりの担当園児数を30名とする（現行35名）」ことと同時に、「幼稚園教諭一種免許状取得者率の引き上げ」が述べられていることがあげられる。

※3 幼稚園教諭免許状について、詳しくは、第3章（p.53）を参照。

ただし、保育士資格や幼稚園教諭免許状は、それを取得しただけでは十分ではない。本来、それが保障すべき保育者に必要不可欠な（最低限度の）資質能力が、保育職志望者一人ひとりのなかに確実に形成され、獲得されていることが最も重要である。

## 第4節 ●「多文化共生教育（保育）」の必要性

### 1 ── 在住外国人の増加

　筆者がかつて所属していた大学のある静岡県浜松市には、有名楽器メーカーや自動車・オートバイメーカーの大規模工場がある関係から、多くの外国人労働者が生活していた。単身赴任者もいれば、家族ぐるみで日本に移住してきた人も少なくない。この浜松市がかかえる大きな問題の一つが、日常生活や成長・発達の背景や基盤となる言語や文化が異なる子どもたちの教育問題である。在日外国人の子どもだけの保育所・幼稚園・小学校・中学校を、自らの手で異文化圏にある日本のなかに生み出すことは、異国の地で必死に働く彼らにとって容易ではない。

　日本国憲法は、「すべて国民は」という文言のもと、「基本的人権の尊重（第11条）」「法の下の平等（第14条）」「健康で文化的な最低限度の生活を営む権利（第25条）」「教育を受ける権利（第26条）」などを保障するが、上記の保障の対象は、人道的に「日本で生活するすべての人々」を含むと考えられるべきであろう。そうであれば当然、保育所や幼稚園等にも、国籍・言語・生活習慣・思考様式などが多数派（マジョリティ）とは異なる乳幼児が増えてくるわけであり、保育者にはそのような新たな状況に対応するための資質能力の獲得が期待されるようになる。

### 2 ── 次なる教育政策としての「多文化共生教育」

　国際社会で日本が占める位置の変化、そこで果たすべき役割や責任の増大という状況に対応すべく、1989（平成元）年の「学習指導要領」の改訂以降、「国際理解」や「多文化共生」は、わが国の学校教育を語るうえで非常に重要なキーワードとなっている。そして、この教育の方針は当然、就学前教育段階にある子どもたちにも向けられる。

　国際理解教育に関する議論でさかんに取り上げられるのは、幼児期からの英語教育である。だがそれは、「保育者」に英語の素養を求めることにつながるものではない。なぜなら、国際理解教育がめざすのは、子どもたちを「異文化」の存在に気づかせ、各文化は独自の価値を有するという感覚を身につけさせることだからである。

第8章 ● 現代社会の変化と保育者の仕事や課題

　国際理解教育や多文化共生教育の推進や進展が「保育者」に求める資質能力とはすなわち、次の5つである。

> ①自分の成長発達や日常生活の基盤や背景にある言語や生活習慣（衣・食・住環境など）や思考・行動様式とは異なるものが存在することに対する理解
> ②一人ひとりの間には、一切の価値的差異が存在しないことに対する理解
> ③多種多様な子ども（人間）を理解するための"異文化"に対する興味関心や問題意識
> ④異文化学習のため基礎的語学力
> ⑤コミュニケーション能力

　では、「コミュニケーション能力」とは何だろうか。より具体的にその内容を考えてみると、他人に対する興味や関心、他人との会話を楽しもうという気持ち、聴く・話す・読む・書く力などということになるだろう。小学校以上の教育内容には、すでにこのような「コミュニケーション能力」の伸長を目的とする「ディベート」や「プレゼンテーション」が明確な形で盛り込まれており、幼児期からそうしたコミュニケーションへの関心を育んでいくことが求められるだろう。

　また、「子どもとのコミュニケーション」だけにとどまらず、「保護者・同僚（園長）・地域社会とのコミュニケーション」を展開する必要性が増大しつつある「保育者」にとって、より高いレベルのそれの獲得は必須である。

海外の保育の様子

## 第5節 ●「男女共同参画」理念と「ジェンダーフリー」論

### 1 ──「男女共同参画」と「ジェンダーフリー」

　バリアフリー※4、ユニバーサルデザイン※5、少子高齢社会への対応などと

※4　バリアフリー
障害者や高齢者など、なんらかの障害をもつ人たちが直面してきた多種多様な社会的不便や不具合を解消すること、もしくは不便や不具合を取り除いた状態をさす。

※5　ユニバーサルデザイン
文化や国籍、性別、障害の有無などを問わず、すべての人がすべての生活の部面において暮らしやすい社会を実現することをめざした建築・製品などの設計（デザイン）をいう。

並び、現在、国をあげて取り組もうとしている課題に、「男女共同参画」社会と「ジェンダーフリー」社会の実現がある。

「男女共同参画」[※6]は、女性の「社会進出や参加」よりも女性の意思決定過程や政策立案過程への関与をより強調する考え方である。つまり、物事が議論・決定・実行される全過程において、男性と女性とが完全に、「50対50」で役割や責任を分担していこうという社会思想である。

伝統的にこの国では、女性がいろいろな問題に関する意思決定や政策立案の過程において、中心的役割を担うことは多くなかった。「男女共同参画」社会の実現を国家が重要な政策として選択したことは、ある意味で私たちの精神のありようの改造を国がめざしはじめたということであり、保育者の仕事や課題を考えるうえで看過できない問題である。

現代社会における重要な思想的潮流のもう1つが、「ジェンダーフリー」である。ジェンダー（gender）とは、遺伝子的・生物学的に決定された性差（sex）や性役割ではなく、たとえば、「ピンクは女の子向け・男は家庭外で仕事をするもの」等のように、後天的・文化的に特定の社会のなかで形成された男女の違いをいう。それらの多くは「昔からそのように決まっている」という以外の根拠が曖昧かつ不明確である。だからこそ「ジェンダーフリー」論は、すべての人たちに、そのような伝統的な固定観念による制約や拘束から解放されることを求めるのである。

では、「男女共同（協働）参画」「ジェンダーフリー」「バリアフリーやユニバーサルデザイン」の遂行に向けた自主的・積極的な取り組み姿勢が、私たちには根づいているのだろうか。女性のなかにも「責任が伴う職やポストには男性が就くべきである」「女性が積極的に表舞台に立つことは好ましくない」等の発想が少なからず残っていることを示すデータも少なくはない。特に「ジェンダーフリー」については、紋切り型になっている「男らしさ・女らしさ」という発想や言動からわれわれが解放されるのに、まだ多くの時間と努力が必要であろう。

## 2 ──「お手本」としての父母や家庭との連携・協働

バリアフリー、ユニバーサルデザイン、男女共同参画、ジェンダーフリーなどは国家レベルの政策や課題として選択され、法律や制度として成立している。法治国家である以上、われわれはそれぞれの立場において、その政策の実現に向けての協力や努力をしなければならない。保育者もまた、前述の概念や理念を正しく次代に伝え、定着させるという任務や義務を当然負うこ

※6　男女共同参画社会基本法第2条を参照。

とになるわけである。それらに関する十分な理解や自分なりの視点や態度を確立しておかなければならない。

ところで、乳幼児に「男女共同参画」や「ジェンダーフリー」といった抽象概念を学ばせようと思っても、言葉で説明したのではほとんど効果がないだろう。感覚運動的・自己中心的・具体的な思考活動を特徴とする乳幼児に対する指導方法として有効なのは、「やって見せる」ことである。

たとえば、「他人の気持ちを考える」「友だちを大切にする」とは具体的にどのように行動することであるのかを示すため、それを保育者自身が日常生活のさまざまな場面のなかで、くり返し「やって見せる」ことが重要である。したがって、「男女共同参画とは」「ジェンダーフリーとは」に対する答えもまた、保育者の具体的な行動や言動として、子どもたちの眼前に示されなければならない。

子どもたちに「お手本」を示す、つまり「やって見せる」という役割や責任は、もちろん基本的には父母に帰属するものであろうが、保育所や幼稚園等において保育者たちが演じられる部分も決して少なくはない。その意味において、子どもにとっての「お手本＝やって見せる」という部分での保育者と父母との連携協力（協働）関係が必要となり、父母との密接なコミュニケーションを活用していくための資質能力が必要となるのである。

## 第6節 ● これからの保育者に期待されるもの

保育者の仕事や課題に影響を与える現代社会の動向のいくつかを述べ、これからの保育実践の現場に立つ人たちに期待されるであろう新たな資質能力について示唆してきた。最後に、もう一度それらを整理しておこう。

### 1 ── 幅広い知識・教養・技術・技能の形成

乳幼児を取り巻くさまざまな環境は、時代とともに急変している。もちろん、伝統的な「衣・食・住」環境だけの話ではない。家族との人間関係のあり方、テレビやゲーム、スマートフォン、SNSなどから与えられる影響、地域社会から受けるプラス・マイナス両面での影響、「子どもの人権」に関する社会的関心の薄さ、さまざまな個性への社会的理解など、広範にわたる。これから保育者をめざす人には幅広い知識や保育活動の技術が求められる。

保育者は、保育専門職者である前に、まずは「常識的な一人の社会人」であるべきである。言い換えれば、子どもしか相手にできない保育者はあり得ない。一人の常識ある社会人としての幅広い知識や教養を、ぜひとも身につけていただきたい。

## 2 ── コミュニケーション能力の伸長

　保育者たちの日常的なコミュニケーション活動の対象は、「子ども」である。したがって、なによりもまず「子どもとのコミュニケーション」能力のレベルが問われるのは当然である。だが、保育者は、「父母（保護者）・同僚・園長（施設長）・他園（施設）の職員・行政担当者・地域の人々」など、いろいろな場や機会にさまざまな人たちとの意思疎通や決定を経験しなければならない。特に、子育てをめぐる「父母や家庭との連携協力」や「地域社会からの有形無形の支援」、幼保一元化に伴う「合同研修（研究）会」などの重要性が強調される状況のもとでは、他者と協力・協働し合うためのコミュニケーション能力が不可欠である。

　たとえば、日常生活のなかでなにげなくやり過ごしている他者との「あいさつ・返事・電話」などに、自分では気づかない不具合や失礼はないだろうか。レポートや試験答案などに、誤字・脱字あるいは奇妙な日本語などはないだろうか。自分自身のコミュニケーション能力をふり返るうえでの基本は、このようなところにある。

　自分の意見や感想を相手にわかりやすく伝えるための話し方や資料作成の方法、建設的な意思決定のための議論の方法などは、ぜひ学生時代から習得をめざしていただきたい。そのために、自分の書いた文章や自分の話す説明を、まずは身近な人に読んでもらったり聞いてもらったりしてほしい。そこから得られる客観的なアドバイスは、自らのコミュニケーション能力を高める貴重な経験になるはずである。

## 3 ── 相手を理解しようとする努力

　筆者の友人に、全盲の大学教員がいる。生後間もなく両眼球の摘出手術を受けたため、彼には「何かを見た・目が見えていた」という記憶がない。したがって、彼に「目が見えなくて不自由でしょう？」と問いかけることには何の意味もない。彼にとって、「目が見えない」ことは障害ではなく、また、彼自身それを障害だとは考えていない。これまでの約半世紀の人生を、彼は

視覚なしでちゃんと生きてきた。

　この「目が見えない」友人を思い出すたびに、筆者は人間に貼りつけられる「障害」という一種のレッテルの存在に疑問を感じる。「目が見えない」という事実の受け止め方・考え方・感じ方は、人それぞれであろう。

　「視力・視覚がない＝障害」という単純図式や短絡的発想で、人間がもつ1つの側面（たとえば、目が見えない・耳が聞こえない・手足が不自由・知的発達が遅い等）を、当人以外の人間が（勝手に）「障害」と呼び得るのか否かについては議論の余地がある。しかし、ここで最も大切なのは、そのような特徴をもつ人々に対し、初対面の時から差別や同情の態度で接しないことであり、その特徴について詳しく知り、理解しようと努力することである。

## 4 ── 実践研究力の向上

　より質の高い保育実践を展開するために不可欠なのは、優れた実践に関する保育者相互での丁寧な情報交換と綿密な議論である。せっかくの優れた保育実践活動であっても、かかわるすべての者の間でその実践を共有するための情報や、よりよい実践のあり方を導くための議論の技術が不足していては、それを活用することはできない。

　たとえば、あまりに主観的な言葉（例：「子どもたちの瞳のなかにお花が咲いたような…」等）で語られる実践、要点も論点も整理されないまま提示される「実践記録（と称する日誌風の文書）」、機械的な「原稿棒読み」のような発表や報告などは避けるべきであろう。これからの保育者には、クリエイティブな議論ができるような高い保育実践研究力をぜひ求めたい。

## 5 ── 組織的活動能力の向上

　最後に、保育者の個人的な問題から離れ、各園の組織としての力についてふれておきたい。

　保育者の仕事が「子どもとのコミュニケーション」だけで語れなくなっていることはくり返し述べてきた。保育者個人のレベルでいえば、自分が保育活動を展開する一人の独立した保育専門職であることにプライドをもつのと同時に、特定の組織に所属し、組織として子育てを行っているという自覚と責任をもつことが重要である。組織に属して活動する以上、園の方針や他の保育者の実践を無視するなど、組織内の調和を乱すような行為や活動は慎むべきである。

そして、組織としての力である。「楽しい職場」であることは大切だが、いつしか緊張感や切磋琢磨(せっさたくま)を欠く「慣れ合い」の集団になっているケースが少なくない。組織には必ず、「人間関係を維持する」機能と「課題を達成する」機能とがある。両者をともに高いレベルで維持できるよう、定期的に、園長（施設長）を中心として、「子どもたちのために高い機能性と活動能力をもつ組織」になっているか否かを確認し合う必要がある。この作業は、ベテラン保育者だけに任せられるべきではない。保育経験の浅い者には、浅い者ならではの視点や発想のよさがある。ベテランがつい見落としてしまうようなことを、新人であるがゆえに発見できるという場合もある。先輩保育者の助言や忠告に素直に従うのは当然だとして、子どもたちのためによりよい保育実践を議論するうえで、必要以上に遠慮をすべきではないだろう。

---

●「第8章」学びの確認
①わが国における「少子化対策」の動向について簡潔にまとめよう。
②これからの保育専門職に期待され要求される資質能力を箇条書きにしてみよう。
●発展的な学びへ
①『保育所保育指針解説』『幼稚園教育要領解説』『幼保連携型認定こども園教育・保育要領解説』のなかから、保育者の役割についての解説を読んでみよう。
②「ジェンダー」について簡潔に説明しよう。また、あなたの身の回りのジェンダーに関する事柄を挙げてみよう。

---

■推薦図書■

●石井秀夫他編著『家族からみる現代社会』八千代出版
　フランスの家族社会学者ルーセル（Louis Roussel）は、現代社会を「不確実な家族の時代」という言葉で呼ぶ（「まえがき」より）。本書は、その「不確実」性の正体が何であるかを広範かつ多角的に論じようとする試みであり、保育関係者の必読書として薦めたい。

●山田千明編著『多文化に生きる子どもたち―乳幼児期からの異文化間教育―』明石書店
　子育てや保育の場においても既に、子ども・父母（保護者）・保育専門職など、それと関わる多くの人々の間での異文化間交流や接触が日常的なものとなっている。本書は、保育学・発達心理学・異文化間心理学・多文化教育学など複数の視座の上に立ち、乳幼児期からの異文化間教育のあり得る方向性を示唆している。

第8章●現代社会の変化と保育者の仕事や課題

■付録■
**異文化を生活基盤や背景にもつ人々とのコミュニケーション**

　日本に生まれ日本だけで育った人には、自分自身の成長発達や日常生活の基盤や背景にある日本文化そのものの存在に気づけていない者も多い。近年急速に増加し続ける在日外国人とのコミュニケーションを円滑に進めるため、以下の諸点に留意しておこう。

①「（自分のものとは）異なる文化」の存在を知る

　衣・食・住生活の諸側面に止まらず、人間関係上のマナーや職業的習慣（商習慣）など、世界中にはとにかく多様な文化が存在しているため、自分がもつ文化だけを判断基準とした短絡的な驚愕・狼狽・軽蔑・傾倒をしないよう気をつけたい。

②「（それぞれの）文化の絶対的価値」を認める

　欧米文化・英語文化をはじめとして、われわれ日本人は伝統的に、自分がもつ文化とは異なるものに対して抵抗感や遠慮をいだきがちである。また、ある場合には（残念ながら同じアジア文化に対しては）、日本文化の方がそれらよりも上等だとする誤った考え方をもつ人もいる。各文化には各文化なりの歴史や伝統を背景とする絶対的価値しか存在しておらず、文化と文化の間における相対的価値の上下関係など、決して論じ得るものではない。異文化理解教育や保育の必要性や重要性がますます認識されるなかで、とりわけこの点には注意しておく必要があろう。

③異文化に対する興味関心を持ち続ける

　自分のものとは異なる文化、そして、それをもつ人々に対して継続的な興味関心をもつことが、異文化理解や共生社会の実現には極めて重要である。どうしても人は、一度下した評価の内容から影響を受けやすい。自分がある文化について一時に見聞きできる側面はわずかなものでしかなく、常に「また新しい発見があり得る」という真実を知るべきである。

④ノンバーバル（非言語的）コミュニケーションへの注目

　「異文化理解」を「言語習得」と混同する人が多い。たしかに言葉は、異文化を理解するための有効な手段ではあるが、その最大のキーとなるのはむしろ「こころ」や「気持ち」である。仮に勉強不足で「言葉が通じない」のであれば、表情・身ぶり・手ぶり・動作（ジェスチャー）等の非言語的なコミュニケーションツールを駆使しながら、何とかお互いの意思疎通を図ろうとする積極的な姿勢が必要である。日本流の曖昧かつ不可思議な微笑みは有名だが、YesなのかNoなのかの伝達は、すべてのコミュニケーションの基本である。

●○● コラム ●○●

## 保育士出身の保護者として

元・保育所保育士　但馬真理奈

　結婚を機に保育士を辞してから、もう何年になるのだろう。

　周囲には、家事・育児・パート仕事などで忙しいけれど、そのなかになんとか楽しみを見つけながら毎日を乗り切っている母親や、仕事の忙しさに流されたまま、子どもとのふれあいをもてないで狼狽（ろうばい）している父親や、それでも何とか頑張っている父親など、とにかくいろいろな保護者たちがいる。

　長男の幼稚園時代（数年前）には、「小学校に入るまでは」と家での子育てに専念する母親が多かった。でも今は、「幼稚園に入った」「給食がはじまった」「お迎えが午後になった」等を理由に、パートに出る人が増えた。聞けば、「家計のため」がほとんどだ。

　異論もあるだろうが、私たちが本当に望む「子育て支援」とは、「預かってくれる」ではなく、むしろ、「経済的援助」なのではないか。パート仕事が「楽しみ」のうちはいいが、「家計のため」が先に立つと精神的・時間的余裕が消えていく。睡眠時間を削る人もいる。そんななかで「子育て」そのものの手抜きを感じ、反省させられることが増えてしまった。

　しかし、多忙であっても母親たちは、どっこいかなりたくましく生きている。登降園時の送迎の際に生まれるわずか数分間のおしゃべりや、降園後のお互いの家庭の行き来などを通して、愚痴（ぐち）の言い合い（内容は秘密）、情報収集、意見交換などを行っているのだ。たとえわずかでも、こういうチャンスはとてもありがたいし、また、貴重だと思う。田舎ならではかもしれないが。

　保育士だけの視点では見えなかったものが、母親をやりながら、だんだんとはっきり見えてきた気がする。この経験のなかで得たもの（現代父母たちの実像？）を一種の武器に、いつか再び保育所に戻りたいと思っている。

第 9 章　日本の保育者のあゆみ

◆キーポイント◆

本章では、明治以来の日本で、保育者がどのような道をたどってきたのかを学ぶ。現場で子どもたちと接する保育者は、何を思い、どのような保育を求めていたのか。保育者をめざすみなさんが、今ある日本の保育が形成されてきた経緯を理解し、自身の保育者像を明確にすることが、本章のねらいである。

## 第1節 ● 日本近代保育の幕開けと保育者

### 1 ── 日本初の幼稚園

　人間の健全な成長には幼児期からの適切な教育が必要であるとの認識は、日本では近代以降、西欧の、特にフレーベル※1の精神に基づいた施設（キンダーガルテン）の存在が知られたことから活発になった。その具体化となる日本の幼稚園の第1号は、現在のお茶の水女子大学にあたる「東京女子師範学校附属幼稚園」であった。

　附属幼稚園の設立に尽力した人物としてまずあげられるのは、文部行政にかかわっていた田中不二麿（1845～1909年）である。田中は岩倉使節団の一員として1871（明治4）年から欧米を回り、保育施設の様子を見聞し、日本に紹介している。彼は当時すでに、幼児教育にとって遊びがいかに大事なものであるかを認識していた。同年、横浜に3名の米国婦人宣教師によって保育施設（亜米利加婦人教授所）が開設される。これは日本における幼稚園の前身ともいうべき施設だが、その告示文を書いたのは、田中と同じく附属幼稚園の設立に多大な貢献をし、同校長にもなった、明治期を代表する啓蒙思想家の中村正直（1832～1891年）である。中村は女子教育に熱心な人物であり、幼稚園設立の際には、集団保育の意義を主張していた。

　日本の幼児教育はこうして、開明的な人々によって、1876（同9）年、東京に開かれたのであった。設立当初の意気込みも、さすがに新時代の幕開けにふさわしく、とても力強いものであった。

※1　フレーベル
F・W・Aフレーベル（1782-1852）はペスタロッチに学び、孤児院に勤め、後に世界初の幼稚園を設立して保育者の養成に尽力した、教育史上特筆すべき人物である。フレーベルが設立した幼稚園はあらゆる人々に開かれたもので、そこでは特に、子どもが内に秘めた創造性と、遊びのなかで発展的にあらわれていく自己活動が重視されていた。

「二十遊嬉之図」（お茶の水女子大学所蔵）。フレーベルの考案した恩物（本書のp.156を参照）で学ぶ子どもたち。東京女子師範学校附属幼稚園の創設当時の光景である

　けれども、開園以後の附属幼稚園の現実の姿は、多くの問題を含んでいた。そもそもこの幼稚園は、一般の庶民のためのものではなく、一部の上層階級のものであった。子どもたちはお付きの者を従え、上品な身なりで、馬車に乗って登園した。1日の時間割は、子どもの遊びの展開に沿うのではなく、あらかじめ決められた時間通りに進められた。歌われたのは、庶民の間で共有されてきたわらべ唄ではなく、西洋の翻訳の歌であった。

　後にみるように、こうした初期の幼稚園のもつ貴族的な傾向は、時が経つにつれ次第に批判にさらされていくことになる。設立時の模範であったフレーベルの精神から離れ、子どもの自由を束縛するような保育を、それも上層階級にだけ行っていたのである。

## 2 ── 日本で最初の保母

　そうした状況でも、保母たちは苦心して日々の仕事をこなしていた。ここでは日本人初の保母である豊田芙雄（1844〜1941年）についてみておこう。

　芙雄は、中村正直と同じ水戸藩（現在の茨城県のあたり）の出身であった。その地ではすでに教育活動を行っていた。その後、附属幼稚園の保母（当時は「保姆」という名称が使われた）に抜擢され、そこで保育活動を行うのである。彼女は、子どもの保育だけでなく、保護者への対応、見習生の養成にもあたっていた。

　彼女の真価は、その後も発揮される。1879（明治12）年、芙雄は東京から鹿児島へ赴いた。それまでの保母としての経験を見込まれ、そこで新たに建設されることになっていた幼稚園の準備について、一切の取り仕切りを任されていたのである。芙雄は鹿児島幼稚園の開園以後1年の間に、39名の幼児を保育し、みずから唱歌をつくり、7名の見習生の指導まで行った。彼女は鹿児島幼稚園においては貴族主義的な傾向を強く戒めたといわれている。

　以後、芙雄の薫陶を受けた保母は全国に数多いという。このように、日本で最初期の幼稚園となる鹿児島幼稚園は、実質的に一人の保母を中心としてつくられた。それが可能であったのは、彼女が単に理念のうえでだけでなく、実際に子どもとかかわり、園の生活を具体的に経験していたからこそであったが、同時に勉強に熱心だったからでもある。彼女は『保育の栞』という、

保母がまとめたものとしては日本で初のガイドブックをつくったほどである。そのなかで芙雄は、子どもを性急に導いてはならないこと、子ども同士が関係を結ぶ際に友愛の情が必要であると教えること、子どもに片言ではなく適切な言葉で語りかけることなど、今日でも通用する保育者の心得を述べている。ここには、現場で子どもとかかわるなかで生まれた保育の原則があるといってよい。

## 3 ── 庶民の生活と保育

　当時、庶民の生活はどのようであったのだろうか。徳川幕府が治めていた時代は終わり、文明開化のかけ声とともに日本は近代社会へと突入したが、多くの庶民の生活はたいてい貧しいものであった。政府に税を納めるため、農民は日夜農作業をし、子どもたちは6～7歳になると家業の手伝いをするのが当たり前であった。一方で、農村から都市に流れ込んできた人々は、細々とした生業で生計を立てる。なかでも没落した士族、新しい技術から取り残された職人等、時代の変化に適応できない人々は都市にスラムをつくった。子どもたちは不衛生な環境のなかで、遊び道具もなしに「ドブ鼠」のように遊びまわっていたと、当時スラムを訪れた者が語っている。

　こうしたことを考えると、東京女子師範学校附属幼稚園が、いかに大多数の庶民の生活とかけ離れたものであったかがわかる。

　庶民にとってまずなによりも必要だったのは、日々の生活を乗り切ることであった。特に第一次世界大戦前後から貧富の差が拡大し、貧しい家庭では家計を助けるために多くの女性が工場などで働くようになった。このことは、子どもを産み育てる役目を負っていた母親としての彼女たちに深刻な影響を及ぼした。日夜、汗だくになって働かなければ生計を立てていけない。そうなると、子どもを育てる余裕がなくなり、子どもたちは必要最低限の教育すらも与えられなくなってしまうのである。こうした状況から、後にみる二葉幼稚園など、子どもを預かる施設がさまざまな形で生まれてくることになる。

　このように、当時の幼児教育は、フレーベルの影響からはじまった上層階級の子弟向けのものと、街頭にあふれていた貧困な子どもたちの社会的支援から設立されたものとに分かれていた。その間にある大多数の人々は、子どもは家庭で育てればよいのであって、高額な月謝を払ってまで幼稚園で教育をさせる必要性はない、と感じていたのである。そのため、近年まで各地域には歴史的に子どもがつくりあげてきた遊びの世界が、そこかしこに息づいていた。

## 第2節 ● 保育の展開とさまざまな試み

### 1 ── 貧困のなかで

　文明開化の波に乗って、明治初期は割合自由な雰囲気のもとで幼稚園が設立された。だが、貧しい生活を送る庶民にとって幼稚園は縁遠いものであった。そうした事情を考慮に入れ、1882（明治15）年、文部省は簡易幼稚園を奨励する。簡易化の方針が示された後、園の数は増え、1886（同19）年には40の幼稚園があった。1892（同25）年には、東京女子師範学校附属幼稚園に分室が生まれ、一応、幼稚園も貧困層に向けて開かれようとしてはいたのであった。

　同時期には、さまざまな形態の保育が展開していった。

　まず、明治10年頃から、子守学校が全国各地で開設される。これは、幼い子どもを子守していた少女を集め、学ばせると同時に子どもの保育を行っていた施設である。子守学校は、昭和初期まで存続していた。

　そして、明治20年代頃から、キリスト教系の幼稚園が増えていく。もともと、貧困状態の子どもを預かって保育するという献身的な活動をはじめたのは、キリスト教徒が多かった。たとえば、先にふれた横浜居留地につくられた託児施設はキリスト教の婦人伝道者によるものであったし、頌栄幼稚園および頌栄保母伝習所を開いて保母養成の尽力し、フレーベルの精神を思想的な背景をふまえて日本の幼児保育に導き入れたA・L・ハウ（1852～1943年）も、敬虔なクリスチャンであった。

　なかでも特筆すべきは、日本人クリスチャン野口幽香（1866～1950年）と森島峰（1868～1936年）によって1900（同33）年に東京麹町に開設された二葉幼稚園である。産業構造が変化していくなかで生まれていった各地のスラムに有志の手によって幼稚園が建設されるが、そうした園の典型がこの二葉幼稚園であった。二葉幼稚園は自らを「貧民幼稚園」と称し、貧しい子どもたちの保育にあたっていた。スラムでは生活環境が悪く、そのことが原因となってか、子どもの性格も歪んだものとなりがちであった。そうした子どもたちの性格を、保育を通して改善していくところに、保母の工夫があった。

　その後、園の事業を引き継ぐのが徳永恕（1887～1973年）である。恕は二葉幼稚園（のちに二葉保育園となる）の拡大に尽力するが、関連施設として、母子収容保護施設の「母の家」を設立する。「乳児を抱へて俄に夫に逝かれた

若き寡婦、多数の幼児をのこして置き去りにあった力なき母など、これら同胞から万てを訴へて頼らる、時先ず要するものは安全な住居であります」[1]と語ったように、当時に多くみられた不幸な境遇の母子を救うため、恕は努力を惜しまなかった。

　仏教徒の活動については、貧困な学齢児童のための慈善学校が知られているが、幼稚園に関しても、明治30年代半ば頃から設立されはじめている。その存在は、京都や栃木で確認されている。

## 2 ── 相互扶助と託児所

　明治に入っても庶民の暮らしは貧しかったが、決して暗いばかりのものではなかった。お互いに助け合うなかで、人々は強さと明るさを保持していた。

　おそらく庶民の間から生まれた託児所の本質を理解するには、こうした相互扶助の精神を抜きにすることはできない。赤沢鍾美（あかざわあつとみ）（1867～1937年）と仲子（なかこ）（1871～1941年）の夫婦が新潟に託児施設をつくったとき、彼らの内に生きていたのもこうした精神であったはずである。

　鍾美は新潟の地で私塾を開き、青年に漢学等を教えていたが、そこに学びにくる者の弟や妹が家に残されたままになり、さらには私塾までついてくるようになる。そうした子どもたちの世話を仲子がはじめたのが、その施設のきっかけである。その後、預かる子どもの数が増え、託児所としての形態を強化した。ここに、「守孤扶独幼稚児保護会」（しゅこふどくようちじほごかい）の設立となる（1892[明治25]年）。この託児施設が開設されたとき、仲子は18歳の若さであった。

　その後、性格は異なるが、1894（同27）年、東京紡績株式会社の工場内に託児所が設けられたのをはじめとして、以後、大企業や官営の企業が経営する工場に託児所が付設されるようになる。工場内の託児施設は、繊維業等で主要な労働力とされていた女子労働者が、子どもの授乳などを労働時間内に効率的に行うことを目的としていた。こうした考え方は、赤沢夫妻のはじめた託児施設の考え方とは異なることをよく理解しておこう。一方は、工場のなかで労働力を合理的に確保するためのものであり、他方は、相互扶助の精神に基づいて、人間的なかかわりのなかから生まれたものなのである。前者のなかに人間性を取り戻すことが、後に労働運動の課題となる。

　なお、明治30年代から「保育所」の名をもつ施設があらわれる。これらは内務省が統括する慈恵救済事業のうちの幼児保育事業として位置づけられていき、文部省が統括する幼稚園とは別の流れを形づくっていくのである。

## 第3節 ● 保育の発展と保育者 －自然・自由・自己活動－

### 1 ──「恩物」中心の保育とその問題

さて、明治の終盤から大正期にかけて、幼児教育に新しい展開がみられる。「恩物」を中心とした保育が、明治30年代以降見直されはじめ、大正期になると子どもの内にあるもの、子どもの個性を引き出し育成しようとする傾向が強まる。いわゆる新教育運動[※2]と呼ばれる考え方である。そこで保育者たちはお互いに協力し、研究しあいながら、さまざまな保育方法を模索していった。よく知られた方法として、子どもの感覚を重視しその育成を試みたモンテッソーリの教育法が日本に導入されたのもこの頃である。

フレーベルが考案した「恩物」(お茶の水女子大学所蔵)。球や立方体、棒、小さな板等を積み木のように組み合わせることで、空間や数、形のとらえ方等を学ぶ。そこにはキリスト教に基づいた思想が秘められていた。

そうした流れに大きな影響力をもっていたのが倉橋惣三(1872～1958年)である。倉橋は従来の形式的な保育を批判し、自由な保育のあり方を提唱した。その考え方は、多くの保母に影響を与えた。

こうした動向をみる前に、ややさかのぼって、まず、明治期の幼稚園教育の柱ともいうべき「恩物」をめぐる保育者の動向をみておこう。この一連の動きには、保育にとって重要なことは何かが明確に示されているからである。

「恩物」はフレーベルが考案した教育遊具で、明治期に輸入されて幼稚園教育の大きな柱となったものである。明治の終わりに至るまで保育活動の要として各幼稚園で使用された。その導入にあたっては、当時、附属幼稚園の主任保母として迎え入れられたドイツ人女性クララ・ティーテルマン(1853～1931年)[※3]の存在は無視できないだろう。クララはドイツでフレーベルから直接保育について学んでいた。「恩物」の使用は、幼稚園制度の基礎を形づくった1899(明治32)年の「幼稚園保育及設備規程」[※4]のなかでも謳われている。

だが、明治当初の幼児教育では、「恩物」は形式的に使われるだけであった。本来、それはあくまで子どもの自己活動を前提として使用されるべきものであったが、その点が理解されていなかった。「恩物」は大切な教育道具であり、厳密な手順に従って組み立てられるものであったのだ。そのようにしては、子どもが自らの自己活動に応じて遊びを展開させていくことはできない。

---

※2　新教育運動
19世紀末に西欧で起こった、児童中心、個性尊重の教育思想を基盤とする教育運動の総称。日本では主に大正期に活発となった。

※3　クララ・ティーテルマン
彼女は、農商務省の役人であった日本人男性・松野礀と結婚しているので、「松野クララ」の名前で呼ばれることが多い。

※4　幼稚園保育及設備規程
文部省令として出された幼稚園保育及設備規程は、制度面でははじめて幼稚園について総合的に規定したものであり、幼稚園の方向性の基礎を形づくった。そこでは、幼稚園が満3歳より小学校就学前までの幼児を保育するところであること、保育時間を1日5時間以内とすること、幼児保育の項目は「遊嬉」「唱歌」「談話」「手技」とすること等が定められた。

## 2 ── 子どもの興味と自己活動の重視

「恩物」の使われ方にはっきりと疑問符をつきつけた保育者の一人に、望月くに（1868〜1955年）がいる。彼女は、東京女子高等師範学校を卒業したのち、幼稚園の主任保母として保育の現場で働いたり、また、女学校の教諭として教壇に立ったりして過ごしていたが、1906（明治39）年に神戸市立神戸幼稚園の園長となる。

さて、当時の幼稚園教育がフレーベルの恩物を中心としたものであり、それが形式化していたことは先に述べたとおりだが、望月くにが園長となった頃、東京女子師範学校教授であった東 基吉（1872〜1958年）らを中心として、そうした保育のあり方に疑問の声が上がりはじめていた。また、のちに附属幼稚園の主事に任命された倉橋惣三が、棚に大事にしまわれていた恩物をカゴにばらばらにうつし、子どもがいつでも自由に遊べるようにしたという有名な逸話がある。倉橋と同じ思いは多くの者がすでに抱いていたのである。

望月くにも恩物中心の保育に疑問を抱いていたのだが、一方で、ならばどのような保育が真によいものなのか、日夜悩み続けていた。そうした彼女に、そもそも子どもはいかなる存在なのかを研究するところからはじめなければならないと、後の心理学者・楢崎浅太郎（1881〜1974年）が助言する。そして望月くには、幼児の心理について、多くのことを勉強しはじめる。ここに、あるべき保育について現場で悩み続けていた保育者と、学問的な根拠を示す研究者との連携が生まれたのである。望月くにが神戸幼稚園の保母たちと研究した事柄は、子どもの心身の発達から、性格、道徳意識、諸感覚、観念、睡眠等、多岐にわたる。

「子どもに興味がなければ自己活動は起こらない。幼児の保育においても大人の考えを先にせず、子どもの興味に乗じて自然にその目的を達するようにせねばならない」[2]。これは望月くにの発言である。まことに自信にあふれた言葉ではないか。自ら子どもについての研究をきちんと行い、同時に保育の現場で子どもとふれあってきた保育者ならではの言葉であるとはいえないだろうか。子どもの研究をそのままで終わらせるのではなく、現場の保育に生かそうとする熱意こそが、重要なのである。私たちが学ばなければならないのも、望月くにのこうした姿なのである。彼女は言う。「自から工夫し出したことには力がありますが模倣には力がありません」[3]。

## 3 ── 幼児教育の新しい展開 ―自由保育と自然保育―

　大正期に入ると、新教育運動の影響で子どもの自由や自然を強調する保育活動が盛んになる。たとえば1922（大正11）年に大阪ではじめられた「家なき幼稚園」では、子どもは粘土遊びをするのに河原から粘土をとってくることからはじめ、季節の移ろいを示す樹木とともに遊ぶ。まさに自然とともに保育を行っていた。このような、「自由保育」「自然保育」といった思潮は、大正期に顕著なものである。
　さらにいくつか活動をあげてみよう。
　まず、1921（同10）年、公営のセツルメント※5として設立された北市民館の活動がある。その館長となったのが志賀志那人（しがしなと）（1892～1938年）である。北市民館が設立されたのは、大阪の天神橋、いわゆる細民街である。

※5　セツルメント
スラム街などで行われた福祉を目的とする社会事業をさす。

　志賀は、子どもの内にある自然をよく見抜いていた。彼は、保育者が子どもとかかわるとき、知らず知らずのうちに子どもの自然を抑圧していることに注意を向けている。「A様はB様よりよく出来ました。皆さんそんなに御衣裳を汚したらお母様に叱られます。御飯を頂く時は行儀よくしなければなりません。知らず知らずの裡（うち）に発せられる先生の言葉は決して偽りではない。しかしそれが協力を破り、自由を奪ひ、自然に逆ひつつある事を知らねばならない」4)。そしてまた、子どもの遊びは、大人が自分たちの子ども観を投影してつくり上げたものではなく、子どもによって自発的になされる創造的な活動を重視していた。「子供の要求するものは決して飾りのついた、複雑なものでなくて、応用自由な簡単粗朴なものである。彼に取つて一本の棒切れは跨（また）げば馬である。立てればマストである。ねらへば鉄砲である。振れば刀である」5)。

※6　ルソー
ジャン・ジャック・ルソー（1712～1778年）。フランスの思想家。著書『エミール』で自然状態において成長する子どもの姿を描き、文明社会の弊害を批判した。ルソーの考えは日本の教育思想にも大きな影響を与えている。

　志賀が子どもという存在をよくとらえていることがわかる。そのうえで、「自由」や「自然」についての彼なりの考えを展開させている。都市のなかの、それも細民街という矛盾が集中している場所にあって、社会への批判を含みつつ、自然のなかへ子どもたちを解放させようとしたのである。その考えには、『エミール』を書いて文明社会から自然への回帰を主張したルソー※6に通じる、文明批判が読み取れよう。
　やや後には「子どもの村保育園」の活動が起こる。これは、平田（ひらた）のぶ（1895～1958年）が開設したものである。平田は当初、東京池袋の「児童の村小学校」※7で訓導（現在の教諭）をしていたが、そこを辞した後、農村の季節託児所を設営したり、奥（おく）むめおとともに女性運動に身を挺したりしていた。1931（昭和6）年、深川にあった同潤会アパートの一室に、「子どもの村保育園」

※7　児童の村小学校
1923（大正12）年、野口援太郎らを同人とする教育の世紀社が立ち上げた実験的な学校。児童の自発性と個性が尊重された。

を開く。そこでは「協同自治」の精神にのっとって保育活動の運営がなされていた。これと同じような自治的性格は、北市民館の活動にもみられる。

　ここで紹介した試みは、明治期から続く貧困層に対する救済活動としての性格をもちつつ、同時に大正期の新教育運動の特性をあわせもっている。だがこのような試みを生みながらも、時代は戦争の色合いを強めつつあった。

## 第4節 ● 厳しい時代のなかでの保育

### 1 —— 働く母親と託児所

　1919（大正8）年、米騒動をきっかけとして大阪市に公立の託児所が開設される。以後、特に関東大震災に見舞われてから、託児所の必要性が認識され、その数が増大する。明治の末には、工場付設以外の託児所は15か所であったが、大正の終わりには250以上となる。これらは民間の手によるものであり、大都市の労働者地区を中心として広がっていた。

　また、農繁期託児所も大正の末には130以上に達している。農繁期託児所は農作業の忙しい季節に限定した形で開設されたもので、寺院がその場所を提供することが多かった。

　ところで、当時の託児所ではどのような保育がなされていたのだろうか。1921（同10）年の託児保育規定をみると、第2条に「幼児ハ一般幼稚園ノ課程ニ準シ之ヲ訓育ス」とあり、今のように「領域」ではなく「課目」として「遊戯」「唱歌」「談話」「手技」の4つがあげられている。これは先にふれた「幼稚園保育及設備規定」で示された内容と共通のものであり、同時代の幼稚園教育とのかかわりをうかがうことができる。

　また、1925（同14）年、東京市社会局が発行した『託児所の栞』には、震災後の託児所で預かった子どものうち、保母が「困難」と感じた状態の例※8が載せられている。これをみると、当時「保育を全うすることの出来ぬ」とされた状態がどのようであったかが推測されるだろう。

　以後、託児所は1930年代から40年代にかけて激増する。1931（昭和6）年には、プロレタリア教育運動※9の流れを汲んだ無産者託児所※10が開設される。無産者託児所を開設していた人々は、女性の社会進出を擁護し、そのためには託児施設が必要であると主張していた。だが、そこで働いていた保育者は過酷な弾圧にあい、活動を維持できなくなっていった。

※8　保育が困難であると感じられたのは、次の10例である。①衣服および女児の髪に虱の行列あること、②青はな、鼻下のただれ、③耳だれ、口腔の悪臭、④トラホーム（顆粒性結膜炎）、眼やに、⑤頭部顔面手足の腫物、⑥栄養不良児、異常児、⑦衣服の不完全より来れる弊害、⑧悪遊戯より来れる弊害、⑨粗暴、盗癖、⑩青蠅等の光るを見て美しく感じ持遊ぶ危険（東京都公立保育園研究会編『私たちの保育史』東京都公立保育園研究会　1980年）。

※9　プロレタリア教育運動
労働者の立場から階級闘争を行うことを目的とした教育運動をいう。

※10　無産者託児所
無産者の子どもを保護するために無産者によって設立された託児所をさす。

## 2 ── 幼稚園・託児所・家庭の関係

　1926(大正15)年になると「幼稚園令」が出され、幼稚園の教育制度上の位置づけが明瞭なものとなる。以後、戦時体制に突入するまで幼稚園の数は増えていき、1937(昭和12)年には2,000園を超えた。大正末年では、就学児童のうち、幼稚園修了者は3.6%にすぎなかったといわれている。その後、各県によって差はあるが、その数値は上がっていった。

　また、この幼稚園令は託児所を含むように思える内容であったため、幼稚園と託児所との関係についての議論が起こった。幼稚園令に対する修正意見として提出されたのは、たとえば、「同一地区ニ類似ノ内容ヲ有スル幼稚園ト託児所又ハ保育園ヲ対立セシメザルコト」といったものである。これは、いわゆる幼保二元体制に対して問題視する意見であり、今日特に私たちが考えなければならないものである。

　それに加えてもう一点、保育施設と家庭との役割分担をどこで線引きするのか、という問題がある。1932(同7)年、東京市の玉姫市民館で保母長をしていた三輪(みわ)キクの言葉は、その問題を適切に打ち出している。

> 　託児所の使命が児童の保護と教育にかかっており、現在の家庭は児童の保護にあたるべき母親が表に働く必要上保護の任にあたるのは、当然託された託児所の責任と存ぜられます。(中略)それと同時に最も必要なことは児童の教育の方面と存じます。児童は身体の保護を受ける権利があると共によき教育をほどこさるる権利を持っていると存じます。現在の家庭状態においては全くといってよい程、投げやりにされている児童に対して、託児所および保母が十分心して教育にあたらなければならないと存じます。
> 　　　　出典:「恵まれぬ子供等を中心に考える」『社会事業』昭和7年10月号、一部現代表記に変更

　この言葉は、保育施設の存在基盤の根本にふれている。子どもの保育は、そもそも誰がどこで行うのが望ましいのか。家庭か、保育施設か。また、両者の間で、どのような役割分担がなされるべきなのか。しつけは家庭でどれだけ行うべきか。保育施設の役割は、家庭との関連でいうならどの範囲まで含まれるのか。保母の役割と母親、父親の役割はどう違うのか。この問題は、現在の保育を考えるうえでも最重要なものの一つといえよう。

## 3 ── 戦時下の保育

　1937(昭和12)年、日中戦争がはじまる。同じ年、戦時体制に合わせるべく、教育制度全体が検討され、幼稚園も国策に準ずる形で位置づけられていった。戦時体制は、単に思想統制をするだけでなく、厚生政策の充実を図るも

のでもあった。というのも、体制そのものを維持するためには、「健全」な子どもの成長が不可欠だからである。彼らは「労働力」として必要な存在であり、そしてその確保のためには母親の健康も保たれねばならない。こうして、1938（同13）年に厚生省が設置され、社会局児童課が児童保護のための政策を担当することとなった。ここに、国策と密接に関連する形で、乳幼児の保護育成、人口の増殖、栄養不良を減少させること等がめざされることになる。

けれども、この時代にも創造的な保育活動はなされていた。1936（同11）年、「保育問題研究会」が組織され、画期的な保育研究や実践記録を生み出した。その理論的支柱を担ったのが、城戸幡太郎（きどまんたろう）（1893～1985年）である。城戸の考え方のうち、特にここで述べておかなければならないのは、彼がそれまでの「児童中心主義」を建設的に乗り越えようとしたことである。城戸は、子どもが自ら求める事柄を重視する一方で、同時に保育者は子どもから何を求めるかを考えなければならない、という。「保姆が子供の要求にばかり応じていたのでは子供の要求水準は高められない」。もちろん、保育者はいたずらに主観的な価値観を子どもに押しつけてはならない。だからこそ、ここで科学性をもった教育方法と系統的な保育案の研究が要請されるのである。

保育問題研究会では、「基本的訓練」（清潔・食事・排泄・着衣・睡眠）、「社会的訓練」（規律・社交）、「生活教材」（観察・談話・作業・音楽・遊戯・運動）の項目を立て、それぞれについて保育者と研究者が共同して研究を進めた[※11]。

こうした活動も、戦局が悪化するにつれ、次第に不可能となっていく。1944（同19）年、幼稚園閉鎖令とともに、保育所と幼稚園は戦時託児所へと統合され、非現実的と思われていた幼児の集団疎開が決行される。空襲の危険のなか、保育者は幼児とともに疎開先へと向かったのである。

以下は、戦時託児所の光景を記した体験記の一部である。そこから、戦時下の保育者の様子を想像してみよう。

※11 それらは、戦後の保育活動に受け継がれていく。また、これら研究成果の具体化として、1939（同14）年に設立された戸越保育所があるが、戦災で焼失してしまった。

> ボーボーボー
> ぶきみなサイレンがなる。空襲警報だ。
> 子どもたちはいっせいにたちあがり、背中にせおった防空ずきんをすっぽりかぶりながら、まず便所へとびこむ。用をたすと、防空壕へ走っていく。（中略）
> ころぶ子もいる。泣く子もいる。わたしは、にげおくれた子を左と右、両方の手でひきずるようにしながら、防空壕へかけこんでいく。わたしは保母、この子たちのいのちをまもらなければならない。（中略）
> だが、（防空壕には）雨がふると、雨水が流れこむ。地面すれすれまで水なのだ。その中にわたしたちはとびこむ。子どもたちだけは水にぬらしてはならない。わたしたちは子どもをおぶったり、だいたりして、ひざまで水につかりながら敵機がさり、警報が解除されるのをまつのだ。ひっそりといきを殺して。

> 出典：東京都公立保育園研究会編『私たちの保育史』東京都公立保育園研究会、1980年、手塚やえ氏記より一部抜粋

## 第5節 ● 戦後の保育者

### 1 —— 焼け跡のなかで

　多くの保育施設が戦火のなかで焼失した。戦後の幼児保育のあゆみは、焼け跡のなかからはじまる。保母たちは困難な状況から再び保育を開始するのである。まずは子どもたちを集めて、寺の敷地などを使っての野外保育が行われた。鳴り物を使って子どもを集め、ゲームや歌、紙芝居を行う。焼け跡から、保母たちと子どもたちの声が聞こえはじめた。先にも述べた平田のぶは、罹災者収容所に働きに出て巡回保育をはじめ、終戦の年1945（昭和20）年の12月には子どもの村保育園を再建している。保育にかける保育者たちの意気込みがうかがえよう。

　一方、敗戦を迎え、日本は連合軍による占領下に置かれることになった。ＧＨＱはさまざまな民主化政策を実行するが、幼児教育もその例外ではなかった。アメリカ教育使節団報告書等によって子どもが新たな民主主義社会を担うことになると謳われ、児童福祉に大きな関心が寄せられた。

　その関連で、1948（同23）年に文部省の「保育要領」が出されるが、これは占領軍の初等教育担当官であったヘレン・ヘファナンと文部省内の幼児教育内容調査委員会との共同で、幼稚園と保育所が共通して参照できる基準として作成されたものである。倉橋惣三や山下俊郎らがかかわったこの「保育要領」は、自由な保育を示した内容となっており、戦前までに蓄積されていた日本の保育研究の成果もふまえられていた。

　しかし、その内容に対しては批判もあった。その要点は、第1に、それはアメリカの知識によって形づくられているが、日本の現実に即していないこと、第2に、それがあまりに子どもの生活や経験を尊重する結果、教育の側面が薄められていることである。そうした批判は、1946（同21）年にＧＨＱの援助の下で設立された民間組織の民主保育連盟によって示されていた。

　さて、終戦後、幼稚園と保育所はそれぞれ別個の体系によって位置づけられることになる。1947（同22）年、幼稚園は学校教育法により、保育所は児童福祉法により、それぞれ規定されることになった。これにより、幼稚園と

保育所の二元体制が制度的に固定されたのである。以後、この体制は基本的に今日まで存続している。

そのようななか、保育者たちは自らの権利を求め、それをよりしっかりとしたものとするために、社会的なアピールを断念しなかった。戦後の歴史が、そうした保育者たちの苦闘によって彩られていることを忘れてはならない。

## 2 ── これからの保育を担うもの

現代において保育所で子どもの保育を担う専門職である「保育士」は、明治期に「保姆」という名称としてはじまった。その後「保母」となるが、男性の保育者を考えた場合、「保父」という名称も使用された。「保育者」は、女性と男性を含めた中立的な名称といってよいだろう。実際、保育を担うのは女性ばかりではない。1977（昭和52）年には、子どもの心身の健全な発達のために男性が保育職員となることは望ましいとの立場から、また、職業のあり方としての男性保育職員の意義という点からも、男性が保育者の道を選択することが奨励されるようになる。このように、保育の担い手が両性によって担われることは、望ましいばかりでなく、これまで圧倒的に女性が担っていた保育の環境を、建設的に変革していく機会でもある。

保育は女性が担うものという一般的通念は今日でも幅広く共有されているが、その根拠は問い直される必要がある。同時に、そもそも保育とは何であるのか、過去において何であったのか、そして未来においてどうあるべきなのかを考えなければならない。

その意味で、児童福祉法旧第39条の「保育に欠ける」[※12]という文言が示している事柄は、保育を根本的に考えるうえでの示唆を与えている。かつて想定されていたのは、主に貧困層において、十分な養育が施されず、栄養に欠け、非衛生的な状態にある子どもを指していた。現在の日本では、かつてスラム街を形成した貧困層と同一の社会的階層はほぼ存在しない。だが、そうした社会変容に伴い、「保育に欠ける」という文言も意味を成さないものとなったのだろうか。

たしかに、かつて想定されていた「保育に欠ける」子どもは存在しなくなったかもしれない。けれども、また別の意味で「保育に欠ける」子どもは存在している。児童虐待を受ける子ども、親の愛を十分に与えられず精神的に不安定な子ども、生命の尊さを知らない子ども等である（かつても、おそらく同様の状態にある子どもは数多くいたに違いない）。だが、現在私たちが目にするような、子どもにあらわれた危機は、すぐれて現代的な性質を感じさせ

※12　2015（平成27）年の法改正により、「保育所は、……保育に欠けるその乳児又は幼児を保育することを目的とする」（旧第39条）が「保育所は、保育を必要とする乳児・幼児を……保育を行うことを目的とする施設」（第39条）となった。つまり、「保育に欠ける」の文言は、「保育を必要とする」に変更となったのである。

はしないだろうか。おそらく、私たちは、改めて保育とは何かをしっかりと考えなければならない時代に生きているのである。

ここまで、明治期からの保育者の姿を歴史的に追ってきた。それぞれの時代において、その時代の制約や条件に縛られながらも、そこから自らの工夫と努力でよりよい保育の道を切り開いていった保育者のことを、みなさんは理解できただろうか。それぞれの時代にはそれぞれの課題があることをしっかりと把握しなければならないが、一方で、昔の問題だから今の私たちとは関係がない、と考えるべきではない。明治、大正、昭和の保育者たちがどのような問題に直面し、そこからどのような道を探り進んでいったのかを理解することは、私たちが直面している問題を打開するにあたって重要なヒントにもなるはずである。みなさんは、そこから自分なりに問題を見つけ出し、考えることで、よりよい保育者となるための糧を得ることができるだろう。

●「第9章」学びの確認
①幼稚園・保育所が設立された時代背景について、さらに調べてみよう。
②保育者の仕事について時代ごとに変化したもの、変化しないものは何か。さらに各時代の保育に流れていた精神について考えてみよう。
●発展的な学びへ
①子どもの保育・教育に関して、幼稚園、保育所、家庭はそれぞれどのような役割をもつべきかを考えてみよう。
②現代社会において子どもの精神状態を不安定にする要因を探ってみよう。

■推薦図書■
●岡田正章他編『戦後保育史 上・下』風媒社
　今、現場で起こっているさまざまな問題に対して、その発生について考えるために有益な書である。
●上笙一郎・山崎朋子『日本の幼稚園 ―幼児教育の歴史―』筑摩書房
　保育の確立のために苦闘してきた人々の姿をいきいきと描いている良書である。

**引用・参考文献**

1）五味百合子編著『社会事業に生きた女性たち―その生涯としごと―（正・続・続々）』ドメス出版　1973～1985年
2）岡田正章他編『保育に生きた人々』風媒社　1971年
3）「文部省普通学務局全国幼稚園関係者大会記録」1916年
4）志賀志那人『社会事業随想』大阪市立北市民館後援会　1968年
5）同上
6）五十嵐顕他編著『講座日本の教育11　幼児教育』新日本出版社　1976年
7）一番ヶ瀬康子他編『日本の保育』ドメス出版　1969年
8）浦辺史・宍戸健夫・村山祐一編『保育の歴史』青木書店　1981年
9）江藤恭二・宍戸健夫編著『子どもの生活と教育の歴史』川島書店　1966年
10）倉橋惣三・新庄よし子『日本幼稚園史』フレーベル館　1956年
11）日本保育学会『日本幼児保育史　第1巻～第6巻』フレーベル館　1968～1975年
12）東京都公立保育園研究会編『私たちの保育史―東京市立託児所から都立、区立保育園まで―（上・下）』東京都公立保育園研究会　1980年
13）渡辺宏『日本幼児教育の先覚　豊田芙雄と渡辺嘉重』筑波書林　1979年

●○● コラム ●○●

## 伝わっていく遊び

元・上田女子短期大学附属幼稚園　副園長　佐藤利佳子

　園庭の端に高さ3メートルほどの石垣がある。毎年5月頃に、年長の子が石垣にめがけてボールを蹴る遊びが活発になってくる。はじめはなんとも心もとない蹴り方で、ボールもコロコロコロ…という感じで転がり、「石垣にぶつかる」という感じではない。それが毎日続くうちに蹴り方も上手になり、石垣にぶつかる音も「バン！ドスッ」といういい響きに変わってくる。

　石垣に確実にぶつけられるようになると、今度は石垣を越してボールを跳ばそうと試みるようになる。これがまた難しくて、蹴り上げ方や、ボールを蹴る位置をその子なりに工夫しだす。はじめはなるべく石垣のそばによってボールを上に蹴り上げていた子どもたちが、徐々に蹴る位置を後に下げ、遠くからでも強く、速く、高く蹴ることを競い合うようにもなっていく。

　この過程のなかでの子どもたちの進歩には、目を見張るものがある。照れくさそうな困ったような顔でボールを蹴っていた子どもたちの表情が日ごとに明るく、自信に満ち、しまいには「どうだ！」というような顔つきさえみせる。子どもたちのこの遊びのなかで、保育者は蹴り方等のアドバイスは一切しなかった。「すごく跳ぶようになったね」「いい音がするようになったね」等、認めていく言葉だったり、一緒になってボールを蹴ることだけを行った。

　自信をもってボールを蹴るようになった子どもたちは、仲間を集めてサッカーをやるようになっていった。すると今度は年長の姿を見続けていた年中の子どもたちが石垣にボールを蹴りはじめた。そんな年中の子に「もっと前から蹴ってみな」「ボールをよく見て」と声をかけている年長の子もいた。

　一つの遊びが年長から年中に、そしてまた次へと自然な形でつながっていく様子が非常に興味深く、おもしろさを感じるのである。

# 第 10 章　資料にみる保育者の姿

◆キーポイント◆

　戦後の日本は70年ほどの間に、戦後復興期から高度成長期を経て、男女共同参画社会、グローバル社会へとめまぐるしく変化してきた。社会の変化は、子どもを取り巻く環境を変え、保育者の役割を多様化させるだけでなく、保育者自身の生き方にも影響を与えている。本章では、国内外のさまざまな資料から、保育者に求められる役割の変化、実際に保育者として働いている人たちの働き方、海外の保育制度等を読み解いていく。保育者として、どのような働き方や生き方をしていくのかを考えてみよう。

## 第1節 ● 戦後の保育のあゆみと保育者の役割

　社会におけるさまざまな事件や問題への危機感や少子化の影響などにより、幼児教育への関心が高まりつつある。と同時に、保育者に求められる役割も、年々、多様化・複雑化してきている。国家や社会が保育に対し何を期待しているのかを知ることは、保育者として働くうえで重要なことである。まず、現在に至るまでの、保育者の役割の変化を概観する。

　戦後の社会の変化に応じ、教育や保育に関する法規等は制定や改訂が重ねられてきた。法規上求められる保育や保育者の姿は、どのように変化してきたのだろうか（表10-1）。

### 1 ── 戦後の要領・指針と保育者の役割

　戦後教育の新しい指針として「教育基本法」と「学校教育法」が1947（昭和22）年に制定され、幼稚園は「学校」として位置づけられた。一方、保育所は、「児童福祉法（1947年）」によって「児童福祉施設」の一つとして位置づけられた。

　しかし、文部省（現・文部科学省）が1948（同23）年に作成した「保育要領」は、幼稚園だけでなく保育所にも共通に使われる手引き書のようなものとしてつくられており、保育内容において幼稚園と保育所は共通の基盤を

**表10-1　幼稚園教育要領と保育所保育指針等における保育者の役割の変化**

| 年 | 幼児教育・保育にかかわる法律等（保育者の役割等に関連するもの） |
|---|---|
| 1947年<br>(昭和22) | ●「教育基本法」制定<br>〔第6条〕法律に定める学校の教員は、全体の奉仕者であつて、自己の使命を自覚し、その職責の遂行に努めなければならない。<br>●「学校教育法」制定<br>〔第77条〕幼稚園は幼児を保育し、適当な環境を与えて、その心身の発達を助長することを目的とする。<br>・第81条において、幼稚園には園長、教頭及び教諭を置かなければならないことと、それぞれの職務について記載<br>○「児童福祉法」制定<br>・第7条において、保育所等を児童福祉施設として位置づける。 |
| 1948年<br>(昭和23) | ●○「保育要領」発表（文部省）<br>・幼稚園・保育所・家庭における幼児教育の手引として刊行され、幼児期の発達の特質、生活指導、生活環境等について解説。保育内容を「楽しい幼児の経験」として、12項目に分けて示す。また、幼稚園と家庭との連携の在り方について解説している。<br>〔まえがき〕教師は幼児の活動を誘い促し助け、その生長発達に適した環境をつくることに努めなければならない。そのためには、教師は幼児期の特質をよくわきまえ、ひとりびとりの幼児の実情を十分に知っていなければならない。<br>○「児童福祉法施行令」<br>〔第13条〕児童福祉施設において、児童の保育に従事するものを保母という。<br>○「児童福祉施設最低基準」<br>・保育所における保育の内容が、健康状態の観察、服装等の異常の有無についての検査、自由遊び、及び昼寝のほか、健康診断となる。 |
| 1949年<br>(昭和24) | ●「教育職員免許法」制定 |
| 1950年<br>(昭和25) | ○「保育所運営要領」制定 |
| 1951年<br>(昭和26) | ○「児童福祉法」一部改正<br>・保育に欠けるものを保育所に入所させることが追加になる。 |
| 1956年<br>(昭和31) | ●「幼稚園教育要領」制定<br>・学校教育法に掲げる目的・目標に従い、教育内容を望ましい経験として「六領域（健康・社会・自然・言語・音楽リズム・絵画製作）」系統的に示すことで、小学校との一貫性について配慮しつつ、小学校の教科とは大きく性格が異なることを明示した。 |
| 1963年<br>(昭和38) | ●○「幼稚園と保育所の関係について」<br>・幼稚園と保育所の機能の違いを認めながらも、保育所の教育的機能か幼稚園教育要領に準ずることを示す。 |
| 1964年<br>(昭和39) | ●「幼稚園教育要領」改訂<br>・幼稚園における教育課程の基本的考え方及び基準としての性格が明確に示された。<br>・教育内容を精選し、幼稚園修了までに達成することが「望ましいねらい」として明示された。<br>・「ねらい」は6つの領域にとらわれない総合的な経験や活動によって達成されるものであるとされた。 |
| 1965年<br>(昭和40) | ○「保育所保育指針」制定<br>・養護と教育は一体となって行われるという視点が明確にされた。 |
| 1968年<br>(昭和43) | ○乳児保育の開始<br>・乳児保育実施要項において、乳児3人に対して1人の保母を配置し、さらに乳児保育の研修を受講するよう記載された。 |
| 1977年<br>(昭和52) | ○男性保育者認可 |
| 1989年<br>(平成元) | ●「幼稚園教育要領」改訂<br>・「幼稚園教育は環境を通して行うものであること」が幼稚園教育の基本として明示され、ねらいや内容を幼児の発達の側面から「五領域（健康、人間関係、環境、言葉、表現）」に定められた。<br>・幼稚園生活の全体を通してねらいが総合的に達成されるよう「ねらい」と「内容」の関 |

| | |
|---|---|
| | 係が明確化された。<br>・年間教育日数を最低39週、1日4時間を標準とする教育時間を地域の実情などに応じて弾力的に対応できるよう表記が改正された。 |
| 1990年<br>(平成2) | ○「保育所保育指針」改訂<br>・保育所保育が家庭養護の補完であることが基本に据えられ、集団の生活についての項目が消えた。<br>・「保育内容」が養護と教育に分かれた。 |
| 1997年<br>(平成9) | ○「児童福祉法」一部改正<br>(第24条の2　保育所の選択制導入)(第48条の3保育所の育児相談実施) |
| 1998年<br>(平成10) | ●「幼稚園教育要領」改訂<br>・教師の役割、幼児期の発達の特性を踏まえて教育課程を編成することを明示した。<br>・指導計画作成上の留意事項に小学校との連携、子育て支援活動、預かり保育について明示した。<br>〔第1章総則　※一部抜粋〕教師は、幼児と人やものとのかかわりが重要であることを踏まえ、物的・空間的環境を構成しなければならない。また、教師は、幼児一人一人の活動の場面に応じて、様々な役割を果たし、その活動を豊かにしなければならない。 |
| 1999年<br>(平成11) | ○「保育所保育指針」改訂<br>・地域の子育て家庭に対する相談・助言等の支援機能を新たに位置づける。<br>・乳幼児突然死症候群の予防や児童虐待への対応などについて新たに記載する。<br>・研修を通じた専門性の向上や業務上知り得た事項の秘密保持など保育士の保育姿勢に関する事項を示す。 |
| 2003年<br>(平成15) | ○「児童福祉法」一部改正<br>・保育士の法定化〔第18条の4〕保育士とは（中略）保育士の名称を用いて、専門的知識及び技術をもって、児童の保育及び児童の保護者に対する保育に関する指導を行うことを業とする者をいう。)<br>・保育士資格の名称独占化〔第18条の18第1項〕登録制度の導入〔第18条の23〕無資格者が保育士と名乗ることを禁止) |
| 2005年<br>(平成17) | ○●「幼稚園教員資格認定試験」開始<br>・児童福祉施設で保育士として3年以上勤務した者であれば、試験の合格により幼稚園教諭二種免許状を取得可能。 |
| 2006年<br>(平成18) | ●「教育基本法」改正<br>・幼児期の教育は、生涯にわたる人格形成の基礎を培う重要なものであることが記載される。 |
| 2008年<br>(平成20) | ●「幼稚園教育要領」改訂<br>・幼稚園教育が、小学校以上の教育の基礎として位置づけられ、発達や学びの連続性を踏まえた幼児期の教育の重要性について示す。<br>・幼稚園での生活と家庭などでの生活の連続性を踏まえ、幼児教育の充実について示す。<br>・子育ての支援と預かり保育の充実を示す。<br>○「保育所保育指針」改定<br>・厚生労働大臣告示となり、大綱化される。<br>・保育計画としていた保育の全体計画を「保育課程」とする。<br>・保育の質向上のための研修、自己評価を行うこと、保護者支援・地域子育て支援等が保育所の目標として加えられる。 |
| 2015年<br>(平成27) | ●○「幼保連携型認定こども園教育・保育要領」施行<br>・幼保連携型認定こども園が、乳幼児期の特性及び保護者や地域の実態を踏まえ、環境を通して行うものであることを基本とし、家庭や地域での生活を含め園児の生活全体が豊かなものとなるように努めることを示す。<br>・保育教諭等は、園児との信頼関係を十分に築き、園児が自ら安心して環境にかかわりその活動が豊かに展開されるよう環境を整え、園児と共によりよい教育及び保育の環境を創造するように努めるものとすることが示される。 |
| 2017年<br>(平成29) | ●「幼稚園教育要領」改訂　○「保育所保育指針」改定<br>◎「幼保連携型認定こども園教育・保育要領」改訂<br>・3法令同時改訂（改定）により、幼稚園・保育所・幼保連携型認定こども園が幼児教育施設として位置づけられ「幼児教育において育みたい資質・能力」が整理される。幼児（3歳以上）の保育内容については、3法令での共通化が図られる。 |

> ●「幼稚園教育要領」
> ・環境を通した保育を行うこと、小学校以上の教育の基礎であることなど、幼稚園教育の基本を確認することに加え、カリキュラム・マネジメント、主体的・対話的で深い学び、幼児理解に基づいた評価の実施、特別な配慮を必要とする幼児への指導などについて記載される。
> ・幼稚園の運営において、園長の方針の下に教職員が役割を分担し、相互に連携しながら教育課程や指導の改善を図ることが示された。
> ○「保育所保育指針」
> ・保育所保育の基本原則を確認することに加え、乳児・3歳未満時の保育の記載の充実（保育内容が「乳児」「1歳以上3歳未満児」「3歳以上児」の3区分とされる）、幼児教育の積極的な位置づけ、健康および安全について（食育の推進や災害時の安全確保など）の記載の充実、子育て支援の記載内容の充実、職員の資質・専門性の向上についての記載の充実が図られた。
> ・特に職員の資質・専門性の向上に関しては、各職員が研修等を通して職務内容に応じた専門性を高めるために必要な知識および技能の習得、維持向上に務めること、組織的に保育の質の向上に取り組むことなどが示された。
> ◎「幼保連携型認定こども園教育・保育要領」
> ・環境を通した教育・保育を行うことなど幼保連携型認定こども園の教育・保育の基本を確認することに加え、カリキュラム・マネジメント、主体的・対話的で深い学び、幼児理解に基づいた評価の実施、特別な配慮を必要とする幼児への指導、子どもの学びの連続性（保育時間の異なる子どもたちへの配慮）などについて記載される。

●：幼稚園教育に関する法令等　　○：保育所保育に関する法令等
出典：筆者作成

もっていた。「保育要領」の中では、保育者の役割として「幼児の発達や特質を十分に把握すること」「適切な教育や世話の方法、環境整備について理解すること」「（特別な設備はなくても）愛情を持って幼児を育てる努力をすること」などが求められていた。

　その後、保育所と幼稚園は互いの異質性から「保育所運営要領（1950年）」と「幼稚園教育要領（1956年）」が作成され、それぞれの施設の機能を分けることとなった。作成された幼稚園教育要領では、保育者に対し小学校教育を見通した保育を行うことを求めると同時に、幼児に対しどのような保育をしたらよいかを、具体的かつ細やかに示している。

　1960年代に入り、社会生活の変化とともに幼稚園や保育所の需要が高まるなか、1963（昭和38）年には「幼稚園と保育所の関係について」という文部省初頭中等教育長と厚生省児童局長の連名による共同通知が出された。そこには、幼稚園と保育所の機能の違いを認めながらも、保育所も教育的機能をもち、その基準は「幼稚園教育要領」に準ずることなどが示されていた。それを受けて、2年後（1965年）に改訂された「保育所保育指針」には、養護と教育が一体となって行われるべきであるという視点が明確に示された。

## 2 ── 1989（平成元）年以後の要領・指針と保育者の役割

　その後30年以上、幼稚園教育要領も保育所保育指針も改訂されなかったが、

1989（平成元）年に幼稚園教育要領が大きく改訂され、幼稚園教育は環境を通して行うものであるとされた。保育者の役割として、幼児に対しよりよい環境をつくり出すことが求められたのである。翌年（1990年）に改訂された「保育所保育指針」は「幼稚園教育要領」の影響を大きく受けた。特に保育内容に関しては、幼稚園教育要領の「五領域」が導入されており、保育所が教育を担う面がさらに大きくなった。

そして、女性の高学齢化や社会進出、核家族化などが進むなか、1990（同2）年の「保育所保育指針」の改訂で、保育士が地域の子育て家庭に対する相談・助言役としての役割を担うことになり、1997（同9）年の「児童福祉法」の一部改正では、保育所が子育て相談に応じることが示された。翌年（1998年）に改訂された「幼稚園教育要領」においても、幼稚園教諭の役割として、幼児一人ひとりの活動の場面に応じて、多様な役割（情緒の安定を図る理解者、援助者、共同作業者）を演じ、活動を豊かにすることを求めるとともに、地域や親に対し、幼児教育のカウンセラー的な役割を果たすことも求めている。

さらに、2008（平成20）年に改訂された「幼稚園教育要領」では、幼稚園の教育が小学校の教育の基礎として位置づけられ、発達や学びの連続性の重要性と幼児教育の充実について示された。また、子育て支援と預かり保育の充実についても示された。同年に改定され、告示・大綱化された「保育所保育指針」においては、保育の質の向上のための研修や自己評価を行うことが示されている。また、保育所の目標として、保護者支援・地域子育て支援が加筆された。

2015（同27）年には、「幼保連携型認定こども園教育・保育要領」が告示され、幼保連携型認定こども園においては、乳幼児期の特性および保護者や地域の実態を踏まえ、教育および保育は環境を通して行うものであることを基本とすることが示された。そして保育教諭（認定こども園において保育士資格と幼稚園教諭免許状を併有し保育に当たる者）は、園児との信頼関係を十分に築き、環境を整えるよう努めることも示されている。

そして2017（同29）年には、「幼稚園教育要領」「保育所保育指針」「幼保連携型認定こども園教育・保育要領」の3法令が一斉に改訂（改定）[※1]された。これは、幼稚園・保育所・幼保連携型認定こども園が幼児教育施設として位置づけられたことを意味する。幼児教育施設としての「幼児教育において育みたい資質・能力」「幼児期の終わりまでに育ってほしい姿」が示されるとともに、幼児（3歳以上児）の保育内容が3法令で共通化された。また、2017（同29）年度改訂（改定）においては、保育者一人ひとりが保育の質の向上のための努力をすることに加え、園全体で組織的に保育の質の向上に取り組

※1　幼稚園教育要領（文部科学省）、幼保連携型認定こども園教育・保育要領（内閣府・文部科学省・厚生労働省）は「改訂」、保育所保育指針（厚生労働省）は「改定」と表記が異なるため併記している。

むこと、一人ひとりや園の中での役割を意識することなど、園長・施設長の方針のもとで組織的な取り組みを行うことが示された。

## 第2節 ● 社会の変化と保育者の役割

社会の変化は法規上だけでなく、実際に保育者の役割に対し影響を与えている。現在の保育が直面している課題も含めて考えてみよう。

### 1 ── 施設・園数と児童数の推移

第二次世界大戦直後の1946（昭和21）年から1955（同30）年くらいまでは、戦後復興と第一次ベビーブームにより、保育所や幼稚園が急激に増加していった。その後1960年代になると、高度経済成長期に入り、経済成長と科学技術革新、人口流動と核家族化、家庭生活や地域社会の変容、教育の普及と高度化、進学競争、女性の社会進出開始など社会が大きく動くなか、幼稚園や保育所への需要が高まっていった[1]。1970年代には第二次ベビーブームの影響を受け、さらに保育園や幼稚園が増えていく。しかし、1985（同60）年

図10－1 施設数の推移

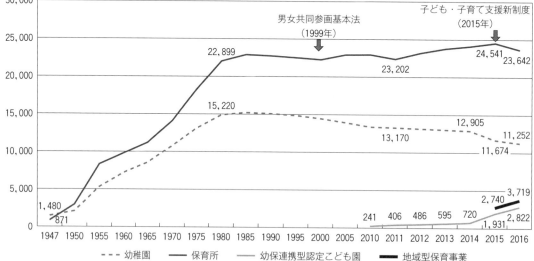

出典：文部科学省「学校基本調査」2016年、厚生労働省「平成28年 社会福祉施設等調査」2017年

第10章 ●資料にみる保育者の姿

に保育所・幼稚園とも最も数が多くなった後は、出生率の低下が始まり、幼稚園や保育所の数も減少し始めた。ただし、1985（同60）年に男女雇用機会均等法が制定されたことで、社会に出る女性が増加する傾向となったため、幼稚園に比べると保育所に通う子どもの数の減少幅は小さい。そして、男女

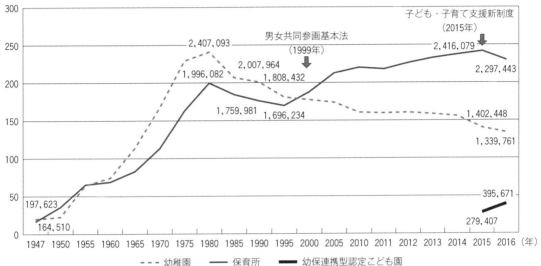

図10－2　児童数の推移

出典：文部科学省「学校基本調査」2016年、厚生労働省「平成28年 社会福祉施設等調査」2017年

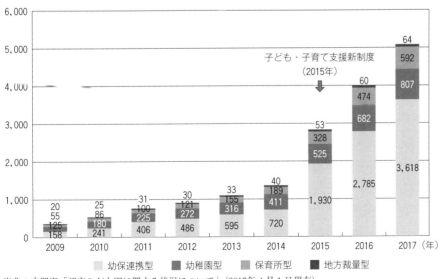

図10－3　認定こども園の施設数

出典：内閣府「認定こども園に関する状況について」（2017年4月1日現在）

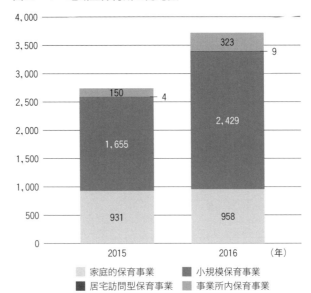

図10−4　地域型保育所の認可数

出典：厚生労働省「地域型保育事業の認可件数」(2016年4月1日現在)

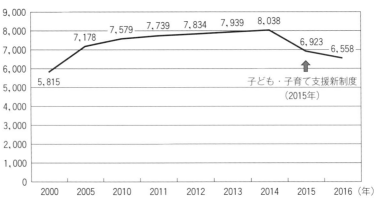

図10−5　認可外保育所の推移

出典：厚生労働省「平成28年度　認可外保育施設の現況とりまとめ」2017年

共同参画社会基本法制定の2年後の2001（平成13）年からは、共働き家庭のさらなる増加によって、保育所が再度増える方向に転じるとともに、保育所に通う子どもの数が幼稚園に通う子どもの数を初めて抜いた。その後も、保育所については施設数・利用者数ともに増加している。

そして、保育時間の拡大を求める声と保育の質を高めようという声から、幼保一元化の議論が再度持ち上がり、幼稚園と保育所の統合施設が生まれ、2006（同18）年には「就学前の子どもに関する教育、保育等の総合的な提供の推進に関する法律」（認定こども園法）が制定された[※2]。2015（同27）年に

※2　認定こども園法については、第1章（p.33）を参照。

は「子ども・子育て支援新制度」の実施に伴い、改正認定こども園法が施行されたことで、従来の幼稚園や保育所から幼保連携型認定こども園に移行する園が増えた（設置基準等の関係で、幼保連携型ではなく、幼稚園から幼稚園型認定こども園に、保育所から保育所型認定こども園に移行する園もある）。

さらに、子ども・子育て支援新制度[※3]では、3歳未満の低年齢児の保育需要の増加を踏まえ、新たに地域型保育（家庭的保育・小規模保育・居宅訪問型保育・事業所内保育）が保育事業として位置づけられたことから、新たに地域型保育を行う施設が増えたり、それまで認可外として運営されていた保育施設が地域型保育に移行したりしている。

※3　子ども・子育て支援新制度について、詳しくは、第7章（p.125）を参照。

## 2 ── 保育施設や保育者に求められる役割の変化

社会の変化に伴う子育て環境の変化や保護者のニーズの変化により、保育者には幼児教育・保育、子育て支援に関するより高い専門性が求められるようになっている。

女性の社会進出や労働時間・労働環境の多様化、ひとり親家庭の増加などを受け、保育所では保育時間が長時間化している。延長保育や休日保育、病児・病後児保育を行う園や、短時間の労働や介護、リフレッシュ等のための

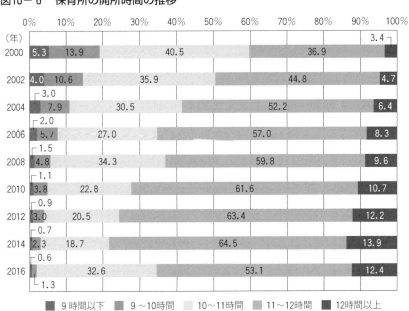

図10－6　保育所の開所時間の推移

出典：厚生労働省「平成28年 社会福祉施設等調査」2017年

一時預かり保育を実施する園も増加している。また、地域子育て支援の一環として、地域の親子への園庭開放や子育て相談などを行っている園も多い。幼稚園でも、週に数日だけ働く保護者や、働いているが幼稚園に通わせたいという保護者のために多くの園が預かり保育を実施している。ほかにも、子

**図10－7　保育所における保育ニーズ**

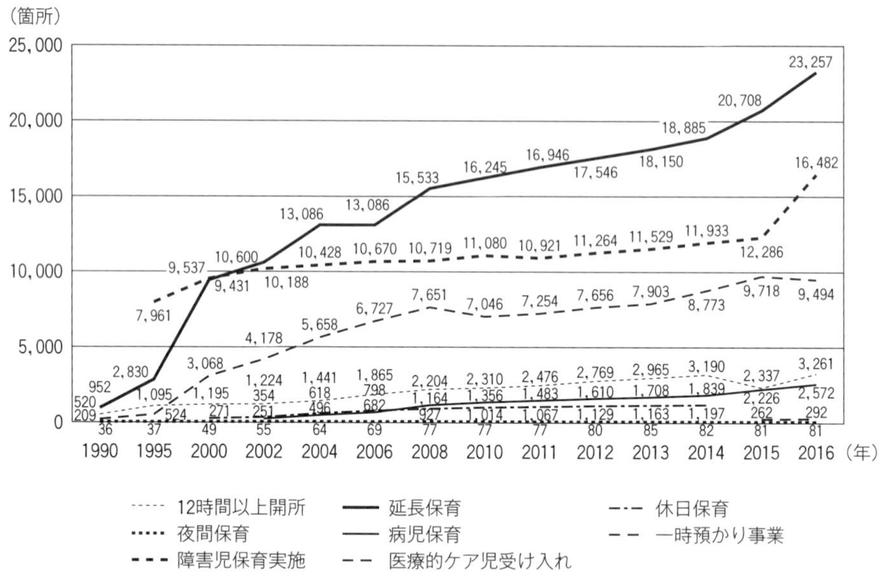
（箇所）
25,000
20,000
15,000
10,000
5,000
0
1990
1995
2000
2002
2004
2006
2008
2010
2011
2012
2013
2014
2015
2016（年）
23,257
20,708
18,885
16,946
16,245
15,533
13,086
13,086
10,600
9,537
7,961
2,830
952
520
209
17,546
18,150
16,482
12,286
11,933
11,529
11,264
10,921
11,080
10,719
10,670
10,428
10,188
9,431
9,718
9,494
8,773
7,903
7,656
7,254
7,046
7,651
6,727
5,658
4,178
3,068
3,261
3,190
2,965
2,769
2,476
2,310
2,204
1,865
1,441
1,224
1,195
1,095
2,337
2,226
2,572
1,839
1,708
1,610
1,483
1,356
1,164
798
618
354
524
271
251
496
682
927
1,014
1,067
1,129
1,163
1,197
262
292
36
37
49
55
64
69
77
77
77
80
85
82
81
81
12時間以上開所
延長保育
休日保育
夜間保育
病児保育
一時預かり事業
障害児保育実施
医療的ケア児受け入れ

出典：厚生労働省「平成28年 社会福祉施設等調査」2017年

**図10－8　幼稚園における子育ての支援**

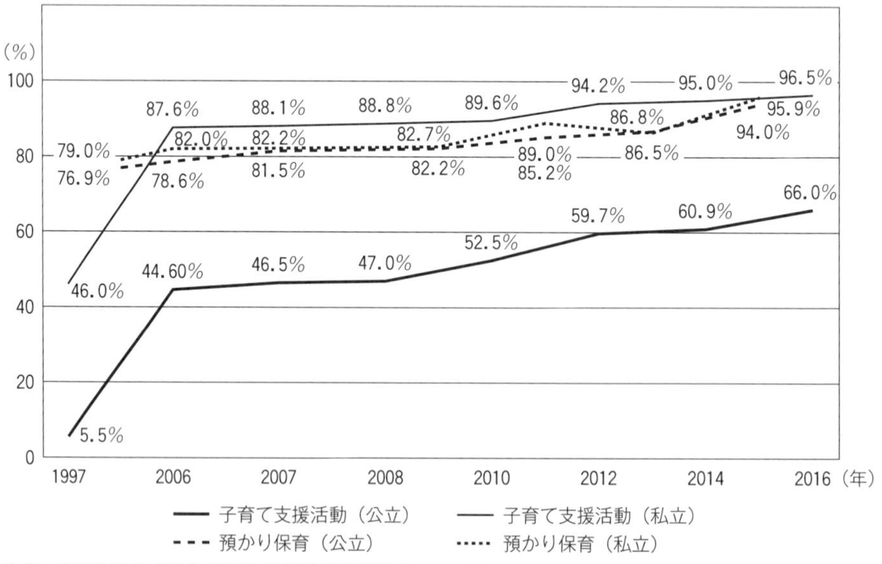
（%）
100
80
60
40
20
0
1997
2006
2007
2008
2010
2012
2014
2016（年）
79.0%
76.9%
46.0%
5.5%
87.6%
82.0%
78.6%
44.60%
88.1%
82.2%
81.5%
46.5%
88.8%
82.7%
82.2%
47.0%
89.6%
89.0%
85.2%
52.5%
94.2%
86.8%
86.5%
59.7%
95.0%
60.9%
94.0%
96.5%
95.9%
66.0%
子育て支援活動（公立）
子育て支援活動（私立）
預かり保育（公立）
預かり保育（私立）

出典：文部科学省「平成28年度 幼児教育実態調査」2017年

育てサークルの支援や就園前の親子に向けたプレ保育など、幼稚園でも子育ての支援が拡大している。

さらに、子どもたちが幼稚園や保育所、認定こども園から小学校に移行していくことを踏まえた発達や学びの連続性を保障する保育や、障害児に対するきめ細やかな対応、地域との連携強化など、保育者が求められる役割はよりいっそう大きくなってきている。そのため、認定こども園でなくとも、保育士資格と幼稚園教諭免許状を併有している保育者が求められる傾向がある。さらに、保育者自身や園による自己評価の実施や、園内外での研修制度の充実など、保育の質を高めていくことも求められている。

## 第3節 ● 働く保育者の実態

ここまでみてきたように、男女共同参画社会のなかで、社会のニーズや状況が変化することにより保育の実態も大きく変化を遂げてきた。また同時に、保育者の実態についても変化が見られる。

### 1 ── 男女共同参画と保育者

1960年代から女性の社会進出が始まり、1985（昭和60）年に男女雇用機会均等法が、1999（平成11）年には男女共同参画社会基本法が制定された。これらの法律の制定により、男性保育者や女性管理職の人数がどのように推移したかを考えてみよう。

#### （1） 男性保育者数の推移

2016（平成28）年時点の男性の幼稚園教諭の数は、1955（昭和30）年と比べると10倍以上に増加している。また、男性の保育士に関しては、1976（昭和51）年より前には女性の「保母」しか認められていなかったが法律の改正によって「保父」が認められるようになった後ゆるやかに増加し、1999（平成11）年の男女共同参画社会基本法の制定後からは急激に増加している。2016（平成28）年時点の男性の保育士数は1975（昭和50）年の30倍以上となっている。このように、男性保育者の数は増加をたどっている一方で、保育者全体の数に占める男性保育者の割合は、幼稚園教諭では7％程度、保育士は3％程度であり、いまだに女性の保育者が大半を占めている。これまでは、

**図10-9　男性保育者数の推移**

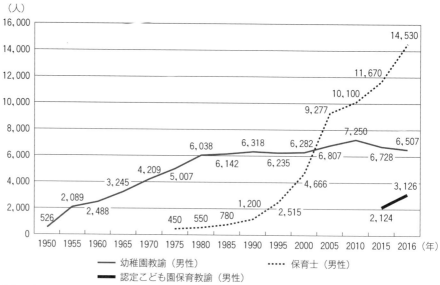

出典：厚生労働省「平成28年 社会福祉施設等調査」2017年、文部科学省「平成28年度 学校教員統計調査」2018年

給与の低さが男性保育者の継続的・長期的な勤務を困難にしているとも言われていたが、処遇改善などの施策など今後さらに男性保育者の増加が期待されている。

### (2) 女性管理職数の推移

1955（昭和30）年における幼稚園園長の男女比は、3対2で男性のほうが多かった。しかし、男女雇用機会均等法が制定された1985（昭和60）年頃から女性の園長が増加し始め、1995（平成7）年頃には男女が逆転し、2017（平成29）年には、3対2の割合で女性のほうが多くなっている。一方、教頭（または副園長）に関しては1955（昭和30）年からの約60年間、男女の比率はほとんど変わっておらず、女性が8割から9割を占めている。

## 2 ── 保育者の実態

### (1) 幼稚園・保育所で働く保育者の実態

2016（平成28）年時点で、幼稚園に勤務する幼稚園教諭の数が約10万人であるのに対し、保育所に勤務する保育士の数は約55万人である。乳児（0～2歳児）の保育を行っていることに加え開所時間が長いため、職員数が多い。

2015（同27）年の子ども・子育て支援新制度の実施により、今後は幼稚園

図10-10 幼稚園における園長の男女比率

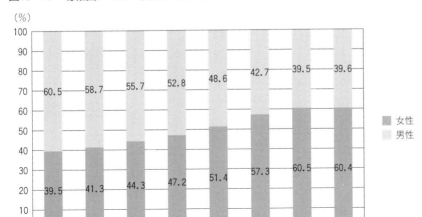

出典：文部科学省「学校基本調査」2017年

図10-11 幼稚園における副園長・教頭の男女比率

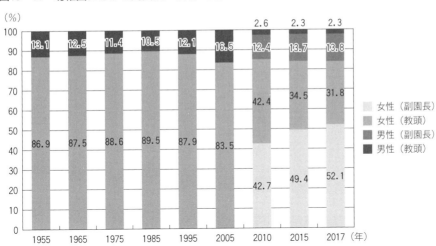

出典：文部科学省「学校基本調査」2017年、文部科学省「平成28年度 幼児教育実態調査」2017年

　教諭免許状と保育士資格を併有した保育教諭として、幼保連携型認定こども園で働く保育者がさらに増えると考えられる。それから、地域型保育が新制度に組み込まれ増加していることにより、保育士資格をもつ保育者については、従来の保育所だけでなく地域型保育事業での勤務をする人も増えることが見込まれる。

　運営主体（国公私立）の別でみてみると、幼稚園について2005（同17）年と2018（同30）年で比較してみると、施設数・保育者数ともに、わずかではあるが公立の割合が低くなり私立の割合が高くなっている。幼稚園教諭が勤

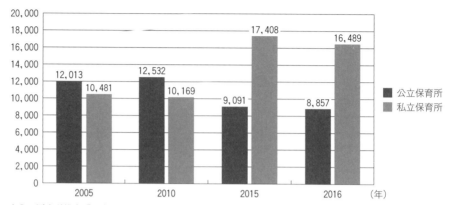

図10−12　保育所の施設数（公私立別）

出典：厚生労働省「平成28年 社会福祉施設等調査」2017年

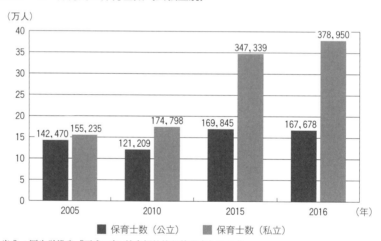

図10−13　保育所の保育士数（公私立別）

出典：厚生労働省「平成28年 社会福祉施設等調査」2017年

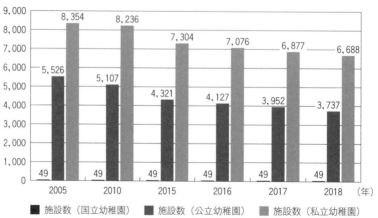

図10−14　幼稚園の施設数（国公私立別）

出典：文部科学省「学校基本調査」2018年

図10-15　幼稚園の幼稚園教諭数（国公私立別）

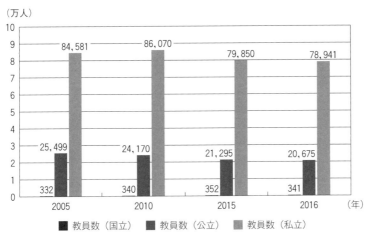

出典：文部科学省「学校基本調査」2016年

務する幼稚園の割合を運営主体別にみてみると、私立の幼稚園に勤務する保育者の割合が最も高く、2018（同30）年時点で8割近くを占めている。

一方、保育所に関しては、保育士が勤務する保育所の割合を運営主体別にみてみると、2005（同17）年は私立46.6％公立53.4％だったのに対し、2016（同28）年には私立65.1％公立34.9％と、私立に勤務する保育者の割合が10年で急激に増加している。都市部における待機児童解消のための私立保育所の増加や公立保育所の民営化の流れから、今後も公立保育所の民営化の流れのなかで、私立に勤務する保育者の割合が増えていくことが考えられる。

### （2）保育者の学歴

次に保育者の学歴について、幼稚園教諭に焦点を当ててみてみよう。公立と私立については、短期大学や専門学校出身者の割合が高い。しかし、2001（同13）年には、短期大学出身者が9割を占めていたが、2016（同28）年には短期大学出身者が7割に減少し、大学出身者が3割と増加した。

男性保育者の場合、全体の4分の3を大学出身者と大学院出身者が占めている。日本では男性のほうが一般的に高学歴であるということだけでなく、取得免許（短大・専門学校では第二種免許、大学では第一種免許、大学院では専修免許）によって給与が変わってくることと関連していると考えられる。日本では、男性が家庭において経済的な基盤を支えるという伝統的な価値観が浸透しているため、学校を選ぶ際にある程度将来の経済的安定を考えるのだろう。また、なかには自分の親が経営している園の後継者となることが決まっており、より専門的な知識を求めて大学や大学院を選択する男性もいる

図10-16 幼稚園教諭の学歴

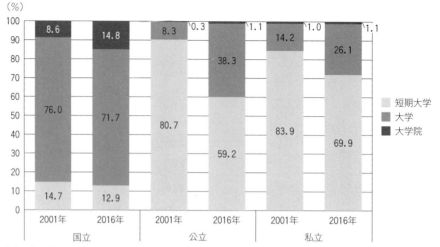

出典：文部科学省「平成28年度 学校教員統計調査」2018年

と考えられる。

　公立と私立を比較すると、公立よりも私立で短期大学出身の保育者が多く、私立より公立で大学出身の保育者が多い。なお、2001（平成13）年と2016（同28）年で比較すると、公立・私立共に大学卒の割合が増加している。これは2006（同18）年～2010（同22）年に実施された幼児教育アクションプログラムにおいて、幼稚園教諭一種免許状をもつ幼稚園教諭を増やすという計画の影響によるものと考えられる。

　国立の幼稚園は大学附属の幼稚園であり、研究や教材開発を行ったり学生を受け入れたりする機会が多いことなどもあり、2001（同13）年と2016（同28）年ともに、7割が四年制大学出身者であり、大学院出身者も1割程度いるという状況となっている。

### (3) 勤務年数

　保育士の経験年数については公立のほうが私立よりも長い。幼稚園教諭の勤続年数についても、公立のほうが私立よりも高い。国立と公立の幼稚園における幼稚園教諭の勤続年数は10年以上15年未満・15年以上20年未満の割合が低いが、私立に比べると経験年数の幅が広い。それに対し、私立の保育者の勤続年数は国立や私立に比べて短く、5年未満の保育者が5割を占めており、勤務年数10年未満の保育者だけで67.5％を占めている。

　公立では、25～29歳に「家庭の事情」で離職する人と、50～65歳に「定年」で離職する人が多い。一方、私立では離職が29歳までに集中しており、その

図10-17 保育士の経験年数（公私立別）

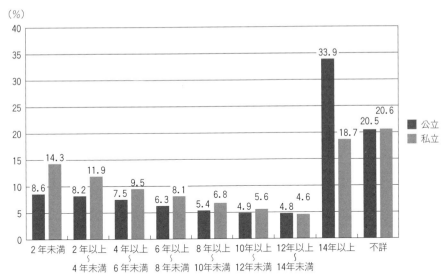

出典：厚生労働省「平成27年 社会福祉施設等調査」2016年

図10-18 幼稚園教諭の勤続年数（国公私立別）

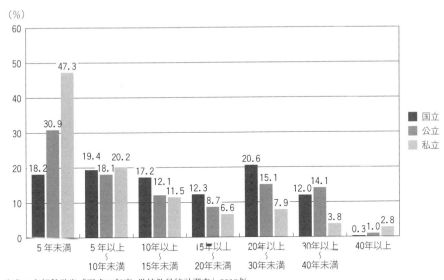

出典：文部科学省「平成28年度 学校教員統計調査」2018年

主な理由は「家庭の事情」と「その他」となっている。私立幼稚園における保育者の平均勤務年数が10年未満と短いことは、離職年齢が低いこととも関係していると思われる。29歳までに離職した人の離職理由で最も多いのは「家庭の事情」「その他」となっており「結婚・出産」を機に辞める人が多いと考えられる。私立幼稚園については、24歳までの保育者の離職理由として

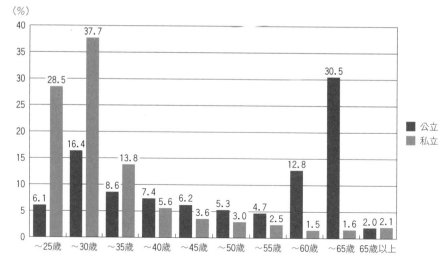

図10-19　幼稚園教諭の離職年齢（公私立別）

出典：文部科学省「平成28年度 学校教員統計調査」2018年

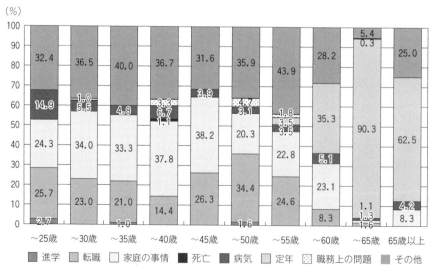

図10-20　幼稚園教諭の離職理由（公立）

出典：文部科学省「平成28年度 学校教員統計調査」2018年

「転職」（28.3％）が多いことも注目したい。ほかの園や保育職以外の職に転職をする人がこの年代に多いことがうかがえる。ただし、近年では長く勤め続けられるような仕組みや体制を整える私立幼稚園が増えてきており、このような状況が変わっていく可能性もある。

　一方、公立に関しては、60～65歳で離職者全体の5割を占めており、主な離職理由は「定年」となっている。ついで比較的離職が多いのが25～29歳

第10章 ● 資料にみる保育者の姿

図10-21　幼稚園教諭の離職理由（私立）

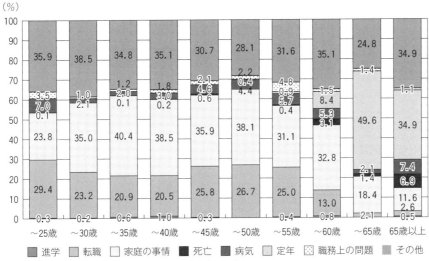

出典：文部科学省「平成28年度　学校教員統計調査」2018年

（13.7％）で「家庭の事情」が多く、私立と同様に「結婚・出産」を機に辞める人が多いと考えられる。

公立では、専門学校や短大、大学を卒業して就職し5～10年働いた後に、20代後半で結婚や出産、育児を経験する。ただし、産前・産後休暇や育児休暇、生活の基盤としての安定した収入を保障されていることで、離職する者は少ないと考えられる。しばらくの後、年齢が45～50歳くらいになり経験年数が長くなると、なかには転勤でいくつかの園を経験したことによって得た専門性を生かしての転職や介護・病気などで離職する保育者も出てくる。そして、50～65歳の間に定年退職を迎える。

次に、私立では、専門学校や短大を卒業して就職し、10年以内に結婚や出産で離職する者が多い。なかには公立幼稚園などに転職する者もいる。辞めずに継続して働いた場合、若い保育者の指導や園の経営にかかわりながら園を支え、55歳以降に定年退職を迎えるが、65歳を過ぎても園にかかわり続ける保育者もいる。私立の幼稚園独自の特色と伝統は、人数は少ないが同じ園で長く勤め続ける保育者によって受け継がれているといえるだろう。

### （4）給　与

2008（平成20）年時点の平均給与は保育士が約21万6,000円、幼稚園教諭が約22万2,000円だったが、2017（同29）年では保育士が約23万円、幼稚園教諭が23万2,000円であり上昇している。保育士・幼稚園教諭の処遇改善が叫ば

れるようになり、行政・園ともに保育者の給与を上げる動きがでている。

　幼稚園教諭の給与について国公私立別にみてみると、月額の全体平均では、国立が約34万5,000円、公立が約32万3,000円、私立が約20万円である。国立と公立との差はわずかであるが、国立・公立の給与は私立の約1.5倍と大きな差があることがわかる。それから、給与区分帯をみると、国立では20〜45万円と幅があり、公立では15〜45万円と幅があるが、私立では15〜20万円に集

図10−22　保育士と幼稚園の平均給与の推移

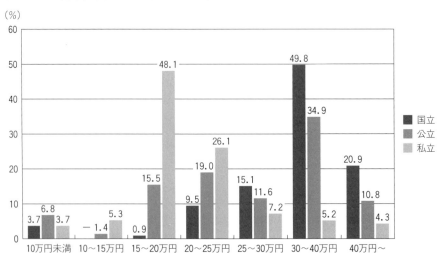

（千円）

| 年 | 保育士 | 幼稚園教諭 |
|---|---|---|
| 2008 | 215.9 | 222.4 |
| 2009 | 217.6 | 226.0 |
| 2010 | 218.6 | 223.2 |
| 2011 | 220.3 | 225.6 |
| 2012 | 214.2 | 225.0 |
| 2013 | 213.2 | 225.9 |
| 2014 | 216.1 | 231.4 |
| 2015 | 219.2 | 229.8 |
| 2016 | 223.3 | 229.0 |
| 2017 | 229.9 | 231.6 |

出典：厚生労働省「平成29年　賃金構造基本統計調査」2018年

図10−23　幼稚園教諭の給与（国公私立別）

| 区分 | 国立 | 公立 | 私立 |
|---|---|---|---|
| 10万円未満 | 3.7 | 6.8 | 3.7 |
| 10〜15万円 | − | 1.4 | 5.3 |
| 15〜20万円 | 0.9 | 15.5 | 48.1 |
| 20〜25万円 | 9.5 | 19.0 | 26.1 |
| 25〜30万円 | 15.1 | 11.6 | 7.2 |
| 30〜40万円 | 49.8 | 34.9 | 5.2 |
| 40万円〜 | 20.9 | 10.8 | 4.3 |

出典：文部科学省「平成28年度　学校教員統計調査」2018年

中している。国立と公立の幼稚園に勤務する保育者は勤務年数が長く、経験に応じて給与が上がっていくために幅があり、私立幼稚園に勤務する保育者の勤務年数が短く、給与の区分帯も集中するのだと考えられる。私立幼稚園の場合、給与の低さや昇給の少なさが勤続年数の短さにつながっていた部分もあると考えられるが、今後、処遇改善やキャリアアップの仕組みが根づくことにより、給与・勤続年数ともに上がっていくことが期待されている。

なお、大学卒（第一種免許）と短大・専門学校卒（第二種免許）では、給与が異なることが多い。たとえば、2018（平成30）年度東京都特別区の採用選考要項では、大学卒の初任給が24万4,000円、短大卒が22万2,900円となっている。

## 第4節 ● 保育者の専門性とライフコース

大きな変化を遂げ続ける社会において、保育への需要と期待は年々高まってきている。それに伴い、保育者の役割は多様で複雑なものとなり、より高い専門性が求められるようになってきた。日本では、専門学校や短大、大学などの養成機関において決まった単位を取得すると、幼稚園教諭や保育士など、保育者としての資格が与えられる。資格は、保育の質を保ち、保育への責任を負うためのものとして、法律により取得が義務づけられている。しかし、保育者資格の取得は、あくまでも保育者としてのスタートラインに立ったにすぎない。実際の子どもたちの育ちや動きに関する知識や感覚については、養成機関だけで学べるものではない。さらに、保育は、それぞれの園や、子どもが育つ地域の文化に沿って行われる。保育者は、実際に子どもたちや先輩保育者、子どもの保護者や地域の人々との関係のなかで、保育者自身の心身を通じてさまざまなことを学び、より深く広い専門性をもった保育者となっていくと考えられる。そして、高い専門性を持った保育者が育っていくことによって、保育者が高い専門性を持つ職業であるという認識が社会に広まっていくことが期待される。

今後の保育者は、これまで以上に乳幼児の教育と保育の専門家として、さらに重要な役割を果たしていくことになるだろう。どんなに時代や状況が変わろうと、子どもとともに生活するなかで子どもとともに育つということを心に留めておきたい。

● 「第10章」学びの確認
　幼稚園教育要領・保育所保育指針の変遷の表（本章、表10-1、p.168）から、保育者に求められる役割がどのように変化してきたかを考えてみよう。
●発展的な学びへ
　あなたは、卒業後どのように働いていきたいと考えますか。自分のキャリアについて想像してみよう。

■推薦図書■

●全国保育士養成協議会監修『ひと目でわかる　保育者のための児童家庭福祉データブック　2019』中央法規出版
　保育や児童福祉、障がい児支援、子どもの貧困など、保育者養成課程で学ぶ制度や統計をまとめており、これらの最新の動向を知るのに役立つ。

## 引用文献

1) 田中未来、久保いと『保育原理－共に学ぶ人間らしさのかなめ－』川島書店　1993年
2) 厚生労働省「平成28年　社会福祉施設等調査」2017年
3) 厚生労働省「地域型保育事業の認可件数」2016年
4) 厚生労働省「平成28年度　認可外保育施設の現況とりまとめ」2017年
5) 文部科学省「幼児教育振興アクションプログラム」2006年
6) 文部科学省「学校基本調査」2016～2018年
7) 文部科学省「平成28年度　学校教員統計調査」2018年
8) 文部科学省「平成28年度　幼児教育実態調査」2017年
9) 文部科学省教育課程科・幼児教育課編『初等教育資料　幼稚園教育年鑑』東洋館出版社　2005年・2015年
10) 全国保育団体連絡会・保育研究所編『保育白書』ひとなる書房　2006年・2016年

# 第11章 諸外国の保育者

◆キーポイント◆

　本章では、諸外国の保育者に関する議論の動向を知るため、諸外国における子どもを取り巻く環境の変化と保育者に求められること、保育の質の議論、保育制度や保育者の特徴、保育者の専門性開発における養成教育や現職研修、リーダーシップ等の議論を概観する。必ずしも日々の保育に直結する内容ではないかもしれないが、世界で何が語られ、何が重視されているのかを知ることは、日本にいる私たちの保育を考えるための貴重な観点をもたらすであろう。本章を読んで、ぜひ広い観点から「保育者」という職業について考えていただきたい。

## 第1節 ● 諸外国の保育に関する議論の動向

　私たちが日々考えている目の前の子どもたち、目の前の保育から少し視点を変えて、海の向こうの保育に目を向けてみると、そこでは私たちとは異なる社会的・文化的・歴史的・経済的背景をもった保育者と子どもたちの保育の営みが繰り広げられている。言語も習慣も価値観も異なるものの、子どもたちと日々をつくり上げていく保育という仕事に携わっている点では共通である。そうした諸外国の保育のことを知ることは、保育に関する視野を広げるとともに、自分たちの保育をとらえ直すよい機会となるであろう。そこで本章では、子どもを取り巻く環境の変化や保育制度、保育者の専門性開発等に焦点をあて、諸外国における保育の議論を概観することとする。

　保育・幼児教育に関して、国際的にはどのような議論がされているのだろうか。近年の動向をおさえるうえで、まずは諸外国における子どもを取り巻く環境の変化をおさえる必要があるだろう。そのうえで、そうした環境の中で子どもたちの育ちを支える保育・幼児教育に求められることとして、「保育の質」の議論についてみていく。

## 1 ── 子どもを取り巻く環境の変化と保育者に求められること

### (1) 多様性のなかで生きる

　今、子どもたちはグローバル化の進んだ国際社会で生きている。グローバル化とは、情報通信技術の進展や交通手段の発達、市場の国際的な開放などにより人・物・情報の国境を超えた移動が容易になり、各国が相互に依存し、他国や国際情勢に少なからず影響を受けるようになる現象をいう。なかでも人の移動に関しては、近年、移民の問題が特にヨーロッパを中心に社会現象となっている。そこには当然、子どもたちも含まれており、多様な民族・文化・言語をもつ子どもたちが同じ園に在籍するという状況が生まれている。このことは、子どもや家庭の個別の背景や信念を尊重しながら、集団での生活をいかに営んでいくか、保育における「多様性（ダイバーシティ）[※1]」をいかに保障するかというテーマでさまざまに議論されている。加えて、子どもたちの家庭における経済的な格差、貧困の問題も諸外国の重要課題であり、日本でも同様である。家庭の経済格差によって、子どもが受けられる教育に差が生じないよう、低所得層の家庭の場合は保育料が減額されるなど、すべての子どもが公平に保育を受けられること、すなわち「アクセシビリティ[※2]」を保障するための措置が取られている。このように、すべての子どもが保育を受けられ、文化的・社会的な多様性も尊重されながらともに生きていくために何が求められるかが大きなテーマとなっている。

### (2) 市民としての子ども、地球人としての子ども

　さらに昨今、今後の社会の急激な変化をみすえて、「市民」としての子ども、「地球人」としての子どもを育むという議論がなされている。子どもたちがこれから生きていく社会や地球において、さまざまな課題を子どもたちがどのようにとらえ、議論し、取り組んでいくのか、そのために乳幼児期にどのような経験や育ちが大切なのか。従来の教育で散見された既知の知識を子どもたちに伝達する、すでにつくられた価値観を子どもたちに教え込む教育だけでなく、子どもたち自身も主体となって大人とともに知識を創造し、新たな価値を生み出していくことが求められている。こうした議論は、OECD（経済開発協力機構）やユネスコのような国際機関でも、2030年に成人する子どもたちのための保育・教育を考えるプロジェクトのなかで活発に議論されている。たとえば、「VUCAな世界（VUCA World）」という言葉がある。VUCAとは、変動（volatility）のV、不確実（uncertainty）のU、複雑（complexity）のC、曖昧（ambiguity）のAの頭文字をつなげた言葉である。人・物・情

---

※1　多様性（ダイバーシティ）
多様性（ダイバーシティ）とは、保育の領域では言語、宗教、ジェンダー、能力、経済状況など、さまざまな背景をもつ子どもや家庭が存在している状態をさす。多様性と包摂（インクルージョン）がともに語られることが多い。

※2　アクセシビリティ
アクセシビリティとは、場所やサービス等の近づきやすさ、利用しやすさのこと。保育の場合、物理的な利便性のほかに、社会的・経済的に困難な家庭や多文化の背景をもつ家庭の子どもも疎外感をもたずに利用できるかが重要な論点となっている。

報の移動が活発に行われ、技術の進歩により私たちの生活や仕事のあり方も大きく変化し、10年後には今とは著しく異なる社会が実現しているかもしれない。そうしたVUCAな社会に生きていく子どもたちには、従来の普遍的な知識や情報を消費・再生産していくだけの教育ではなく、個々の文脈に応じた課題を見出し、さまざまな考えを交流させながら、新たな社会を築いていく力が求められている。今を生きる保育者は、そのような社会を生きていく子どもたちにとって、乳幼児期に必要な経験とは何かを考える必要がある。

## 2 ── 保育の質への関心の高まり

　乳幼児期の保育の重要性は近年広く認識されているが、国際的な議論としては、2000（平成12）年頃から「保育の質」に関する議論がさかんに行われるようになった。その流れをおさえておく必要があるだろう。もともと、子どもの発達に保育の質がどのように影響するかという関心から、アメリカ等では古いものでは1960（昭和35）年頃から、経済的に厳しい状況にある子どもたちに幼児教育プログラムを実施し、その後も追跡する縦断調査が行われてきた。そこでは、子どもの発達と保育や学校教育の質、家庭での養育環境の質等の関連が調べられ、質の高い幼児教育プログラムの実施の効果が認められてきた。また、世界的に影響を与えた大規模調査として、イギリスでも1997（平成9）年からあらゆる経済的階層にいる、あらゆる種類の保育施設に通う子どもたちを対象に、子どもの発達と保育の質等の関連をみる縦断調査が実施された。子どもたちが高校生になるまで調査は継続され、次のような知見が得られた。なによりも家庭の養育環境の質が重要であること、また経済的に厳しい状況にある子どもたちが質の高い保育を受けた場合に、その効果が大きいこと、質の高い保育を実施している園では、質の高い保育者と子どものかかわりや、効果的なリーダーシップなどが観察されたこと等である。ほかにも多くの国で同様の調査研究が実施されており、そこから得られた知見にもとづき、各国の保育政策が検討され、国際比較調査なども実施されている。

　このように諸外国では、調査研究にもとづく「保育の質」の議論が、ここ20年ほどきわめて盛んに行われてきた。なかでも国際的に大きなインパクトを与えたのが、ノーベル経済学賞受賞者でもあるJ.J.ヘックマンの提言であった。彼は、前述のアメリカの複数の縦断調査を分析し、幼児期への投資によって、成人後の社会保障などの費用が大きく減ることを明らかにし、経済的な観点からも保育への公的投資の意義を主張した。「恵まれない境遇にあ

る就学前の子どもたちに対する投資は、公平性や社会正義を改善すると同時に、経済的な効率性を高める非常に稀な公共政策である」と述べている[1)2)]。彼の議論は世界中で紹介され、保育への公的投資や調査研究の必要性を訴えるための根拠として引用された。現在では、必ずしもヘックマンの主張に一致しない研究結果や異なる観点からの議論も生まれている。しかし、国際的なレベルで保育への投資の重要性、保育の質の重要性への関心を高める契機となったという点で、非常に重要な出来事であった。

## 3 ── プロセスの質とモニタリングの重視

### (1) 保育の質の諸側面

保育への投資の重要性、保育の質の重要性への関心が高まった経緯について述べたが、保育の質には、さまざまな側面がある（表11-1）。なかでも、子どもの発達に直接的に影響するものとして「構造の質」と「プロセスの質」

**表11-1 保育の質の諸側面**

| 質の側面 | 内容 | 具体的な説明・例 |
|---|---|---|
| 志向性の質<br>(orientation quality) | 政府が示す方向性 | 法律、規制、政策等 |
| 構造の質<br>(structural quality) | 全体的な物的・人的環境の構造 | 物的環境（園舎や園庭、遊具や素材・教材等）人的環境（保育者の養成と研修、保育者と子どもの人数比率、クラスサイズ、労働環境等） |
| 教育の概念と実践<br>(educational concept and practice) | ナショナル・カリキュラム等で示される教育（保育）の概念や実践 | （日本では、幼稚園教育要領、保育所保育指針、幼保連携型認定こども園教育・保育要領に示される保育のねらいや内容にあたる） |
| 相互作用あるいはプロセスの質<br>(interaction or process quality) | 保育者と子どもたち、子どもたち同士、保育者同士の関係性（相互作用） | 子どもたちの育ちをもたらす、安心感や教育的意図等を含み込む、保育者や子どもたちの関係性 |
| 実施運営の質<br>(operational quality) | 現場のニーズへの対応、質の向上、効果的なチーム形成等のための運営 | 園やクラスレベルの保育計画、職員の専門性向上のための研修参加の機会、実践の観察・評価・省察の時間確保、柔軟な保育時間等 |
| 子どもの成果の質あるいはパフォーマンスの基準<br>(child-outcome quality or performance standards) | 現在の、そして未来の子どもたちの幸せ（well-being）につながる成果 | 何をもって成果（outcome）とするかは、各々の価値観等によって異なる |

出典：OECD, Starting Strong II, 2006, pp.127-128の記述をもとに作成。教育の概念と実践の「具体的な説明・例」のみ、筆者が加筆。

がある[3]。構造の質とは、物的環境（園舎や園庭、遊具や素材・教材等）、人的環境（保育者の養成と研修、保育者と子どもの人数比率、クラスサイズ、労働環境等）等をさし、保育の質を規定する重要な要因となっている。一方、プロセスの質とは保育者と子ども、子ども同士、保育者同士の関係性（相互作用）をさし、子どもたちの育ちを支える安心感や教育的意図等を含み込むものとされている。さらに広義に、そうしたかかわりを支える環境構成・再構成をプロセスの質に含む場合もある[4]。

　構造の質に関してはすでに多くの国で調査が実施され、保育者にかかわる部分では、保育者一人が担当する子どもの人数が少ないほど、またグループサイズが小さいほど、保育者と子どものかかわりの質が高いことや、待遇等の労働環境の条件がよいほど保育者の職務満足感が高く、負担感が低いこと等が明らかにされている。また、構造の質が単独で子どもの発達に影響を及ぼすだけでなく、構造の質が高くかつプロセスの質（かかわりの質）が高い場合に、子どもの発達の伸びがより大きいことも明らかになっている。このように、保育の質を考える際には、構造の質だけでなく、プロセスの質もきわめて重要な要因であり、近年は特にプロセスの質をどう高めていくかが議論の中心となっている。そのために、日々の保育を振り返ること、評価すること、そして続く保育の計画や実践に活かす取り組みである「モニタリング[※3]」の重要性が唱えられている[4)5)]。

### （2）形成的評価としてのモニタリング

　プロセスの質に関するモニタリングの対象には、カリキュラムの実施状況、保育者と子どものかかわり、保育実践の全体的な質、保育の方法、職員間の連携などが含まれる。モニタリングの方法としては、視察や第三者評価もなされるが、近年は特に自己評価や相互評価（ピアレビュー[※4]）が重視されている。現状の問題点がどこにあるかを明らかにするための「診断的評価」でもなく、保育を通じて何が達成されたか、子どもたちがどのように発達したかを最後に確認する「総括的評価」でもなく、日々の保育のプロセスの中で自分たちの保育を振り返り、意味づけ、明日の保育を考えていくために行う「形成的評価」が重要であるといわれている。むろんいずれの評価も必要であり、相互補完的に実施すべきものであるが、保育者が自らの保育実践をより豊かにしていくためには、自らが、そして同僚とともに形成的評価をいかに実施するかが問われている。そして、園としての形成的評価を支える園長や主任等のリーダーシップが重要であり、リーダーシップの研究も国際的に蓄積されてきている。日本でも、海外の動向をふまえつつ、日本ならではの

※3　モニタリング
モニタリングとは、保育実践や保育者、子どもの発達、カリキュラムの実施について継続的に評価し、現状を把握することである。説明責任を果たしたり、保育の質を向上させたりすることを目的として行われる。

※4　ピアレビュー
相互評価（ピアレビュー）とは、同僚同士が実践や事例を見合って気づいたことや感じたことなどを伝え合い、学びにつなげること。園内で行うことが多いが、他園の保育者とともに行うことも含まれる。

リーダーシップ、組織開発のあり方を明らかにする調査研究が昨今実施されている。

ここまで、近年の保育に関する国際的議論を整理した。そのなかで、子どもを取り巻く環境が変化しており、保育者に求められることも社会の変化に応じて変わってきていること、なかでも保育者と子ども、子ども同士のかかわりなどのプロセスの質が重要であり、保育の質を高めるうえでモニタリング（特に形成的評価）が重要であるという議論の流れを概観してきた。そこで、保育者の専門性開発について、近年どのようなことが議論されているかをみていくが、その前に背景情報として、諸外国の保育制度や保育者の全体的な特徴について傾向をおさえておこう。

## 第2節 ● 諸外国の保育制度

### 1 ── 保育の一元化

わが国の保育・幼児教育制度は、幼稚園は文部科学省、保育所は厚生労働省、認定こども園は内閣府というように管轄省庁が分かれている。一元化の議論も戦前より続いているが、さまざまな制約によりいまだ実現していないのが現状である。ただし、そのなかでも幼稚園教育要領、保育所保育指針、幼保連携型認定こども園教育・保育要領の幼児教育に関する記載を共通のものにする等、全体として統一する方向で進んでいる。では、諸外国ではどのような保育制度の枠組みになっているのだろうか。

2017（平成29）年に刊行されたOECDの報告書『Starting Strong 2017: Key OECD Indicators on Early Childhood Education and Care』[6]で、各国の制度が整理されている。それによれば、OECD関連諸国では、保育・幼児教育が一つの省庁の管轄下に統一される傾向があり、3歳未満と3歳以上、教育とケアの分断が弱まっているという。具体的には、イングランド、オーストラリア、ニュージーランド、アイルランド、フランス、ドイツ、ベルギーの一部、イタリア、フィンランド、ノルウェー、スウェーデン、チリ、カザフスタン、韓国ではすでに一元化され、その多くは教育省の管轄下となっている。なかでも北欧諸国では、乳幼児期の教育とケアの統合は数十年前から実現している。それは、家庭や子どもたちのニーズに対して包括的に応えることを目的としているからである。子どもたちへの教育とケアを包括的に行う

とともに、保護者の就労支援や子育て支援を含めた包括的な機能を有した施設がめざされている。わが国の認定こども園も、同様の施設として期待されている。前述のOECDの報告書では、1歳児クラスから就学前までを統合するメリットとして、先行研究から、①園へのアクセス（利用しやすさ）の改善、特に3歳未満児の就園率の上昇、②保育者の労働環境と社会的地位の向上、③保育者の採用レベルと研修の質の向上、④教育の実践やカリキュラム開発へのよい影響、の4点が紹介されている。また、管轄省庁が一元化されることで、保育の質にもポジティブな影響があり、特に社会経済的に厳しい状況にある子どもたちや家庭への効果が大きいとする知見も紹介されている。一方、一元化されていない国々では、多くの場合、3歳未満と3歳以上で管轄省庁が分かれ、チャイルドケアと教育の分断がみられる。そのような場合には、保育の質に対してネガティブな影響が懸念され、特に3歳未満を対象とするチャイルドケアで保育の質の低さや保育料の高さ、保育者の資格レベルの低さ、労働環境の悪さなどが指摘されている。このように、一元化は国際的にも重要なテーマとなっている。わが国では、管轄省庁の区分は年齢によるものではなく、保育所や認定こども園では0歳児クラスから5歳児クラスまでが同一園で運営されている。そのようななかで、乳児保育の質の高さや異年齢との交流、連続性など諸外国にとって参考になる専門知が蓄積されているのではないか。そうした日本の保育のよさを海外に発信することの必要性も大きいだろう。

## 2 ── 保育者の傾向

　保育者は、保育現場の最前線にいて、子どもたちに直接的な影響を与えるという意味で、保育の質を構成するもっとも重要な要素である。各国も、自らの国にいる保育者がどのような人々によって構成されているかに関心をもち、調査を行っている。

### （1）保育者の性別

　前述のOECDの報告書やユネスコの2015（平成27）年の報告書[7]では、保育者の特徴について各国のデータを整理している。まず、保育者の男女比をみると、前述のOECD報告書ではOECD諸国の平均で97％を女性が占めており、ユネスコ諸国（低・中所得国）でも一部の国々を除いて同様の傾向が報告されている。日本でも幼稚園で約93％、保育所で約96％が女性であり、小学校教諭をみると男性が約30％を占める。保育・幼児教育、小学校、中学校

とステージが上がるにつれて男性の割合が増えていくのは、国際的にも同様の傾向である。これは、特に乳幼児期を対象とする保育・幼児教育では、子育てに関する仕事は女性が担うものという認識が根強かったことや、保育士や幼稚園教諭の給料が低く、社会的地位も低かったことと関連していると考えられる。こうした現状に対して昨今、国内だけでなく国際的にも、男性保育者の重要性について議論が高まっている。特に、乳幼児期の子どもたちの経験の幅を広げるという意味でも、男性保育者の増加が求められ、国として男性保育者を増やす政策をとっているところもあるが、なかなか功を奏していないようである。

### （2） 保育者の年齢

保育者の年齢層をみると、日本は国際的にみて独自の特徴がある。図11－1は2014（平成26）年時点のOECD諸国における保育者の年齢分布を示したものだが、左から3番目にある日本をみると、諸外国と比べて20歳代の割合が多いことがわかる。保育者全体に占める20歳代の割合は、日本で50％以上、韓国で約50％、トルコで40％以上となっているが、その他の国々では20歳代

**図11－1　各国の幼児教育における教師の年齢分布（フルタイムとパートタイムを合わせたもの）－2014年**

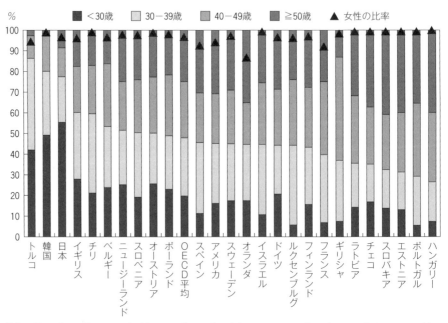

出典：Note: Countries are ranked in ascending order of the percentage of teachers aged 40 years or older at the pre-primary level.
　　　Source: OECD (2017a). OECD Online education database. OECD Paris. www.oecd org/education/database htm.

の割合が少なく、30歳代や40歳代の占める割合が多くなっている。日本の保育者の平均経験年数は、保育士も幼稚園教諭も約7年である。このことは、後述する保育者の専門性開発に少なからず影響をもたらしていると考えられる。すなわち、日本の場合、諸外国と比べると多くの園で若手の保育者が大半を占め、保育経験を重ねてきた保育者から若手の保育者への実践知・専門知の継承がなされにくいという状況があることが推察される。保育者の離職を防ぎ、保育者の年齢層・経験知の幅を広げるとともに、一方で若手の多い園でいかに保育の専門知を築いていくか、現状をふまえた専門性開発についても考える必要がある。

## 第3節 ● 諸外国の保育者の専門性開発

### 1 —— 養成教育と現職研修

保育者は保育の質におけるもっとも重要な役割を担うと先に述べたが、保育者の質を高めるためには、養成教育と現職研修による専門性開発[※5]と、労働環境の充実が重要となる。

#### (1) 養成教育・現職研修と専門性開発

諸外国では、保育者の受けた養成教育のレベルが、保育を担当している子どもの発達に与える影響について研究されている。いくつかの研究では、保育者が受けた養成教育のレベルが高いほど（たとえば、四年制大学や大学院修士課程）、子どもの認知的発達や社会的発達の伸びが大きいことを明らかにしている。しかし、養成教育レベルと子どもの発達の関連はみられないとする研究も、関連があるとしてもわずかだとする研究も存在しており、議論はいまだ分かれている状況である。一方、保育者の受けた養成教育のレベルが、保育者と子どものかかわりの質と関連していることは大方の研究で一致している見解である。特に、諸外国では3歳未満の保育で養成教育レベルの低い保育者がいることが多いため、前述のように3歳未満の保育の質が懸念されているようである。また、前述のユネスコの報告書によれば、低・中所得国の多くでは、保育者に必ずしも資格が求められておらず、高等学校卒業でも認められている国が散見される。例外として、タイ、マレーシア、インドネシア、フィリピンなどの一部の東南アジア諸国では、保育者になるための2

※5　専門性開発
専門性開発とは、就職前の養成教育や働きながら学び続ける自己研鑽や現職研修を通して、専門家としての知識やスキル、姿勢、倫理や価値観等を育み、専門性を高めていくことをさす。

年から4年の高等教育を要求している国もあるが、いわゆる先進諸国と開発途上国では、保育者の養成教育に関して異なる段階にあり、異なる課題を抱えている。

　保育者がどのような養成教育を受けるか、どのレベルの資格や免許を取得するかは、その後の仕事への取り組みにおいて重要な要素ではあるが、養成教育が単独で重要というわけではない。むしろ、就職してから継続して学ぶ機会となる現職研修（園内研修や園外研修等）が重要であるといわれ、「継続的な専門性開発（Continual Professional Development：CPD）」に関する議論が、活発に行われている。前述の2018（平成30）年のOECDの報告書によれば、現職研修への参加が、保育者と子どものかかわりの質の高さや環境構成の質、子どもの発達や学びと直接的に関連していることが、多くの研究で明らかになっている。なかでも、現職研修が園内研修であれ園外研修であれ、保育の内容を焦点化して扱うものであること、園における実践のサポート（メンタリング、コーチング、コンサルテーション）が含まれること、そして適切な期間実施されることで、その効果は大きくなることが示されている。特に、実践のサポートにおいては、フィードバックが行われることが鍵となるようである。保育者は、現職研修で学び続け、継続的な専門性開発を行うことで、保育のカリキュラムを作成し、実践し、振り返って評価する力を伸ばしていくといわれている。このことからも、現職研修をいかに充実させるかが、保育者の専門性開発において重要なテーマとなっている。

### （2）継続的な専門性開発のために

　欧州委員会（European Commission）が2015（平成27）年に出した報告書では、28のEU加盟国における、保育者の継続的な専門性開発に関するレビューを行っている[8]。そのなかで、継続的な専門性開発において重要な要素として、以下の4つをあげている。①研究等の知見をふまえて作成された一貫性のあるカリキュラム（教育の枠組み）と、自分たちの抱えるローカルな課題に応じたものであること、②保育者が、自園の保育を改善するプロセスに積極的に参加すること、③保育者が実践のなかで学ぶことや、同僚や保護者との対話を通して学ぶことに焦点があてられ、保育者のノン・コンタクトタイム[※6]（勤務時間中の子どもと接しない時間）中にメンター[※7]やコーチと話せること、④労働環境の改善を求めるものであり、特にノン・コンタクトタイムの保障とセットであること。これらの知見は、日本の現職研修の充実においても、参考になるであろう。

　なお、諸外国においては、現職研修への参加は必ずしも義務化されていな

※6　ノン・コンタクトタイム
ノン・コンタクトタイムとは、保育者が勤務時間中に子どもと接しない時間をさす。この時間に、保育の記録を作成したり、同僚と話し合いをしたりして、保育の省察（振り返り）を行うことができる。保育者の専門性を高めるうえで、ノン・コンタクトタイムの重要性が近年注目されている。

※7　メンター
メンターは、仕事上のアドバイス等をする指導者・助言者のこと。新任の保育者の仕事や精神的なサポートを行う先輩保育者をさす。

い。また、日本でも同様だが、正規職員は参加しやすくても、非正規職員はほとんど参加していないという場合が多い。施設型保育で働く保育者と比べて、家庭的保育で働く保育者は、園外研修への参加の機会が少ないことも指摘されている。そのため、同じく子どもの保育に当たる仕事に従事していても、研修参加の機会には格差があると推察される。また、興味深いのは、保育経験年数の長さが、必ずしも保育者と子どものかかわりの質の高さと関連しないことが明らかになっていることである。諸外国の研究をみると、たとえばドイツやアメリカの研究には、経験年数が長いほど保育者と子どものかかわりの質が高いことを示したものがある。しかし、同じアメリカでも、経験年数が長いほど保育者と子どものかかわりの質が低かったとする研究もある。つまり、保育経験年数が長くても、保育に関する継続的な学びは不可欠であり、若手だけでなく経験年数の長い保育者も現職研修に積極的に参加することが求められる。保育者がいかに学び続けるか、また、園や行政等が保育者の継続的な学びをいかにサポートできるかが問われている。

## 2 ── リーダーシップと組織開発

諸外国の保育に関する議論で、最後に触れておきたいのが、リーダーシップと組織開発についてである。保育者の専門性開発を考えるにあたって、園としていかにコンピテンス[※8]（力）を高めていくかという視点は欠かせない。近年、フィンランド、オーストラリア、イギリス等の研究者を中心に、保育におけるリーダーシップの研究が盛んに行われている。

保育はクラスや園でチームとして行うものであり、保育者は個人で成長することも重要だが、さらに同僚性の中で支え合い、学び合いながら、園として質を高めていくことが求められる[9)]。そこで、重要となるのが、リーダーシップである[※9]。従来、リーダーシップとは園長が単独で発揮するものであり、他の職員はフォロワー[※10]として従うという「階層型リーダーシップ」のイメージが持たれてきた。しかし、昨今では、組織のあらゆるレベルで、専門性をもち、変化や挑戦をする力のあるリーダーが出てくる「分散型リーダーシップ」のモデルが強調されている。リーダーとしての肩書きがなくても、一人ひとりがリーダーシップを発揮し、責任を分担しながら組織として園全体の質が高まっていくことが目指されている[※11]。

その一つの流れとして、ミドルリーダー（主任をはじめとする中堅職員）の役割への関心が高まっている[※12]。ミドルリーダーとは、「特定の職位や経験年数のみによって規定されるのではなく、園長と他の職員の中間に位置し、

※8 コンピテンス
コンピテンスとは、あることを遂行する能力や適性のこと。日本語の「資質・能力」に近い。

※9 保育におけるリーダーシップについては、第6章(p.112)を参照。

※10 フォロワー
フォロワーとは、リーダーを支え、つき従う人のことをいう。

※11 保育におけるリーダーシップの研究動向については、秋田ほか「保育におけるリーダーシップ研究の展望」『東京大学大学院教育学研究科紀要』56 2017年 pp.283－306に詳しい。

※12 ミドルリーダーについては、第6章(p.112)を参照。

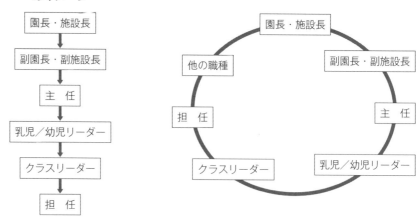

図11-2 階層型リーダーシップのイメージ

図11-3 分散型リーダーシップのイメージ

リーダーとして必要な実践の知恵や力量をもつ中堅保育者」である[10]。海外の研究で明らかにされているミドルリーダーの役割としては、「人と人とをつなぎ、信頼関係を築く」ことと「保育者の学び合い、園の変化を支えること」がある。ミドルリーダーは、立場的にも理念的にも中間にいて、職員にも子どもにも園長（施設長）にも近い存在である。組織のハブとして職員同士の相互理解を支え、互いの課題や弱みを表せるような温かい雰囲気をつくることが、その役割の一つである。そのうえで、職員が対等に学びあえる関係のもとで知恵や情報を共有したり、新たに挑戦したり変化したりしていくのを支える役割を担う。ミドルリーダーの実践は文脈に依存し、流動的で創発的で、複雑なものである。そして、「ハイブリッド（雑種の、混成の）」なものである。ハイブリッドなリーダーシップ（hybrid leadership）とは、「協働的で分散型の対話を通した民主的なリーダーシップ（非階層的）と、リーダーとしての立ち位置を意識した単独のリーダーシップ（階層的）の混成」である。言い換えると、「チームの一員として同僚と協働しながら民主的に発揮するリーダーシップ（対話中心／民主的）と、リーダーがその役職にあって個人として発揮するリーダーシップ（個人／単独的）の両方が含まれる」包括的な概念である[10]。このように、従来の「階層型リーダーシップ」か「分散型リーダーシップ」かという二項対立の議論を超えて、複雑で多元的なものとしてミドルリーダーの実践をとらえる議論が始まっている。それだけ、ミドルリーダーの仕事は難しさを抱えながらも、一方でやりがいのあるものなのである。

　このように、諸外国の保育におけるリーダーシップの議論では、園長のリーダーシップだけでなく、ミドルからのリーダーシップが注目され、活発に議

論されている。職員の専門性開発を支え、園としての組織開発を進めるうえで、今後ますますミドルリーダーの役割が重要となってくるであろう。わが国においても調査研究が実施されており、知見が待たれるところである。

　本章では、諸外国の保育者に関する議論の動向を知るため、諸外国における子どもを取り巻く環境の変化と保育者に求められること、保育の質の議論、保育制度や保育者の特徴、保育者の専門性開発における養成教育や現職研修、リーダーシップ等の議論を概観した。世界の大きな潮流を知りながら、わが国の課題に対して学べるところは学び、逆にわが国のよさを海外に発信していくことが必要であろう。広い視野から、多様な議論を学びながら、保育について考えていただきたい。

---

● 「第11章」学びの確認
①諸外国の保育に関する議論には、どのようなものがありましたか。論点をまとめてみよう。
②継続的な専門性開発において、何が重要でしょうか。特に現職研修について書かれていたことをまとめてみよう。

● 発展的な学びへ
①プロセスの質（かかわりの質）のモニタリングが重要と書かれていました。具体的にどのようなことをするのか、他の章やこれまで学んできたことをもとに書き出してみよう。
②海外の保育に関する書籍や映像を通して、海外の保育や日本の保育について、いろいろな観点から議論してみよう。

---

■推薦図書■

● OECD編『OECD保育白書―人生の始まりこそ力強く：乳幼児期の教育とケア（ECEC）の国際比較 -』明石書店　2011年
　　OECD加盟国20か国のECEC（乳幼児期のケアと教育）に関するレビューを行い、ECEC政策に影響を与える社会的・経済的・概念的そして研究の要因について概観している。
● ルドヴィカ・ガンバロほか編（山野良一ほか監訳）『保育政策の国際比較―子どもの貧困・不平等に世界の保育はどう向き合っているか―』明石書店　2018年
　　欧米8か国の保育政策について、特に貧困により社会的に排除されがちな子どもの育ちを保障する「質の高い保育」に注目して論じている。最新の動向を学ぶことができる。

## 引用・参考文献

1) Heckman, J.J., Skill Formation and the Economics of Investing in Disadvantaged Children, SCIENCE, vol.312, 2006
2) J.J.ヘックマン（古草秀子訳）『幼児教育の経済学』東洋経済新報社　2015年
3) OECD, Starting Strong Ⅱ: Early Childhood Education and Care, 2006
4) OECD, Starting Strong Ⅳ: Monitoring in Early Childhood Education and Care, 2015
5) European Commission, Monitoring the Quality of Early Childhood Education and Care, EU Publications, 2018
6) OECD, Starting Strong 2017: Key OECD Indicators on Early Childhood Education and Care, 2017
7) UNESCO『A Review of the Literature: Early Childhood Care and Education (ECCE) Personnel in Low- and Middle-Income Countries』2015年.
8) European Commission, Early childhood care: working conditions、training and quality of services: A systematic review, EU Publications, 2015
9) Eurofond, Early Childhood Care: Working conditions, training and quality of services, A systematic review, Pubications Office of the European Union, 2015
10) 野澤祥子・淀川裕美・佐川早季子・天野美和子・宮田まり子・秋田喜代美「保育におけるミドルリーダーの役割に関する研究と展望」『東京大学大学院教育学研究科紀要』58　2019年

# 第 12 章　保育者になる人へのメッセージ

◆キーポイント◆

　本章では、みなさんがよい保育者となり、今後活躍するためにはどうしたらよいのか、という悩みや不安について、現在保育現場で働く先輩方からの心温まるアドバイスと、みなさんを応援するエールを贈りたい。先輩である幼稚園・保育所・認定こども園等の先生からの多くの「生の声」を通して、みなさんの「生活経験」「人とのかかわり方」「学生生活の意義」「自分みがき」といった保育に関する専門的学習の基本について幅広く、そして深く学んでいこうとするものである。

## 第1節 ● 生活経験は職業教育につながっている

　ここでは、現役の園長先生や主任先生、また1～2年ぐらいの勤務経験である新任の先生まで幅広くコメントを取り上げていく。現場で仕事をしている先生たちも、毎日の保育の仕事のなかで「よい保育者になるにはどうしたらよいのか」について日々悩み、考え、探し続けている。そんな先生たちが希望をもったみなさんのために真剣に考え、勇気づけてくれるような熱いメッセージを贈ってくれている。みなさん一人ひとりがそれを読みとり、感じとって、明るい未来に羽ばたく子どもたちと元気に輝いてほしい。

### 1 ――「好奇心」を大切に

　「先生も子どもから学ぶことがある」と聞くことがある。大人の視点では見えないことが、子どもの視点に立って見えることは多々ある。幼稚園教諭になって2年目となる広島県S幼稚園勤務のM先生は次のように話す。

> 　私は、幼いころから近くの公園や野原に行っては、花や虫を見ていました。花や虫にはさまざまな種類があることもそのことで知り、家に帰って、百科事典や図鑑をめくっては楽しんでいました。その後友だちとも行くようになって、いろいろな花や昆虫の話をしました。ヒマワリ、チョウチョ、バッタ、コオロギ…。あのころこのようなコトをしていたことが、今子どもたちを教える仕事についてみて、『やっててよかった』と本当に思います。

幼少期より関心をもって「花や虫を見ていた」M先生は、好奇心が大変旺盛なこともあり、百科事典・図鑑をめくってまでして楽しんでいた。現在の学生たちはどうであろうか。おそらくは花の名前を知らず、昆虫等をさわることができない者もいることであろう。M先生のように、まずは子どもと同じ目線に立つことが、これからの子どもとかかわる最優先の課題であろう。

## 2 ── 「生きる力」を培う体験 ─現場の先生の眼から思うこと─

　現代の子どもたち、そしてみなさんは、昔の人たちが実際に行っていた生活体験を知らないことが多いといわれる。ほしいものを手に入れやすい時代であり、スーパーやコンビニに行けば何でもそろうという日常のなかで育った。しかし自然と親しむことや何かをつくる等といったことになると、みなさんがとまどうこともしばしばである。保育者になるには、無限の可能性を秘めている子どもたちに、いかにして自然とのふれあいについて教えるのか考えなければならないのである。

　広島県福山市にある「社会福祉法人まるいち会　ひまわり保育園」で主任を務める桒原芳子先生（職歴：34年）は、ひまわり保育園に毎年来る保育実習生に必ず次のようなことを話している。なお、以下の資料は、実習学生にいつも配布しているオリエンテーション資料の一部である。

---

【実習にあたって】
○時間を守る
○提出物の期限を守る
○丁寧な字を書く
○敬語の使い方を知る
○自分から積極的に身体を動かす
○先を見通した考え、行動をする
○子どもたちの手本となるような言動を心がける
○相手を傷つけるような言動、行動はしない
○臨機応変に対応していく
○あいさつ（自分からみんなに声をかける、「ありがとう」が素直に言える）
○モップやほうきの使い方、布団のシーツのかけ方、たたみ方、納め方を知る
○食事のマナーを知る
○正しい箸のもち方、主食、副食、箸の位置を知る
○身だしなみに気をつける（動きやすい服装・靴を心がけ、ピンどめ、ピアスは危ないので身につけない。匂いのきつい香水等は身につけない）
○草花の名前を知る
○菜園活動
○小動物の飼育（ウサギ、メダカ、昆虫類の知識）

自然にふれあうことが少ないせいか、項目に「草花の名前を知る」「菜園活動」「小動物の飼育」等を列挙している。保育者の自然体験が不足していることは、子どもの成長・発達に大きな問題を与えており、かつての地域社会で日常体験として行われたことがもはや困難な状況であることは否めない。また、社会体験の不足も同時に進行し、保育者同士の関係や保護者の対応等を苦手とする者が出てきているのが実情である。体験の不足は、家庭での役割・マナーにも悪い影響を及ぼし、「食事のマナーを知らない」「モップのかけ方・ほうきの使い方を知らない」というだけでなく、「積極的に身体を動かす」ことも困難となるような、運動能力のきわめて低下した保育者を誕生させることになった。さらには「あいさつ」の問題も大きく、元気よく「ありがとう」が素直にいえないという者さえ存在するようになった。

自然や社会とつながりをもたなかった時代を過ごしてきたみなさんが保育者となるには、今以上に日常生活を有意義なものとする必要がある。それには、子どもとともに周辺に存在する自然に関心をもち、他者とのかかわりをもちながら、「生きる力」を培っていくことが重要な課題である。

では、みなさんが「よりよき保育者」になるためには、どのようなことが必要となるのであろうか。

## 第2節 ●「人とのかかわり」は、失敗から学ぶもの

### 1 ──「何でも言い合える」関係づくり

私たちは、一人の人間である。しかし、人間は一人では生きていけない。人間は、社会生活を通して、他の人間と出会い、活動する。そしてさまざまな経験を重ねて、集団をつくるようになる。その集団のなかで人は、よりよい人間関係を築き上げることになる。

幼稚園や保育所、認定こども園等においても同じことがいえる。まさしく人間関係を学ぶ学校である。幼稚園や保育所、認定こども園等で働いている保育者の年齢はさまざまで、人により経験年数も異なる。また個々の保育に対する思い・課題等についても相違があろう。異なる年齢から構成される保育者のグループは、新任で若手の保育者や中堅クラスの保育者、さらには管理職につく保育者に大別される。さまざまな人間関係で密接に結びついている保育現場において、新人保育者の先生方はどのようなことを日頃から心が

けているのであろうか。

「社会福祉法人まるいち会　ひまわり保育園」を職場とし、今年で7年目を迎える保育士の角麻衣子先生は、次のように述べる。

> 保育士の仕事は、先輩の保育士さんや同僚（仲間）たちとお互い刺激しあえる関係にないといけないと思っています。もちろん職場には、さまざまな年齢の保育士さんがいて、先輩・後輩関係の社会です。ですから先輩には敬語や最低限度の礼儀・マナーは必要だと思うし、なかでもあいさつ（「おはようございます」「ありがとうございます」等）は大事ではないでしょうか。
>
> また、注意を受けたときには謙虚にそのことを受けとめ、次から同じミスをしないように心がけることも大切だと思います。こうしたことは中学・高校時代の部活動から学んでいたのかな、と思います。部活動では、練習はもちろん、マナーも大変厳しかったのですが、今では「この仕事に生かされているんだな」と感じます。
>
> 保育士にとって、子どもが大好きであることはもちろん、自分の思いをはっきり出せることが必要です。そうでないと子どもを育て上げることは難しいと思います。「みんなで子どもを育てよう」とするので、職場でもよく意見のくいちがいがあります。他人のやり方・考え方を全否定するのではなくて、「なぜ、そのやり方がいけなかったのか」であるとか「そのやり方以外にもっとよいやり方はなかったのか」というように、子どもを中心にいつも考えを出し合っています。若手の保育士だからといって、何も話せないわけではなくて、保育のことについては先輩・後輩の関係がないのを前提で行っています。しっかり話し合った後は後腐れなく、すっきりして仕事に打ち込めるんです。

角先生によると、「子どもの保育方法について言いたいことがあっても我慢する」といった考えはよくないと指摘している。これまでの保育者経験を通じてそのような体験があり、後悔することが多かったようである。「先輩だから」とか「後輩だから」という考えがあって自分の意見を押さえつけてまでも保育の仕事を続ける意味があるのであろうか、ということに悩んだ時期もあったようである。しかし、子どもの保育を真剣に考えたうえ、自分の信念を貫いて実践してみると、まわりも次第に共感しはじめ、常に同じ目標に向かって取り組んでいくことができるものと述べている。若手保育者には「勇気」が必要であるが、「その勇気をもってがんばることが大事である」ことを筆者も改めて教えていただいた気がする。

## 2 ── 失敗を恐れて成功をみず

保育士が職場で口論をすることで、職場の雰囲気が悪くなるのではないかという考えがある。しかし、なかには「何でも話せる雰囲気こそが仕事をす

るうえで大事である」と述べている保育者も存在するのである。

広島県府中市にある「社会福祉法人光彩会　まさみ園保育所」の園長を務める岡本由姫美先生（職歴：36年）によると次のとおりである。

> 実習生（学生）のみなさんは、実習ひとつとってみても、何か「失敗」することを恐れている気がしてなりません。私も若い時にいろいろと失敗してきました。それで数々注意されたり、叱られたりしました。それは私もみなさんと一緒ですよ。
> 失敗したら注意されたり、怒られたりするかもしれません。でも叱られることを避けて立派な保育者や社会人にはなれません。失敗がないところに成功はありません。むしろ失敗したからこそ、改めて保育者になるためのハードルを1つ越えたことになるんです。いくつものハードルを越えてやっと一人前の保育士になれるんだと思っています。だから失敗しても隠すことはないし、責任者や指導者にちゃんと報告してほしいだけです。そして次に失敗しないようにするためにはどうしたらよいのかを考えたらいいのです。わからなければどうしたらよいのかを聞けばいいのです。わかっているふりをすることこそ危険だと思います。
> また、失敗したときは、正直にみなさんの心から「ごめんなさい」（すみません）という言葉が出てくればいいのです。そのことでまわりにいる保育者には迷惑をかけることになりますが、それは誰もが経験することです。先輩が怖いから、素直に謝れない、素直に話せない、言えない等という雰囲気はつくってはいけません。むしろ失敗して暗くなった雰囲気を次に切り替えて明るくなるような雰囲気づくりが必要だと思います。ですから私たちの職場では、園長も保育者も何でも言いあえる雰囲気づくりをいつも心がけています。

保育者の誰もが失敗を経験するものである。しかし、いざ失敗をしてしまうと、上司や先輩の保育者に厳しく注意を受けることもあり、それにより落ち込む保育者もいる。「叱られることを避けて立派な保育者や社会人にはなれません」と述べた岡本先生の発言には、非常に重みがある。むしろ失敗を繰り返しながら、保育者として大きな成長を望まれるほうがよいのではないだろうか。

さらに「先輩が怖いから、素直に謝れない、素直に話せない、言えないなどという雰囲気をつくってはいけない」と岡本先生が指摘するとおり、実習学生の問題に限らず、園側の注意も必要であることを示している。若手の保育者は、他の保育者に自らの悩みを打ち明け、受けとめてもらえることで、動揺や不安に陥った気持ちを落ち着けることができ、前向きな姿勢になって取り組むように気を取り戻せるようになるのであろう。そうであるからこそ職員室においてのなにげない会話・コミュニケーションをとること、そしてそのような雰囲気をつくり出すことは、お互いのコミュニケーションを円滑にし、よい人間関係を構築できるのである。

また、福山市にある「社会福祉法人幸栄福祉会　草戸保育所」の主任を務める時田守代先生（職歴：32年）によれば、「経験の差こそあれ保育士の先生も、しょせんは"みんな1年生"なんだから失敗もある。だからこそ、新人の先生には、気になることは何でも言ってほしいし、時には心の余裕がもてるような"笑い"の起こる職場にしたい」と、新人保育者がとけ込める明るい現場づくりを心がけている先生も存在し、人間関係づくりがいかに大切なのかを教えてくれる。
　では、保育者になることを望む者としては、これからの学生生活においてどのような経験を積めばよいものであろうか。次節でじっくり考えてみたい。

## 第3節　● 学生生活は保育者になるための「宝さがし」

### 1 ── まずは身近なところから

　実習生たちからこんな話を聞く。「学校でいろいろ保育のことを学んだけれど、あまり意味がない。実際現場に行ったら、実践ばかりを行っていたから」、あるいは、「実習をすることが、何を隠そう一番の勉強」等である。こうしたことから学生には、どれだけ多くの知識・技能を習得したのかということよりも、保育現場に即応できるものを求められていることがうかがえる。
　では、現場の保育者の先生方は学生生活において、どのようなことを習得し、現在の仕事に活かしているのであろうか。先述した草戸保育所主任の時田守代先生は、現在保育士である娘に対し、「幼い頃から"人前に出る"ことを恐れないように、児童会や生徒会に立候補させていました。また、"人とのふれあい"を忘れないようにするため、いろいろな人と会話をさせるようにしていました」と述べている。保育は人とのかかわりが大切であることを早い時期から認識させ、まわりの協力により、1つの仕事ができるということを体得させていたようである。
　同じく先述の広島県府中市にある「社会福祉法人光彩会　まさみ園保育所」勤務の保育士武田睦子先生（職歴：5年）によれば、「私は歌うことが好きでしたので、いつも暇さえあれば歌を歌っていましたね。そして休日には友だちとカラオケにいって元気よく盛り上がりましたし、また普段から声に出さなくても口ずさむといったことを、意外と自然にやっていました。"好きこそものの上手なれ"という言葉にあるように、音楽の授業でも自信をもって歌

うことができました。特に何かをしなければ、という気持ちはありませんでした」といった学生時代の経験を話された先生もいる。また、ある保育士の先生は、「学生時代にはアルバイトをしていました。レジを打つ仕事でしたが、打つことだけでなく、接客に力を入れていたように思います。常に管理者からは、常に笑顔、大きな声で『いらっしゃいませ』『ありがとうございました』と何度も何度も練習をさせられました。人前で話すことが苦手であった私は、しっかりできるようになるまでに大変苦労しましたが、今は自然にできるまでに成長しました。心配だった笑顔も出るようになり、お客さんも笑顔で話しかけてくださるようになりました。現在保育士をやっていて、子どもたちに笑顔でふれあうことができるのも、このときの経験のおかげかなと思っています」と話す。

　上記にあげた保育者の言葉は、学習材料は教科書だけではなく、自らの学生時代における身近なところに転がっていることを示している。学生時代の経験が、将来の保育者としての経験や学びになっていくのである。

## 2 ── いいものを「見る」、いいものを「感じる」

　よい保育者になるためには、保育の専門性を身につけることも大切であるが、キラリと輝くセンスが必要となることもあるという。

　先述した「社会福祉法人まるいち会　ひまわり保育園」の桒原芳子先生は「学生時代にはよく、友人と福山の街に遊びに行き、オシャレな店の窓に飾られているウインドウの飾り付けを見ては、『かわいいなあ、素敵だなあ』と感じていました。それから『これ私にもできないかな』と考えるようになって、学校から帰ってから家で時間をかけてつくったりしました。上手にできたら、また違うウインドウの飾りの見本を探しに行き、それを見ては、いつも家で楽しんでつくっていましたよ」と懐かしく語ってくださった。

　また、桒原先生は「デートなどで美術館めぐりをしたり、おいしいディナーを食べたりもしていましたよ。暇があるときなどには、お菓子をつくったりして、友だちとそれをおいしく食べ、感想を言い合ったりしていました」とも語っていた。

　桒原先生は、さまざまな生活経験を身につけたうえで、また街に出た際には、美的感覚・色彩感覚等についても身につけるようになり、その後長期間にわたって、自らのセンスを磨くことを惜しまなかったのである。保育を学ぶのに教科書からはじめることも１つの方法であるかもしれないが、このように手近なところから題材を見つけ出したり、「好きこそものの上手なれ」と

いわれるように好きなことに没頭しながらセンスを磨いたりすることも大切なことといえる。

　学生生活を通して、保育者に必要なものを身につけることは楽しいことであり、センスを磨くことは、保育者になるうえでまさしく光り輝く「宝」を発見したことと同じであるといえる。

## 第4節 ● もっともっと輝きたい
### －まわりには役立つ情報がいっぱい－

### 1 ── 情報収集能力を身につける

　保育者になるには、学生時代の勉強も大切となるが、それだけでは保育者として一人立ちはできない。たとえば友人同士で情報交換を行うことも効果的である。少人数で行うのであれば「研究会」や「勉強会」等のようなものを開き、参加者が自らの意見を大いに出し合い、自分がもっているもの、もっていないものが何かを考えるきっかけとなるであろう。また、指導の先生がいることが望ましいのであるが、参加者の熱意で十分にカバーできるものと思われる。パソコンからインターネットの検索を活用し、情報を得ることも有効だろう。

　各大学・短期大学等の保育関係学部のホームページ等には、その大学・短期大学に関する情報だけでなく、それにリンクする情報（保育士採用試験・幼稚園教諭採用試験・認定こども園職員採用試験等）も掲載されていることが多いので、気に留めておくとよいと思われる。

### 2 ── 先輩からのメッセージを自分の力に

　A県にあるM短期大学のホームページには、卒業後に保育の現場に就職した学生から、後輩への近況報告やメッセージから構成されている「卒業生からのたより」というコーナーがある。そこには先輩からの心温まる言葉が込められている。その一節を少し紹介したい。

> 　私は、今2歳児17人クラスを2人の先生と一緒に担任しています。毎日、時間が過ぎるのが早くて、学生に戻りたいと思うことが時々あります。そんななか、いつも頼りにしているのが同僚です。同僚が2人ともM短期大学出身の子なので、気が合い、3人でお互い助け合っています。他の先生も親切な方ばかりなのでとてもやりやすいです。これから就職する学生さんで、どうやって園を探していいのかわからない人は先輩に電話して聞いてみるといいですよ。きっと細かく教えてくれますよ。1人でも多くの人に電話して、自分がいいなと思える園を探してください。保育者になりたいと思ったら最後まであきらめず、何度でも挑戦してください。応援しています。がんばれ！

> 　私は3歳児25名の担任をしています。副担任はいなく、すべて1人でやらなければならないので、とても大変です。でも、1か月がたち、私も子どもたちもだいぶ落ち着いてきました（？）。やはり学生時代に想像していたことと違うことは多いようです。私は実習園に就職しましたが、今思うと、実習のときはお客様扱いだったように思います。

　ここに登場する保育者も、新人保育者の「たまご」であり、新任の保育者なのであるが、彼らは自らの体験を吐露しながらも、後輩学生に対しては心温まるものとなっている。これから実習を経験する後輩学生にとって、先輩からのメッセージは不安な気持ちを解消させてくれる強い味方になる。筆者がかつて勤務していた岡山県高梁市にある吉備国際大学社会福祉学部社会福祉学科（現在の心理学部子ども発達教育学科保育士専攻のコース）」においても、実習直前に、昨年経験した4年生の学生の有志らから「3年生のみなさんへ」と題するメッセージ・シートを実習生一人ひとりに手渡しながら激励していたことが、まだ記憶に新しい。

● 「第12章」学びの確認
①みなさんが考える「保育者にとって必要なもの(資質)」とは何であろうか。5つほどあげてみよう。
②みなさんの「幼少期の経験」にはどのようなものがあったのか。グループで話しあってみよう。
● 発展的な学びへ
①「よりよい保育者」になるために、保育所・幼稚園の先生方はどのような努力・工夫をされているのか、現場に出向いてインタビュー等をしてみよう。
②保育者の専門性とは何だろうか? 他の専門職の例をいくつかあげて、比較しながら考えてみよう。

【推薦図書】
● ロバート・マンチ(乃木りか訳　梅田俊作絵)『ラブ・ユー・フォーエバー』岩崎書店
　子どもに対する本当の愛情とはどんなものであろうか。「アイ・ラブ・ユー」の本当の意味とは?「愛情」を考えるうえでためになる本である。
● わかやまけんほか作『しろくまちゃんのほっとけーき』こぐま社
　ホットケーキをつくることで、ホットケーキを食べる喜びとケーキの製造過程への関心、自分でケーキを作ることの喜びを子どもが感じ取り、絵本への関心をもってもらいたいと思わせる本である。

**引用・参考文献**

1) 森上史朗・岸井慶子編『保育者論の探求』ミネルヴァ書房　2001年
2) 小田豊・笠間浩幸・柏原栄子編『保育者論』北大路書房　2003年
3) 民秋言・青木久子・矢藤誠慈郎編『保育者論』建帛社　2004年
4) 玉井美知子監修　浅見均・田中正浩編著『現代保育者論』学事出版　2004年
5) 岡田正章編『保育士・幼稚園教諭になるための本』成美堂出版　2004年
6) 菱田隆昭編『新時代の保育双書　幼児教育の原理』みらい　2006年
7) 「卒業生からのたより」(学校法人桜花学園名古屋短期大学保育科＆専攻科ホームページ所収) 2006年 (http://www.hoiku.ohkagakuen-u.ac.jp/hp000113/hoikuka.htm)

## 第12章 保育者になる人へのメッセージ

●○● コラム ●○●

### 保育者になる人へのメッセージ①

社会福祉法人光彩会 まさみ園保育所　所長　岡本由姫美

　子どもたちは、さまざまな個性・特性をもって生まれてきます。一人ひとりのなかにキラリと光る個性を見出し、その子らしさを発揮しながら豊かに伸びていく可能性を引き出し、将来その子らしさで人生を彩り個性輝く生き方ができるよう援助していきたいものです。

　一人ひとりの個性をみつめ、その成長を手助けするためには、保育の知識や技術を身につけるとともに、子どもたちを取り巻く家庭・地域等の環境への役割も十分果たし、子どもの笑顔が消えないようにしなければなりません。

　優れた保育士とは「自分で考え計画を立案し、保育活動を展開し、子どもたちの考える力、思いやりの心を育てることのできる専門職」です。

**【望まれる保育士】**

ほ：ほめ上手（観察上手でもある：子どもの姿をよく知る）

い：いつも笑顔（待ち上手：心に余裕がないと待てない）、意欲的

く：工夫上手（教え上手：個々のレベルに応じて対応できる）

し：支援者（手助けをし、最終目的は自立＝自己決定できるように支援する）

●○● コラム ●○●

### 保育者になる人へのメッセージ②

広島県　S幼稚園　幼稚園教諭　M・M

**【子どもたちから得られるもの】**

　1年間一緒に過ごす自分の組の子どもたちは本当にかわいいですよ。「先生、大好き」と毎日見せてくれる子どもたちの笑顔、ふとしたときに感じる成長、私を頼って甘えてくれるとき…。子どもたちといると不思議なくらい力が湧いてきて、疲れていても「明日も頑張ろう！」という気持ちになります。

　最初は人間関係、仕事のスピード、保育について等、悩むことや不安だらけかもしれません。でも、子どもたちはそれ以上のパワーや、素敵な思い出をたくさんくれます。毎日が新鮮で、毎日子どもたちからパワーがもらえる、こんな素晴らしい仕事は、ほかにはないですよ！

**【幼稚園教諭になってみて、役立っていること】**

　教育実習で入ったクラスの担任の先生が私の目標です。一人ひとりの子どもをしっかりと理解し、子どもをひきつける言葉がけや動きをしており、自分の体調等にかかわらずいつも笑顔で元気に接しておられました。よく、「あの先生だったらどんな保育をするのかな」と考えながら保育案をつくります。

　また、保育に直接は関係ないのですが、今までの友人関係・人間関係が私を支えてくれていると感じています。子どものために楽しいアイデアを考え、ひと工夫を惜しまない学部の友だち、一生懸命取り組んだ部活の友だちや先輩方、そしてたくさんの人たちとの出会いがありました。楽しいときや苦しいときを一緒に過ごした人たちになかなか会うことができなくなった今でも、自分が潰れそうなとき「あの子だったらこういうときどうするんだろう？」とか「あの子もきっとがんばってるんだろうな、私ももうひとがんばり！」と考え、たくさん助けてもらうことがあります。

　だからこそ、人との出会いは大切に。そして一度目標を定めたならば、最後まであきらめないことをみなさんに伝えたいと思います。がんばってください。

# 索　引

## あ—お

預かり保育　26
生きる力　118
一種免許状　53
1.57ショック　123
インクルージョン　121
エンゼルプラン　123
園外研修　105
園内研修　107
園務分掌　71
恩物　156

## か—こ

カウンセリング・マインド　127
学校教育法　43, 167
カリキュラム・マネジメント　92
企業主導型保育所　23
城戸幡太郎　108, 161
気になる子ども　119
キャリアアップ研修　111
教育課程　27
教育基本法　167
教育実習　57
教育職員免許法　53
教員免許更新制　106
倉橋惣三　156
互恵的　17
子育て支援　123
子育て支援員　129
子ども・子育て応援プラン　124
子ども・子育て会議　125
子ども・子育て関連3法　33, 125
子ども・子育て支援新制度　33, 125
子ども・子育てビジョン　124
5領域　171

## さ—そ

ジェンダーフリー　143
資質　50

次世代育成支援対策推進法　123
施設保育士　37
指導計画　27, 31
児童の遊びを指導する者　38
児童福祉施設　36
児童福祉法　167
児童文化財　83
就学前の子どもに関する教育、保育
　等の総合的な提供の推進に関する
　法律　33, 44, 128, 174
主任　112
小規模保育所　23
少子化　124
少子化社会対策基本法　123
食育基本法　117
職員会議　29, 93
初任者研修　106
新エンゼルプラン　123
生活リズム　116
省察　17, 109
全国保育士会倫理綱領　46
専修免許状　53
全体的な計画　29

## た—と

待機児童　33
多文化共生教育　142
男女共同参画　143
男女共同参画社会基本法　173, 177
地域子育て支援拠点事業　39
地域子ども・子育て支援事業　130
チーム保育　89
東京女子師範高等学校附属幼稚園　151
統合教育（インテグレーション）　121
同僚性　17
特別支援教育　122

## な—の

二種免許状　53
認定こども園　33, 128

## は—ほ

発達障害　120
不確実性　18
フレーベル　151
保育カンファレンス　93, 134
保育教諭　34, 44, 55, 171
保育士　29, 42, 54
保育実習　58
保育者の発達段階モデル　95
保育者の役割　77
保育所　29
保育所保育指針　29, 43, 45, 72, 126
保育要領　162, 167

## ま—も

ミドルリーダー　112, 199
免許状更新時講習　106
燃え尽き症候群（バーンアウト）　93

## や—よ

幼稚園　25
幼稚園教育要領　26, 43, 61, 73, 127
幼稚園教諭　43
幼稚園教育要領解説　79
幼稚園令　160
幼保一元化　141
幼保連携型認定こども園　33, 44, 55, 128
幼保連携型認定こども園教育・保育要領　34, 44, 128

## ら—ろ

リーダーシップ　93, 111, 199
利用者支援事業　130, 133
倫理　45

■編者紹介

**編集代表●秋田　喜代美**（あきた　きよみ）
学習院大学文学部教育学科教授、東京大学名誉教授
　主要著書『保育の温もり』（単著）ひかりのくに
　　　　　『育み支えあう保育リーダーシップ－協働的な学びを生み出すために－』（共著）明石書店
　　　　　『子どもたちからの贈りもの－レッジョ・エミリアの哲学にもとづく保育実践－』（共編著）萌文書林
　　　　　『リーダーは保育をどうつくってきたか』（単著）フレーベル館
　　　　　『新時代の保育双書　保育内容「環境」［第3版］』（編著）みらい

**編集●西山　薫**（にしやま　かおる）
清泉女学院短期大学幼児教育科教授
　主要著書『要説　教育制度』（共著）学術図書出版社
　　　　　『新版　保育内容総論』（共著）北大路書房
　　　　　『乳幼児の教育保育課程論』（共著）建帛社
　　　　　『新時代の保育双書　幼児教育の原理』（共著）みらい

**編集●菱田　隆昭**（ひしだ　たかあき）
和洋女子大学人文学部こども発達学科教授
　主要著書『新時代の保育双書　幼児教育の原理』（編著）みらい
　　　　　『幼児教育の原理』（共著）同文書院
　　　　　『現代教育基礎論』（共著）酒井書店
　　　　　『教育原理』（共著）中央法規出版

---

新時代の保育双書
## 今に生きる保育者論〔第4版〕

| | |
|---|---|
| 2007年5月1日 | 初版第1刷発行 |
| 2007年12月25日 | 初版第2刷発行 |
| 2009年2月28日 | 第2版第1刷発行 |
| 2015年4月10日 | 第2版第9刷発行 |
| 2016年3月30日 | 第3版第1刷発行 |
| 2018年3月1日 | 第3版第3刷発行 |
| 2019年3月30日 | 第4版第1刷発行 |
| 2023年3月1日 | 第4版第4刷発行 |

編集代表　秋田喜代美
編　　集　西山　薫・菱田隆昭
発 行 者　竹鼻均之
発 行 所　株式会社みらい
　　　　　〒500-8137　岐阜市東興町40　第5澤田ビル
　　　　　TEL 058-247-1227(代)
印刷・製本　サンメッセ株式会社

ISBN978-4-86015-486-8　C3337
Printed in Japan　　　乱丁本・落丁本はお取替え致します。